ZHONGGUO SHAOSHUMINZU WENHUA QUANYI BAOZHANG YANJIU

国家民委课题“现代化进程中中国少数民族文化权益保障”最终研究成果

中国少数民族文化权益保障研究

徐中起 主编
田 艳 王 瑛 副主编

中央民族大学出版社
China Minzu University Press

图书在版编目(CIP)数据

中国少数民族文化权益保障研究/徐中起主编．—北京:中央民族大学出版社,2009.2

ISBN 978-7-81108-647-8

Ⅰ．中…　Ⅱ．徐…　Ⅲ．少数民族—民族文化—权利—法规—研究—中国　Ⅳ．D922.164

中国版本图书馆 CIP 数据核字(2009)第 011950 号

中国少数民族文化权益保障研究

主　　编　徐中起
责任编辑　黄修义
封面设计　李　佳
出 版 者　中央民族大学出版社
　　　　　北京市海淀区中关村南大街 27 号　邮编:100081
　　　　　电话:68472815(发行部)　传真:68932751(发行部)
　　　　　　　68932218(总编室)　　　68932447(办公室)
发 行 者　全国各地新华书店
印 刷 者　北京宏伟双华印刷有限公司
开　　本　880×1230(毫米)　1/32　印张:10.5
字　　数　263 千字
版　　次　2009 年 2 月第 1 版　2009 年 2 月第 1 次印刷
书　　号　ISBN 978-7-81108-647-8
定　　价　27.00 元

总　序

《民族法理论探索》丛书是中央民族大学“985 工程”中国当代民族问题战略研究哲学社会科学创新基地民族法研究中心的主要研究成果，并且由国家“985 工程”专项经费资助出版。我们立足于将民族法学的基础理论与当前国家关于民族问题的相关立法、民族政策以及民族地区社会主义法制建设实际相联系，既注重理论的丰富与发展，也关注民族地区法制建设实际。在研究过程中，我们邀请了国内民族法学界较有影响的专家学者共同开展项目研究。

国内民族法理论研究已有 20 余年，有了一定的学术积累，产生了一批有影响的成果，也形成了一支专业学术队伍。中国已经建立起具有中国特色的民族区域自治法律制度和民族区域自治理论体系。目前我们面临着在全球化、现代化背景下如何应对发展与创新的挑战，如何应对全球化和城市化进程中出现的新问题，如何结合形势发展，实现我国民族区域自治理论研究的与时俱进，如何通过推出高水平的研究成果，为国家民族法制建设提供政策咨询意见，如何通过研究和交流，增进世界各国对中国民族政策和民族法制建设的了解，这既是民族法研究中心的重要任务，也是本丛书的基本价值取向。

本丛书主要涉及如下研究方向：（一）民族区域自治法的实践与民族区域自治制度创新研究，主要内容包括：西部大开发与民族地区经济法制建设，民族自治地方刑事法律制度研究，民族自治地方财政法制建设研究，民族自治地方环境资源法制研究，广西瑶族地区的自治制度研究，民族经济法律制度研究，俄罗斯民族文化自治与人权保障，自治条例和单行条例研究；（二）中国少数民族自治历史研究，主要内容包括：中国古代至清代少数民族“自治”研究，近代少数民族“自治”研究，新中国成立以后民族区域自治制度的历史发展研究；（三）少数民族权益保障研究，主要内容包括：少数民族权益保障基础理论研究，以及民族教育、少数民族文化保护和对少数民族权利的司法保护等具体的少数民族权益保障研究。

长期以来，中央民族大学一直以研究民族问题见长，但是，如何使学科优势转化为社会经济效益，为将中央民族大学建设成为世界一流的民族大学，成为促进我国各项民族事业发展的重要理论研究基地以及党和国家民族问题决策的思想库，通过改革管理体制和运行机制做到资源整合、学科整合、人才整合、项目整合，提升科研创新能力和核心竞争力，依然需要更多的投入和做更多的努力。

中央民族大学有着良好的学术传统、深厚的人文底蕴，在国内外有广泛的学术影响，应当肩负起中国民族法学的教学、科研重任，应当支撑起民族法学学科在中国法学学科中的应有地位，并在国际人权（特别是少数人权利保障）、国际上民族纠纷的法律解决机制、民族区域自治与其他类型自治的比较研究等方面展开积极的对话，为我国党和政府正确处理国内民族问题提供切合国情的理论依据和有益借鉴。中央民族大学法学院在未来几年内将具备更加良好的办学条件，形成一支结构合理、教学科研力量雄厚的师资队伍，培养出一批民族法制理论研究和应用的高级人才，为推进民族法理论建设做出应有贡献。

在研究方法上，本丛书力图将人类学（民族学）的田野调查、社会学定量分析等社会科学研究方法与法学的规范实证分析方法相结合，充分发挥我校人类学、民族学和社会学研究的优良传统，并将其相关研究成果应用到法学研究上，既注重田野调查第一手材料的搜集，也加强从法学角度对人类学（民族学）田野调查材料进行分析，力图使本丛书的研究建立在坚实而丰富的资料基础上，做到立足中国实际，理论与实际相结合。

本丛书在当前和今后一个时期具有广阔的应用前景。首先，力求探索一条适合我国国情的坚持和完善我国民族区域自治与少数民族权益保障制度的道路，为解决中国当前民族工作面临的各种问题做出理论尝试，而这对各民族长期的、稳定的、可持续的发展，促进民族团结、维护国家统一具有重要的意义。第二，有助于向世界展示我国各少数民族在社会主义现代化建设中政治、经济、生活方面的成就，展示我国各少数民族所享有的权利和自由，展示我国党和政府为促进少数民族发展与保障人权方面所做的努力，使外国人民，尤其是相关领域的专家学者和国际组织了解中国包括少数民族在内的人权的真实状况，有力回击某些西方国家的无端攻击。第三，有利于加强民族法学学科的自身建设，培养造就一支有较高理论素养、较强科研能力和敬业精神的科学研究队伍，并将形成广泛的国际国内学术联系，能持续地为国家输送高质量人才，以及为国家和政府各部门提供决策和咨询服务等，其效益、持续力是广泛久远的。第四，本丛书努力突出理论和需求的适应性，其对民族区域自治与少数民族权益保障等重大现实问题的研究，将直接为立法、司法、执法部门提供决策咨询服务，提供参考意见和材料。第五，通过本丛书的出版和发行，整合有利资源，突出学科优势，提升学科的核心竞争力，同时强化基础设施建设和办学条件的改善，使我校学生能够将强烈的使命感、对民族问题研究的浓厚兴趣与自身的学术功底相结合，为我国各民族的共同繁荣提供法律人才保证和智力支持。

徐中起

2008 年 5 月

目　录

总　论

分　论

导　论

一、对文化和文化权益的理解

了解文化权益首先应当谈一下对文化的理解。我们是如此熟悉自己的文化，以至于我们很少思考我们的文化是什么。这就像我们时刻都在呼吸空气，但我们很少思考空气是什么，以及我们为什么要呼吸空气这样的问题一样。当问我们的文化是什么时，我们无疑是在问："我是谁?"因为这个"我"已经被"我"所在的文化先占有了。"我"实际上是文化意义上的"我"。海德格尔提出了在哲学认识论上产生深刻影响的观点，他认为理解存在着前结构。前结构分为先有、先见、先知，三者构成了理解的先决条件。先有即人们存在于其中的文化状态。人都是存在于即存的文化之中，历史与文化先占有了我们，而不是我们先占有了历史与文化[①]。在社会领域，我们对社会的理解是不能离开我们的文化背景的。伽德默尔认为，每个人生而处于一种特定的历史文化之中。人生而被赋予了他所在的文化历史给予他的历史文化成见，历史占有了解释者。语言是历史、文化和传统的载体。历史是通过语言占有人的，人在接受语言的同时，也接受了历史对他的占有[②]。这种成见包括人所意识到的历史文化传统给予他的

---

① 海德格尔：《存在与时间》，第184页，北京，三联书店出版社，1988年版。

② 伽德默尔在《真理与方法》一书中详细地分析了"成见"，转引自殷鼎：《理解的命运》，第257－258页，北京，三联书店出版社，1988年版。

和没有意识到但作为潜意识在影响他的两个方面。

我们总是在自己的文化中理解我们的文化。我们对文化的理解是不言而喻的、当然的、不言自明的，有时甚至是潜意识的。我们不需要思考我们的文化是什么，但我们的文化随时与我们同在，我们的思维和行为受到我们所在文化的支配。19 世纪后，世界上不同的文化之间的交往剧增，我们得以经常观察异文化，并进行思考。当我们建立了我们认为的对异文化的理论时，再问我们的文化是什么时，或者说我们反观自己的文化时，不得不承认这是一个相当复杂的问题。这种文化反观现象，犹如你站在两个相对立的镜子中间，你会从镜子中看到你的镜像在无穷地延伸着。

文化反观现象有点像罗素所讲的理发师困境。我们生活在我们的文化中，但我们不一定能很容易地把握我们的文化，就像理发师很难给自己理发一样。如果我们不理解自己的文化，别人又怎样通过我们来理解我们的文化呢？因此，对文化的理解被看成是一种以文本的方式表达写作者所认为的文化的意义。这时，我们要反问我们自己，我们的本文化的内在规律是什么呢？我们能够确切地回答这样的问题吗？一种文化的规律与另外一种文化的规律是相同的吗？如果是相同的，它是什么呢？如果不相同，它又是什么呢？如果相同，我们为什么还要去研究别的文化呢？如果我们不知道本文化的规律是什么，又凭借着什么去发现异文化的规律呢？人类数千年的文化交流史告诉我们，文化并不是不可知的，当然，我们在了解不同的文化时，必不可少的都是以自己的方式去作理解与解释。关于文化解释的文本都带有作者的前见。我们如果能够细心地、符合科学地开展实地调查研究，认真思考和发现当地人的生活以及他们对生活的认识和看法，发现隐藏其后的语言的意义和交流方式。

“我”是相对他人而言的，“我”只能在人与人的关系中才有意义。文化也是这样。当我们没有见到别人的文化，没有见到“他者”时，我们不需要对自己的文化作思考，尤其是不需要对本文化作认同性的思考。当我们见到与我们不同的人时，如孔子所言见到一个“非我族类”时，“我”就会认识到“我”与“他”的差异，这时，对本文化的认同就产生了，与此同时产生的是“我”与“他”的不同。这种不同会带来什么呢？历史给出的答案是多样的，有尊重，有杀戮；有交流，有隔绝；有和亲，有战争；有融合，有同化。因此，当我们思考本书的主题时，历史的经验与教训是极为重要的。

文化是人类的存在方式，是对意识和存在的共同认识，以及在这种共同认识中的传承。简言之，它是文化成员的共存方式，它是可以传承的，并且，这种共性的认识和传承是文化中的个人不能超越的。基于目前关于人类文化的研究，人类文化具有共性的方面，不同地区和民族的文化间也有明显的差别。因此，又有了本文化和异文化的差别。当我们使用这样的名词时，要十分审慎的注意，这些名词都是学者命名的，这种命名在相当大程度上强化着文化的差异，而忽略了文化的共性。

文化是不必言说的思考和行为方式，这种方式在同一文化中为个人所能理解并进行交流。当要用自为的方式来说明文化这种人类自在的存在方式时，我们会遇到巨大的困难。我们要知道之所以文化有数不清的定义，乃是因为社会是复杂的，也是自在的。文化其实就是社会。前面我们大致以定义的方式对文化作了一个简要的说明。实际上这种定义的方式是一种借助形式逻辑中的定义方式，一种使用高度抽象的语言对定义对象所作的说明。其实，这只是一种简单的勾勒，甚至在一定程度上是以一种简单的方式对复杂现象所作的一个命名式的说明。因为其中并没有更多的关于文化的具体细节的有价值的信息。

文化这个名词在我们的生活中被广泛地使用着，“这是个有文化的人”、“他的文化水平是什么”、“他很有文化修养”等等，很多地方设有“文化馆”，国家行政机关中有“文化局”。这些个文化的叫法都有其特定的含义。而当学者把文化视为人类所创造的文明时，文化就成了一个高度概括，并且有很多种不同含义的术语。在大量的人文社会学科中，文化也是一个被广泛使用的名词。在高度分化的人文社会科学各学科中，人类学，主要是文化人类学是专门以文化为研究对象的主要学科之一。文化人类学对文化的理解对我们认识文化权利有着重要的意义。

人类学的重要创始人，被称为人类学之父的泰勒的文化定义是这样的：“文化，或文明，就其广泛的民族学意义来说，是包括全部的知识、信仰、艺术、道德、法律、风俗，以及作为社会成员的人所掌握和接受的任何其他才能和习惯的复合体。[①]”泰勒和他那个时代的很多思想家一样，深受达尔文的进化论学说的影响，认为殖民地的一些所谓的原始文化是西方现代文化的早期形式。他说：“文化实际上存在于不同发展等级的人群之中，这就使得我们能够选取特定的例子来做比较和评价……按照其文化水平以下列顺序来安排社会，对其正确性的争论可能是不多的。那个顺序是：澳大利亚人、塔希提人（塔希提人，太平洋南部塔希提岛上的居民，波利民西亚人的一支）、阿兹特克人、中国人、意大利人。[②]”子随着研究的深入，这样的观点缺乏证据支持。因此泰勒的文化遗留理论的影响也随之淡出。但泰勒的文化遗留理论并不是没有意义的。泰勒是一个非常博学的学者，在他的著作中，他所论证的每一个观点，他都会找出丰富得让人十分惊讶的材料进行了论证。当他谈到早期的计数方式在今天仍然以特殊的方式存在的时候说道：“当我们观察计数技术的早期发展，或

① ［英］泰勒：《原始文化》，第1页，广西师范大学出版社，2005年版。

② ［英］泰勒：《原始文化》，第18–19页，广西师范大学出版社，2005年版。

者观察部落通过以手指计数的原始阶段而获得数目概念的证据时，我们在他们最初级的计数教育上会发现一些如此有趣的现象。新西兰有一种数手指游戏，称为‘提’。当娱乐伙伴叫出一个数字时，娱乐者必须用正确的指形表示出来；萨摩亚人的游戏是一位游戏者伸出多少手指，他的伙伴也必须立即伸出多少个手指，否则就要丢分。”① 接着，他举了英国幼儿园中的手指游戏、中国的划拳、意大利的类似划拳的娱乐方式，以及古代埃及壁画中的手指游戏、中罗马中的指光游戏。似乎他要穷尽关于手指游戏的所有例证。他举这么多的例子，是要说明在工业革命后的时代，尽管数学和科学已经高度发展，但仍然能见到手指计数和游戏这古老的文化遗留。如果我们有心的话，我们能够在我们生活在发现相当多的文化遗留现象。这里说明一个什么道理呢？尽管社会达尔文主义是错误的，但是泰勒对文化遗留的研究告诉我们，历史是过去的文化，对现代的人而言，它在时间上是被现在超越了，但历史却是不可摆脱的。还不仅如此，历史遗留还为跨文化理解提供支持，因为我们在不同文化的历史中可以寻找到大量的文化共性。法律也是这样，在今天的法律中能够见到大量的历史遗留，当代的法律不过是历史中法律经验的积累而已。

文化，从远古走来，是由历史的积淀而成。文化中的人都是行走在历史中的。文化像化石一样，记录着自己的过去，文化也像树的年轮一样，在共时性的平面上，我们能看到一圈圈年轮所表达的文化的历时性。我们经常认为自己是现代的，其实，我们的很多语言和行为是非常历史的，我们与祖先之间的差别并没有我们想象的那样大。文化的历史积淀及历史的不可超越性是文化固有的规律，我们认识文化现象时应当高度重视。

对人类学发展产生重大影响、20 世纪研究文化的重要理论

---

① ［英］泰勒：《原始文化》，第 59 页，广西师范大学出版社，2005 年版。

家马林诺斯基认为文化就其功能而言，是为了满足人类生活的需要。他认为："生存和生育是人类社会的首要需求，是文化起源的初级动力。所有社会集体进行生育和经济活动，都需要秩序，因此有伦理规则和经济规则；规则需要实行和延续，于是有了教育、法律和制度的出现；法律和制度需要整合，于是又有了信仰、习惯、道德、巫术和宗教。①"结构功能主义是以19世纪科学主义为背景，希望以科学的方法研究社会这种社会研究的思潮影响下而形成的社会研究方法。循着这种思路，我们可以深入文化内部进行思考，将文化作进一步的细分，同时注重文化的局部与整体的关系。张海洋在评价结构功能主义大师马林诺斯基的学术思想时有过很精辟的议论，即马林诺斯基"积毕生功力，花费十多万字，煞费苦心地讲述的这些道理，早在百来年前就被年轻的马克思和恩格斯在《德意志意识形态》中用两三页就讲得很透彻：人类生活和历史的首要前提是：人们为了能够'创造历史'，必须能够生活。但是为了生活，首先就需要衣、食、住以及其他东西。因此，第一个历史活动就是生产满足这些需要的资料，即生产物质生活本身。""第二个事实是，已经得到满足的第一个需要本身、满足需要的活动和已经获得的为满足需要用的工具又引起新的需要。""一开始就纳入历史发展过程的第三种关系就是：每日都在重新生产自己生命的人们开始另外一人，即增殖。"② 马林诺斯基在调查中没有将眼光只放在西太平洋上的新几内亚的小岛上的居民的生活需要是如何得以满足的范围内。他在《西太平洋上的航海者》这部他最重要的人类学著作中所

① 张海洋：《马林诺斯基与中国人类学》，云南大学法学院学术信息网，2006年9月23日访问。

② 张海洋：《马林诺斯基与中国人类学》，云南大学法学院学术信息网，2006年9月23日访问。

讲的呼啦圈交换是远离具体的对衣食的需求的，而是充满象征与隐喻。当地居民每年重复着造船、航海，在这一过程中有各种各样的神陪伴着他们，而这一切的目的只是为了交换在生活中并没有实际意义的用贝壳做成的项圈和臂圈和手镯。在呼啦圈的交换中，获得的呼啦圈的数量，尤其是精美的呼啦圈在表现个人影响力方面起着重要的作用，每一个这样的呼啦圈上都凝结着很多故事。的确，这些思想大师们所揭示的道理是简单而深刻的。从功能主义的角度看，文化是人类的生存方式，文化满足着人们不同层次的需要。一些看上去不能够理解的文化样式，它们都是有其特定功能的。如果我们将历时性的观点引入结构功能主义的分析框架，可以得到这样的结论：文化的功能是在各民族悠久的历史中形成和发展的。尽管世界上有不同的文化，它们有不同的表现形式，但这些文化都有着这样的功能，即都在以自己的方式满足人们生活的和社会的各种需要。作为文化中的人，对自己的文化是不能选择的，只能按照在历史中形成的文化样式生活。知道了这样的道理，对不同的的生活方式我们都应当给予充分的尊重。

马林诺斯基在研究中强调客位调查方法，要去发现当地人是如何思考，如何看待自己的生活的。这样的田野调查传统在后来的文化阐释人类学家吉尔兹那里得到了极大的发扬。吉尔兹认为，19 世纪后用科学的实证主义的方法研究社会文化并没有达到当初预想目的。他的研究转向阐释文化符号的意义。在他的研究中，“文化不是一种力量，不是造成社会事件、行动、制度或过程的原因；它是一种这些社会现象可以在其中得到清晰描述的即深描的脉络。[①]”他的文化深描理论对人类学产生了重大影响。吉尔兹认为，民族志的基本特征是一种“知识性努力，经过精心

① 吉尔兹：《文化的解释》，第 16 页，上海人民出版社，1999 年版。

策划的对深描的追寻。[①]”他认为“人是悬挂在由他们自己编织的意义之网上的动物，我把文化看作这些网，因而认为文化的分析不是一种探索规律性的实验科学，而是一种探索意义的阐释性科学。[②]“按照吉尔兹的思路，人类学研究不是简单地对研究对象的直观描述，而是发现研究对象中具有公共性特征的文化符号及其意义，唯有如此，才能真正理解文化，并以诠释者的方式来表达这种理解。”文化的符号研究方法，如我所说，其主要作用在于帮助我们取得对于所研究的对象生活在其中的观念世界的理解。这样，我们就可以在某种广泛意义上与他们交谈。“[③]吉尔兹是20世纪中期以后有代表性的人类学家。他的研究一方面给我如何探讨文化以深刻的启迪，但似乎又使我们感到文化研究的艰难。我想，文化阐释给我们的启迪之一是在急剧的社会变迁中，我们应当去理解文化变迁中人们的感受和需求，寻求不同文化之间的相互理解与尊重。

谈到人类学对文化的研究，不得不提到的另外一位学者是美国的博厄斯。这位美国人类学的创始人强调各种文化都有其独特性。他认为，人的行为与思想，不是由其生物特性决定的，而是由他所在的文化决定的，有什么样的文化，就有什么样的人的思想与行为。他主张文化相对主义。认为每一个民族都是在其自己的独特的历史中发展起来的，其文化都是独特的。我们在研究一个民族时，不能把我们的观念作为衡量的标准，而应当去发现该民族文化本身所固有的内在含义。他的文化相对主义为后来一些国家所推行的文化相对主义政策提供了理论支持。

我国学者对民族文化及其相互关系有非常深刻的思考。费孝

---

① 吉尔兹：《文化的解释》，第6页，上海人民出版社，1999年版。

② 吉尔兹：《文化的解释》，第5页，上海人民出版社，1999年版。

③ 吉尔兹：《文化的解释》，第28页，上海人民出版社，1999年版。

通先生在晚年提出了文化自觉的思想。当世界进入全球化浪潮中时，传统的生活方式发生着急剧变化，不同文化以空前的速度和规模在相互影响着。其中文化冲突和文化的变化都是过去所没有的，当人类面临全球化所带来的冲突和变化时，并没有足够的经验去应对。1989 年夏，费孝通先生发表了《中华民族多元一体格局》，对中华民族的多元一体特征作一深刻的论述。接着他又提出了自己关于文化自觉的思考："七年前在我 80 岁生日那天在东京和老朋友欢叙会上，曾瞻望人类学的前途，说了下面这一句话：'各美其美，美人之美，美美与共，天下大同。'这句话我想也就是今天我提出的文化自觉历程的概括。[①]"费先生的这段话表达了他对民族间、文化间关系的思考与期望。文化是在历史中形成的，不同的民族文化都有其文化个性，在不同文化、不同民族之间的交流中，应当相互尊重、相互理解。费先生说；文化自觉"这四个字也许正表达了当前思想界对经济全球化的反应，是世界各地多种文化接触中引起人类心态的迫切要求，要求知道：我们为什么这样生活？这样生活有什么意义？这样生活会为我们带来什么结果？也就是说人类发展到现在已开始要知道我们的文化是哪里来的？怎样形成的？它的实质是什么？它将把人类带到哪里去？这些冒出来的问题不就是要求文化自觉么？"[②] 著名清史学家戴逸也说过："人类必须学会和谐友好地共处，不同国家、不同民族、不同宗教的人民要通过相互交往，相互帮助，寻求理解、宽容与尊重，共同建设和平民主、平等繁荣的新世界。[③]"

---

① 费孝通：《反思 对话 文化自决》，载《北京大学学报》（哲学社会科学版），1997 年第 3 期。

② 费孝通：《反思 对话 文化自决》，载《北京大学学报》（哲学社会科学版），1997 年第 3 期。

③ 王步高主编：《唐宋诗词鉴赏》前言，北京大学出版社，2003 年版。

在2004年美国格莱美颁奖典礼上，一个叫OUT KAST的流行二人组合，在用印第安风格轻柔的旋律表演完一首名叫《HEY YA!》的歌曲后，赢得了满堂喝彩。在一段充满宁静和神秘色彩的旋律后，台上马上奏响了低音并徐徐降下了一个类似宇宙飞船的物体，随之OUT KAST两个演员和一群衣衫单薄的舞蹈演员出现在了台上。他们的旁边是南加利福尼亚大学的乐队（他们戴的帽子上都装饰着羽毛），在乐队的伴奏下，OUT KAST高声唱完了这支流行单曲。颁奖典礼的当晚，这对二人组合总共囊括了三项格莱美大奖，其中包括年度最佳唱片奖……第46届格莱美颁奖典礼因为有OUT KAST的精彩表演，获得了极大的成功。然而，不久之后印第安报社（之后还有一些更大的媒体）报道了土著群体针对OUT KAST表演行为的强烈抗议。印第安人认为这些表演滥用了印第安人仅为仪式所用的象征物，如羽毛和战争绘画；有人则为表演使用了“印第安战斧和TIPI模型”而感到愤怒。还有人认为出《HEY YA!》的前奏旋律是NAVAJO（DINE）的圣歌《BEAUTY WAY》。根据NAVAJO（DINE），歌曲意味着“恢复和平与和谐”，不适合为娱乐目的使用①。

类似的例子在世界各国都屡见不鲜，少数民族的文化权益保障问题进入人们的视野并引起广泛的重视与前述这些事件的频繁发生有很大的关系。少数民族应该享有哪些文化权益？这些权益的主体是谁？少数民族的文化权益与他们的生存状态和未来发展之间是什么关系？他们应该受到什么样的保护？我们应该采取什么样的方式去保护他们的传统文化及文化权益？……这一系列的

① Angela R. Riley, Straight stealing: Towards an Indigenous System of Cultural Property Protection, Washington law Review 80, Wash. L. Rev. 69, 2005. p1-2. 转引自张耕：《民间文学艺术的知识产权保护研究》，第81-82页，北京，法律出版社，2007年版。

问题不能不引起每一个人的深思，也是本书成书的起因之一。

目前，在现代工业社会文化潮流的冲击下，各种文化的存在及发展都从封闭走向开放，文化的开放性意味着文化从民族文化、地域文化向全国、全球文化的转型。文化权利也不再是一个民族内的事情。文化的开放性对文化的民族性提出了挑战。同时，交通、通讯方式的革命，也使得每一个少数民族，都不可避免地要受到现代文明的冲击，并在这种冲击中发生变化，其生产方式、生活方式都处在变化中，其民族文化也相应的在变化。但是，体现了特定民族的审美个性的文化，其独特性是其他依附现代工业社会所产生的文化所不能取代的。在某种意义上，它的消亡意味着民族个性、民族特征的消亡。因此，保护不同民族的传统文化，维护世界文化的多样性，成为国际上普遍关注的问题。

众所周知，尊重基本人权和文化多样性是当今世界得到人们认可的两个最重要的基本价值取向，少数民族文化权益保障问题恰恰同时涉及这两个基本价值取向，因而，从各国政府到学术界以及广大民众，都对这一问题给予了充分的关注。正如联合国教科文组织在《世界文化多样性宣言》的序言中所指出的那样，文化是当代就特性、社会凝聚力和以知识为基础的经济发展问题展开的辩论的焦点，确认在相互信任和理解氛围下，尊重文化多样性、宽容、对话及合作是国际和平与安全的最佳保障之一。

中国政府高度重视少数民族文化权益，通过立法及实施各种政策保护少数民族文化权益。《宪法》对调整民族关系的法律规范作了原则规定。除了在“序言”中宣告了各民族的平等地位和历史贡献之外，在第一章“总纲”部分确立了民族平等、团结和共同繁荣的原则、国家保障各少数民族的合法的权利和利益原则、国家帮助各少数民族地区加速经济和文化的发展原则、实行民族区域自治制度原则、各民族都有使用和发展本民族语言文字的自由的原则、各民族都有保持或者改革自己的风俗习惯的自由的原则（第4条）、发展医疗卫生和体育事业的原则（第21条）等一系列宪法原则。在第二章“公民的基本权利和义务”部分列举了平等的选举权和宗教信仰自由的权利（第34和36条）；第52条规定“中华人民共和国公民有维护国家统一和全国各民族团结的义务”；第六章对民族区域自治制度作了专门规定；第134条规定“各民族公民都有用本民族语言文字进行诉讼的权利”。人民法院和人民检察院对于不通晓当地通用的语言文字的诉讼参与人，应当为他们翻译。在少数民族聚居或者多民族共同居住的地区，应当用当地通用的语言进行审理；起诉书、判决书、布告和其他文书应当根据实际需要使用当地通用的一种或者几种文字。”在宪法指导下，我国关于少数民族文化权利保护根据民族分布的特点分别从两个方面作了规定：一是通过民族区域自治法律制度对有关少数民族的文化权利加以规定；二是通过专门立法对散居少数民族的文化权利加以规定。这些立法材料是我们研究少数民族文化权益保护的基本资料。

国际法中对少数民族权利的保护的规定和理论，也是我们研究少数民族文化权益保护中应当重视的。外国在少数民族文化权利保护方面的一些制度和做法，如加拿大的文化相对主义政策、挪威的萨米人保护制度、俄罗斯的文化自治制度、澳大利亚对土著人的保护，等等。这些都是我们研究中应当关注的。通过研究国际法中的规定与理论，研究外国对少数民族文化权利保护的做法，通过比较研究和借鉴，可以丰富我国的少数民族文化权利研究的内容。

当代社会主义的文化应该是既保护中华民族文化的优良传统，同时又积极吸取其他文化的精华；既代表先进文化发展的方向，又体现人民群众的根本利益。只有这样，我们文化中的核心价值观才能有凝聚力。新中国成立以后，国家制定和采取了一系列有关保护少数民族使用和发展语言文字权利、尊重少数民族风俗习惯、保护少数民族文化遗产、繁荣少数民族文化艺术事业、保护和发展少数民族传统医药和传统体育的政策和措施，使少数民族的传统文化得以弘扬光大，少数民族继承和发展自己文化的权利得到有效保障。

然而，我们痛心地看到，从少数民族的物质文化遗产到非物质文化遗产，工程建设、旅游开发、环境污染等因素都使得我国少数民族的优秀传统文化受到不应有的损害，我国少数民族的文化权益面临严重挑战。这些优秀的少数民族传统文化是中华民族文化的重要组成部分，也是当今保持文化多样性的重中之重，更是在构建和谐社会理念指导下社会与文化和谐的中心一环。因而，在现代化进程中如何保障好我国少数民族的文化权益就成为摆在我们面前的时代课题。

二、研究现状述评

（一）国内文献

少数民族文化遗产的研究涉及的学科很多，从不同学科出发，人们对少数民族文化遗产知识的研究和关注是不同的。根据我们于2008年11月对国家图书馆的馆藏的中文文献进行检索，起始于2000年查找到涉及文化遗产的专著有870部，与非物质文化遗产相关的专著有239部，与少数民族文化遗产相关的专著有26部，与少数民族传统文化相关的有14部，与少数民族文化权益相关的暂时还没有。根据对这些的著述的梳理，主要的有：

对少数民族文化遗产的介绍，包括了对某个特定少数民族特定文化遗产的介绍，例如陆中午、吴炳升的《侗族文化遗产集成·第三辑》（上、中、下）就是对侗族文化遗产进行全面系统的介绍。

目前国内研究文化权利的专著只有一本，即艺衡、任珺、杨立青著《基本文化权利：回溯与解读》[1]，该书主要对基本文化权利的内涵、起源、历史、现状、实践等进行了梳理，或论及基本文化权利实现的手段，或涉及基本文化权利的法律保护，或分析文化权利意识的觉醒，或讲述对文化权利这一概念的争论等，但没有涉及对少数民族的文化权利的分析。

其他还有一些关于《经济、社会和文化权利国际公约》方面的著作和人权方面的著作对少数民族的文化权益保障略有涉及，例如，[挪] A. 艾德、C. 克洛斯、A. 罗萨斯主编，中国人权研究会组织翻译的《经济、社会和基本文化权利教程》(修订第二版)[2]，该书有两章涉及对基本文化权利与少数民族基本文化权利的界定问题，从国际人权法的角度阐述了少数人保持其固有生活方式的权利，但着墨不多；再如，周勇著《少数人权利的法理》[3]，该书从国际法上少数人权利保护的一般理论、相关国际公约以及国际法上少数人权利的案例法，尤其是人权事务委员会的典型案例、少数人权利保护的国际文献等几个方面详细阐述了对少数人权利的保护的正当性与具体措施。

此外，在有关民族文化和民族学方面的论文集有杨源、何星亮主编的《民族服饰与文化遗产研究——中国民族学学会 2004 年年会论文集》和金星华主编的《民族文化理论与实践——首届全国民族文化论坛论文集》，后一部论文集中涉及少数民族文化遗产的论文较多，从文化角度来看，人们对少数民族文化遗产的研究是最深入广泛的。另外还有一本论文集《全球化背景下的

---

① 艺衡、任珺、杨立青：《基本文化权利：回溯与解读》，北京，社会科学文献出版社，2005 年版。

② [挪] A. 艾德、C. 克洛斯、A. 罗萨斯著，中国人权研究会组织翻译：《经济、社会和文化权利教程》(修订第二版)，成都，四川出版集团、四川人民出版社，2004 年版。

③ 周勇：《少数人权利的法理》，北京，社会科学文献出版社，2002 年版。

文化权利》[1]，主要探讨经济全球化、信息全球化、媒介全球化所带来的文化权利与语言问题及其应对措施，也在其中的“国际法中的文化权利”部分论述了作为人权的文化权利及对文化遗产的保护，该论文集侧重的是如何在全球化背景下加强对本土文化的保护，与国际人权法中的少数人文化权利保护还有一定的距离。

我们于 2008 年 11 月对中国期刊网及其他中文数据库进行了多种方式的检索，有关文化遗产方面的论文有 3273 篇，有关非物质文化遗产方面的论文有 1335 篇，有关少数民族文化遗产方面的论文 45 篇，有关少数民族传统文化方面的论文 192 篇，有关文化权利方面的论文 60 多篇，有关少数民族文化权利方面的论文只有 18 篇。经过对这些文献进行初步梳理，主要有：雅努兹·西摩尼迪斯（黄觉译）的《文化权利：一种被忽视的人权》[2]，该文谈到了国际人权法中的文化权利保障的现状以及少数人文化权利保障的必要性，该文对我们深入分析基本文化权利保障的现状有借鉴作用。林宏宇的《文化安全：国家安全的深层主题》[3]，该文从一个非常宏大的视角和战略的高度谈到了文化安全的重要性，而少数民族文化权利保障及促进文化多样性保护是文化安全的重要议题之一。马翀炜的《社会发展与民族文化的保护》[4]，该文论述了社会发展对民族文化保护的双重影响以及

① ［新］阿努拉·古纳锡克拉、［荷］塞斯·汉弥林克、［英］文卡特·耶尔著，张毓强等译：《全球化背景下的文化权利》，北京，中国传媒大学出版社，2006 年版。

② 雅努兹·西摩尼迪斯著，黄觉译：《文化权利：一种被忽视的人权》，载《国际社会科学杂志》（中文版），1999 年第 4 期。

③ 林宏宇：《文化安全：国家安全的深层主题》，载《国家安全通讯》，1999 年第 8 期。

④ 马翀炜：《社会发展与民族文化的保护》，载《广西民族研究》，2002 年第 1 期。

如何协调二者之间的关系，该文谈到了少数民族文化保护的重要意义，但没有从文化权利的角度进行论述。林滨的《试论全球化与文化安全》①，该文主要阐述了全球化对民族文化所带来的影响以及民族文化保护的重要性，但没有突出少数民族传统文化在其中的特殊重要性。专门论述少数民族文化权利的只有一篇，即屈学武的《简论少数民族的文化权利》②，主要观点是，少数民族享用自己文化的权利，是少数民族权利的内容之一，简称民族文化权，它指多民族国家或国际社会通过国内立法或国际条约法的形式确认和保障少数民族权利的主体，按照自己的民族文化方式生活、学习、工作的权利。该文论述比较全面，也是比较早地关注该领域研究的一篇优秀论文，但其文化权利的概念和范围都过于宽泛了，涵盖了少数民族整个社会生活中方方面面的权利。

（二）国外文献

在国际法文件和一些外国法律中，使用较多的是“少数人”（minority）一词，该词的范围远大于中国的“少数民族”，因而只能从国外与少数人权利保护的相关文献中借鉴一些经验研究和具体措施。经过对国家图书馆的馆藏文献进行多种方式的综合检索，有关文化权利的专著有13本；有关少数人权利保护的有56本；目前没有专门论述少数人文化权利或少数民族文化权利的著作。其中比较重要的有，Skrentny，John David，The minority rights revolution③，该书回顾了整个少数人权利保障的历史尤其是20世纪以来的发展历程，并不仅仅局限在国际人权法的范围内，其少数人的概念也比较宽泛，包括了当今对各种类别的少数人权利保

① 林滨：《试论全球化与文化安全》，载《理论与现代化》，2004年第5期。

② 屈学武：《简论少数民族的文化权利》，载《理论与改革》，1994年第6期。

③ Skrentny, John David, The minority rights revolution / Cambridge, MA : Harvard University Press, 2002.

护的研究。

Nions, Helen, Minority Rights Protection In International Law[①]，该书从国际人权法的角度对国际法上少数人权利保护的状况进行了深入分析，从宗教、语言和文化等角度指出了所面临的问题，并对这些问题的解决提出了若干建设性的意见与措施。

Kristin Henrard, Devising an adequate system of minority protection[②]，该书从个人人权、少数人权利及自决权这三个角度对少数人权利保护进行了探讨，侧重于少数人权利保护在实际中的运行状况、如何在个人人权、少数人权利及自决权中求得合适的平衡点及少数人权利保护具体的完善措施。

David W. Elliott, Law and aboriginal peoples in Canada (fifth edition)[③]，该书从原住民的界定、原住民权利保障的历史进程与现状、原住民权利保障的司法实践、宪法对原住民权利保障的贡献、现阶段原住民的权利诉求与自治等多方面，详细地介绍了加拿大对原住民权利进行保障所采取的各种有力措施及所取得的巨大成效，其中一些行之有效的政策与措施非常值得我们借鉴。该书作者在国际法学界也非常有影响。

2008 年 11 月，我们对目前比较有影响的西文数据库 Lexis 进行检索，与文化权利有关的论文，Harvard civil rights - civil liberties law review 上包含检索词 cultural rights 的有 6 篇；包含检索词 minority rights 有 13 篇；Columbia law review 上包含检索词 cultural rights 有 12 篇，包含检索词 minority rights 有 47 篇；Pennsyl-

---

① Nions, Helen, Minority Rights Protection In International Law: The Roma Of Europe/ Helen Nions. Ashgate, 2004.

② Kristin Henrard, Devising an adequate system of minority protection, Kluwer law international, 2000.

③ David W. Elliott, Law and aboriginal peoples in Canada (fifth edition), Ontario: Captus press Inc, 2005.

vania law review 包含检索词 cultural rights 的有 7 篇；包含检索词 minority rights 有 37 篇；US & Canada law review 包含检索词 minority cultural rights 的有 22 篇；包含检索词 minority rights 超过 3000 篇。这些论文多数是探讨少数人权利中的劳动权利、自治权利、自决权、原住民权利以及反歧视等问题，范围比较宽泛，与少数民族文化权利保障相关的不是很多。主要的有，Donald J Eckenfelder ，Getting the safety culture right①，该文主要阐述了产业领域对文化权利所可能带来的影响以及如何正确地处理。Patrick Vallance ，Clinical research：Getting the culture right②，该文主要论述了为使一些非主流的文化免遭破坏，文化应成为一种权利，在比较宽泛的意义上使用“文化权利”一词，基本相当于对文化的权利。Scott C. Idleman，Multiculturalism and the future of tribal sovereignty③，该文详细阐述了近年来在美国兴起的多元文化主义及其对整个美国社会所产生的影响，其中以较大篇幅阐述了美国的印第安群体的权利保障、部落自治制度、对社会生活以及高等教育的参与，也附带谈了非裔美国人的权利保障问题。

目前的研究主要是两个方面：一是对中国法律中少数民族权利保护方面的规定作理论归纳；二是介绍国际法和外国法中关于少数人权利保护的情况。总之，当前对少数民族文化权益保障理论的研究还是有待深入的。首先，从理论研究的比例上看，研究数量太少，这和少数民族文化权利的实际存在状态不相符。其次，具象研究多，理论总结少。在前面提及的少数民族文化权益

---

① Donald J Eckenfelder ，Getting the safety culture right ，Occupational Hazards；Oct 2003；65，10.

② Patrick Vallance ，Clinical research：Getting the culture right，The Lancet；Jul 5，1997；350，9070；Academic Research Library/pg. 52.

③ Scott C. Idleman，Multiculturalism and the future of tribal sovereignty，Columbia human rights law review：35.

的研究中，大多是对一个少数民族具体文化遗产的总结，就是对某个民族的文化遗产或者文化权益的总结也显得很少。再次，研究视角过于单一。从法学角度对少数民族传统文化所做的研究很少，借鉴当前国际上研究的热点，从基本人权和文化多样性角度对少数民族文化所做的研究就更少。

三、研究方法

从总体来讲，我国开展少数民族相关法律研究比较晚，还处于学科初创阶段。从人文社会科学发展的规律看，一个学科由初创到成熟需要几十年甚至上百年的时间。例如社会学，从19世纪法律思想家孔德提出以物理学方法研究社会的想法后，到法国学者涂尔干将具有实证主义特点的方法贯穿到社会学研究中，已经是半个世纪过去了，到社会学在二次世纪大战后成为一个具有比较广泛的应用领域的社会科学学科，已经是一个世纪以后了。其他学科，诸如哲学、宗教学、法学都已经有了上千年的历史。明白这样的道理，我们在研究中就不应再急于求成，不应该在较短的时间内去完成需要较长时间才能做到的事，在学科建设中，是不可能毕其功于一役的。学科是在长时间的理论思考、资料积累、方法养成的过程中发展起来的。民族法理论研究学者除了关注法学方法以外，对人类学与民族学的田野调查方法、社会学方法都给予了高度的重视。我想这是因为民族法是一个交叉学科，涉及法学、民族学、民族理论与政策研究、人类学、社会学、史学等学科。这些兄弟学科作为民族研究的先行者，在理论上、方法上、资料上已经有丰厚的积累，使得民族法理论研究多有所依，可以在前人有力的臂膀上向前攀登。说到方法，有一种近乎调侃的说法，只有当一个学科到了穷途末路的境地，才会去谈本学科的方法论。实际上，作为新学科，认真地学习兄弟学科的方法，可以避免走弯路，提高学科的学术素质。民族文化权益保护研究作为民族法研究的一个领域，其研究方法具有交叉学科的特点，主要是法律释义方法，社会研究方法和人类学、民族学的方法，以及历史研究方法。

（一）法律释义方法

法律释义法：通过解释法律文本，探求立法者意图及法律文本的含义。释义即对文本含义的说明。释义的对象通常是权威文本，如宗教经典、法典等。法律适用是通过法律推理完成的，法律推理有三个要素：一是法律规定；二是案件事实；三是裁决。自从古代有法律以来，法学的主要任务之一就是对立法进行释义。释义学在欧洲是源于宗教。宗教人员对《圣经》的含义进行说明，形成了宗教释义学。古罗马时期，对立法文本的说明形成了法律释义学，比较经典的是《法学大全》、《法学阶梯》。这些法律典籍对后世的法学起着重要影响。中国春秋战国时期随着立法的增多，对法律的解释逐渐发达起来。在秦朝，法律释义学已经相当发达。至清朝，法律解释已经相当成熟。法学的固有方法就是怎样制定行为规则和怎样应用行为规则。在今天庞大复杂的法学与法律体系中，这种方法表现为对法的意义的说明和处理具体法律问题的方法。对法的意义的说明在今天，主要是说明制定法。这种方法在理论谱系中，可以归为释义学。在德文中有一个专门的词汇“rechtsdogmatik”，在翻译上有的将其译为“法律信条学”或者“法律信义学”，也有人将其译为“法律释义学”。法律释义学有这样的特点，有明确的，往往是权威的解释对象；有专门的解释主体；有专门的解释方法。

法律解释与法律释义的含义是不同的。法律释义是对立法文本的说明，解释者必须尊重立法者的立法原意，不能将自己的观点和理解回到释义中去。法律解释则不同，法律解释是司法人员为完成案件办理过程中的法律推理，尤其是在处理疑难案件时，对法律和事实所作的说明，这种说明往往会超出法律立法文本的平义范围。因此，也有人称之为“法官造法”、“续造法律”的方法。其主要方法如扩张解释、限缩解释、当然解释、类推解释等。法律解释是不可以随心所欲进行的。法律解释只是在立法文本的基础上为按照立法者目的处理案件而作的有限创新，所作的解释受到立法文本、立法者目的的限制。法律制定的目的在于应用，或者说是为了解决立法者希望解决的问题。因此，法学的基本任务是法律的释义。法学教育的重要内容就是教育学生如何理解法律。法律释义构成了法学和法学教育的主要内容。

研究少数民族文化权利的保护，首先的方法仍然是法律释义，即对有关少数民族和少数民族文化权利的保护的法律规定进行释义。其中应特别重视体系解释方法的运用，具体地讲，指分析某一法律规范与其他法律规范的联系，以及它所属的法律制度、部门和体系及其地位和作用，以便系统地理解和阐明法律规范的内容和含义，确定法律规范的效力等级和法律规范之间的逻辑联系。法律释义法的作用在于以法律体系整体为参照，能够保证法律体系内在的统一性，把握法律原则的精神所在。本书对国内外有关少数民族文化权益保障方面的立法及文件进行全面的收集整理，以期准确地把握立法目的，从体系上总体把握立法原意，并以此为基础，建立具有法律释义学基础的少数民族文化权利的理论框架。法律释义研究的意义还在于为少数民族文化权利保护方面的法律适用提供理论支持。

（二）田野调查方法

19 世纪的欧洲成为新方法的发源地，如分析法学、纯粹法学、历史法学派、欧洲大陆的概念法学，以及 20 世纪的自由主义法学、现实主义法学等，还产生了具有交叉学科特点的新学科。我们必须指出的一个显而易见的特点，也是经常被忽略了的特点，就是这些学派的影响主要是在法理学领域。我们也应该看到，其他学科的方法也在影响着部门法及其理论。这些新的理论主要是社会学、经济学，甚至自然科学技术等。

社会科学涉及法律的制定和适用的多个领域。美国于 19 世纪末，在反垄断法和劳动法领域中提出了新的请求以及新的观点。在保护女工的诉讼请求中，律师用了一些统计数据说明限制女工每天工作时间的重要性。但是，这些诉讼请求被州最高法院和联邦最高法院以违反契约自由原则，并推论违宪而遭到拒绝。而当时霍姆斯、布兰代斯和庞德对此进行批判，并倡导注重法律与社会的关系，注重法律与公共政策的关系，客观上推动了社会科学在法律实践中的运用。①

田野调查是源于民族学（人类学）的调查方法，指观察者根据研究课题有目的地直接或间接地对研究对象进行观察，尤其强调主位观察以取得有关资料的方法。本书主要采用以实地调查为主的调查方法（访谈调查和深度访谈相结合），注重参与性观察与参和性体验，主要调取内蒙古和黑龙江的若干个案进行分析，同时十分注重第二手材料的收集，注意研究他人所做过的相关调查，从一个侧面研究目前中国少数民族文化权益保障的现状及所面临的挑战，并对其做一个整体性研究。

我们曾于 2005 年和 2006 年的暑期用了两个多月的时间对内蒙古的鄂伦春自治旗、黑龙江省同江市的街津口赫哲族民族乡渔业村、云南省丽江市，2007 年暑假对云南省西双版纳傣族自治州勐海县曼恩村进行了调查，其中一个主要内容就是对这几个民族的文化权益保障的现状以及可能的提升路径进行调查。我们事先准备了调查提纲，采用提问式的方法，以入户访谈为主，以座谈会的形式为辅，收集到了许多真实的第一手资料，了解到了这些少数民族的文化权益意识，并对一些当地人熟知但未进入学者

① ［美］约翰·英纳什、劳伦斯·沃克著，何美欢、樊志斌、黄博译：《法律中的社会科学》（Social Science In Law），第 1－3 页，北京，法律出版社，2007 年版。

视野的一些现象，从法学角度进行了分析，并在此基础上形成了调查报告。本书选取了调查报告中的一些典型个案进行分析。

（三）多学科比较分析法

本书充分利用横向比较（此地与彼地的有关少数民族文化权益保障的立法状况）和纵向比较（以历史演变为线索研究少数民族文化权益保障法律制度的变迁情况）相结合的方法，以期从多角度全面透视少数民族文化权益法律保障问题。同时，在该书的写作中，注重微观与宏观视角的结合、客观与主观的结合、自下而上与自上而下的结合，尤其是比较重视交叉学科研究。民族法客观上涉及多个学科，主要是人类学、社会学、民族学、民族政策与民族理论、史学等学科。我们在写作及相关问题的研究中，除了注重保护少数民族的法律文本的释义，开展实地调查外，也非常注重相关学科对民族文化的研究，从中学习借鉴有关的理论与方法。

第一章　少数民族文化权益概述

世世代代人民的历史古迹，饱含着过去岁月的信息留存至今，成为人们古老的活的见证。人们越来越意识到人类价值的统一性，并把古代遗迹看作共同的遗产，认识到为后代保护 这些古迹的共同责任。将它们真实地、完整地传承下去是我们的职责。本章将从少数民族文化权益的不同方面来分别做系统的介绍，以便我们从不同角度深入认识少数民族文化权益的全貌。

第一节　文化遗产概论

文化遗产，中文在概念上分为“有形文化遗产”和“无形文化遗产”。“有形文化遗产”即传统意义上的“文化遗产”，根据《保护世界文化和自然遗产公约》（简称《世界遗产公约》），包括历史文物、历史建筑、人类文化遗址。本书就是在传统意义上来使用文化遗产一词的。无形文化遗产，根据联合国教科文组织《保护非物质文化遗产公约》（Convention for the Safeguarding of the Intangible Cultural Heritage）的定义，是指“被各群体、团体、有时为个人视为其文化遗产的各种实践、表演、表现形式、知识和技能及其有关的工具、实物、技艺品和文化场所”。

一、传统意义上的“文化遗产”的定义

根据联合国教科文组织 1972 年通过的《保护世界文化和自

然遗产公约》以及其后的相关决议，广义的文化遗产包括自然遗产、文化遗产、自然遗产与文化遗产混合体和文化景观四类。

（一）狭义的文化遗产

狭义的文化遗产包括文物、建筑群、遗址三种，其中文物是指从历史、艺术或科学角度看，具有突出的普遍价值的建筑物、碑雕和碑画、具有考古性质成分或结构、铭文、窟洞以及联合体；建筑群是指从历史、艺术或科学角度看，在建筑式样、分布均匀或与环境景色结合方面具有突出的普遍价值的单立或连接的建筑群；遗址是指从历史、审美、人种学或人类学角度看，具有突出的普遍价值的人类工程或自然与人联合工程以及考古地址等地方。

中国的世界文化遗产有：故宫、颐和园、长城、天坛、承德避暑山庄和周围寺庙、平遥古城、周口店“北京人”遗址、丽江古城、苏州古典园林、秦始皇陵及兵马俑坑、大足石刻、武当山古建筑群、莫高窟、布达拉宫（大昭寺、罗布林卡）、龙门石窟、曲阜孔庙和孔林及孔府、明清皇家陵寝（明显陵、清东陵、清西陵、明孝陵、十三陵）、青城山—都江堰、皖南古村落、云冈石窟、澳门历史城区、河南殷墟、高句丽王城、王陵及贵族墓葬、开平碉楼与村落等。

自然遗产是指从审美或科学角度看具有突出的普遍价值的由物质和生物结构或这类结构群组成的自然面貌；从科学或保护角度看具有突出的普遍价值的地质和自然地理结构以及明确划为受威胁的动物和植物生境区；从科学、保护或自然美角度看具有突出的普遍价值的天然名胜或明确划分的自然区域。中国的世界自然遗产有九寨沟、黄龙、武陵源、三江并流、四川大熊猫栖息地和中国喀斯特。

兼具上述文化遗产与自然遗产双重特征的世界遗产被称为“自然遗产与文化遗产混合体”。中国的世界文化和自然双重遗产有泰山、黄山、峨眉山和乐山大佛以及武夷山。

文化景观这一概念是1992年12月在美国圣菲召开的联合国教科文组织世界遗产委员会第16届会议时提出并纳入《世界遗产名录》中的。文化景观代表《保护世界文化和自然遗产公约》第一条所表述的“自然与人类的共同作品”。文化景观的选择应基于它们自身的突出、普遍的价值，其明确划定的地理—文化区域的代表性及其体现此类区域的基本而具有独特文化因素的能力。它通常体现持久的土地使用的现代化技术及保持或提高景观的自然价值，保护文化景观有助于保护生物多样性。一般来说，文化景观有以下类型：（1）由人类有意设计和建筑的景观。包括出于美学原因建造的园林和公园景观，它们经常（但并不总是）与宗教或其他纪念性建筑物或建筑群有联系。（2）有机进化的景观。它产生于最初始的一种社会、经济、行政以及宗教需要，并通过与周围自然环境的相联系或相适应而发展到目前的形式。它又包括两种次类别：一是残遗物（或化石）景观，代表一种过去某段时间已经完结的进化过程，不管是突发的或是渐进的。它们之所以具有突出、普遍价值，还在于显著特点依然体现在实物上。二是持续性景观，它在当今与传统生活方式相联系的社会中，保持一种积极的社会作用，而且其自身演变过程仍在进行之中，同时又展示了历史上其演变发展的物证。（3）关联性文化景观。这类景观列入《世界遗产名录》，以与自然因素、强烈的宗教、艺术或文化相联系为特征，而不是以文化物证为特征。目前，列入《世界遗产名录》的文化景观还不多，此外，列入《世界遗产名录》的古迹遗址、自然景观一旦受到某种严重威胁，经过世界遗产委员会调查和审议，可列入《处于危险之中的世界遗产名录》，以待采取紧急抢救措施。

（二）文化遗产的要素

当然，这个概念在确定下来写入公约以后，本身它也在不断地发展，不断地变化，怎样才能让更多的属于我们人类共同的文化遗产得到保护，也是人类在思考的一个问题，是不是这几个概念就能完全涵盖我们对于文化遗产保护这样一个基本需求？

实际上从20世纪70年代开始，特别是70年代末开始，对于整个国际社会来说，对于历史城市的保护，对于历史地段的保护，对于组成城市的这些建筑可能它们并不都是重要的建筑，但是他们共同在一起构成了一个历史环境。而这个历史环境又反映了一个民族或者一个地区文化发展的过程，像这样的一些遗产，国际社会给予了越来越多的重视。那么从我们《世界遗产名录》当中也可以看到这样一种趋向，在这种情况下，实际上对于文化遗产的保护，那么它所涵盖的内容，就变得越来越广泛，越来越多。

凡提名列入《世界遗产名录》的文化遗产项目，必须符合下列一项或几项标准方可获得批准：1. 代表一种独特的艺术成就，一种创造性的天才杰作。2. 能在一定时期内或世界某一文化区域内，对建筑艺术、纪念物艺术、城镇规划或景观设计方面的发展产生过大影响。3. 能为一种已消逝的文明或文化传统提供一种独特的至少是特殊的见证。4. 可作为一种建筑或建筑群或景观的杰出范例，展示出人类历史上一个（或几个）重要阶段。5. 可作为传统的人类居住地或使用地的杰出范例，代表一种（或几种）文化，尤其在不可逆转之变化的影响下变得易于损坏。6. 与具有特殊普遍意义的事件或现行传统或思想或信仰或文学艺术作品有直接或实质的联系（只有在某些特殊情况下或该项标准与其他标准一起作用时，此款才能成为列入《世界遗产名录》的理由）。

二、文化遗产保护的原则

从世界范围来看，随着社会文明的发展，立法保护的文物古迹的内容和范围在不断扩大。这种发展变化大体可以概括为三个阶段：第一个阶段是对重要的、单个的文物古迹对象的保护；第二个阶段是扩大到对文物古迹对象周边环境的保护；第三个阶段则是扩大到对历史街区、历史区域乃至某个古城镇的完整保护。这三个阶段大体反映了人们对物质文化遗产保护认识的深化，同时也表明历史城区、村镇及其历史文化环境已成为文物保护不可分割的重要组成部分。

（一）整体保护原则

《威尼斯宪章》第 1 条规定，历史古迹的概念不仅包括单个建筑物，而且包括能从中找出一种独特的文明、一 种有意义的发展或一个历史事件见证的城市或乡村环境。第 6 条规定，古迹的保护包含着对一定规模环境的保护。凡传统环境存在的地方必须予以保存 ，绝不允许任何导致改变主体和颜色关系的新建、拆除或改动。

《威尼斯宪章》的规定具有前瞻性，以后逐渐得到世界各国的认可，现在，对文化遗产的整体保护已经为人们所熟知并成为人们的自觉行动。世界各国都在各自的文化遗产保护实践中认真贯彻这一原则。2007 年 6 月，联合国对丽江古城提出的三条建议，其中之一就是制定古城及其周边总体规划，以保护遗产及其周边环境的完整性。可见，这也是对整体保护原则的重视。

（二）就地保护原则

《保护受到公共或私人工程危害的文物建议案》，为保持历史的联系和延续性，各成员国应对受到公共及私人工程危害的文化遗产实行就地保护原则，并给予优先考虑。对于必须搬迁的，原则是：首先，当经济或社会发展需要必须搬迁、放弃或毁掉文物时，应对所涉及的文物进行仔细研究、详细记录，并将成果公之于世，以供今后研究之用。其次，应安置在与其原来位置、自然环境、历史环境或艺术环境相似的地方。

文化遗产经受了历史的沧桑变化屹立于此，其与原来的位置及周围环境形成了一种天然的依赖关系，这种互相依存的关系同样成为后人认识文化遗产的一个不可或缺的方面，就地保护原则恰恰体现了我们对文化遗产的尊重，其与整体保护原则也是相辅相成的。

（三）最少干预性原则

《威尼斯宪章》第 9 条规定，任何不可避免的添加都必须与该建筑的构成有所区别，并且必须要有现代标记。在任何情况下，修复之前及之后必须对古迹进行考古及历史研究。第 10 条规定，当传统技术被证明为不适用时，可采用任何经科学数据和经验证明为有效的现代 建筑及保护技术来加固古迹。第 13 条规定，任何添加均不允许，除非它们不至于贬低该建筑的有趣部分、传统环境、布局平衡及其与环境的关系。

该原则体现了我们对文化遗产本身的尊重，尊重文化遗产的本来面目，使其真实面貌能够被后人所了解，并进行学习和研究。如果我们改变了文化遗产的本来面目，其自身的艺术价值与科学价值将大为降低，也关闭了后人的欣赏与研究之门。东西方文化对《威尼斯宪章》第 9 条的规定认识不是很一致，东方讲究融为一体、不做区分，西方讲究刻意留有标记，由于东西方的文化遗产的材质上的区别，对第 9 条的认识有所区别是正常的，但是，最少干预原则的内涵是为大家广泛接受和认可的。

（四）可持续发展原则

1976 年通过的《历史街区保护及其当代作用建议案》关注历史建筑的活用。其中提到：保护和修复工作应与振兴活动齐头并进，适当保持其现有功能，特别是贸易和手工技艺。增加新的功能是非常重要的，这些新功能如果具有生命力，应与其所在的城镇、地区或国家的经济和社会状态相符合，应满足居民社会、文化及经济发展的需要，同时又不损坏有关地区的具体特征。文化振兴政策应使历史街区成为文化活动中心并在周边社区的文化发展中发挥核心作用。

《北京文件》强调档案记录与信息资料，文化遗产管理者负责确保做好充足的档案记录，并确保这些记录的质量和更新。针对世界遗产地的培训应着眼于《世界遗产全球培训战略》中所体现的三个主要领域，即：《世界遗产公约》的实施、世界遗产地的管理以及为更好地保护世界遗产地而对保护方法和技术的改进。

文化遗产的可持续发展主要强调文化遗产的活用问题，现在日益被各国重视的就是文化遗产对社会公众的教育功能。

（五）真实性原则

真实性原则即“不改变文物原状”原则，任何维修与修复的目的应是保持诸如形式与设计、原料与材料、用途与功能、位置与环境，以及传统知识体系、口头传统与技艺、精神与情感等因素中的信息来源的真实性完好无损。在可行的条件下，应对延续不断的传统做法予以应有的尊重。我们目前所进行的为期18年的故宫大修，从设计理念、建筑材料、修复工艺等各个方面都注重了真实性原则，比如，故宫外墙的墙泥仍然从当年的选材地取土，很多修复仍然采取过去的工艺，其中也不乏现代工艺的使用，但目的都是保持故宫的“真实性”。

此外，在文化遗产的保护方面还有一些中国持保留态度的原则，如可识别性原则、可逆性原则、可读性原则等，在此不做详细论述。

第二节　非物质文化遗产概述

少数民族文化权益的另外一个重要方面就是少数民族的非物

质文化遗产，现状令人担忧，其对少数民族乃至全人类的重要性丝毫不亚于文化遗产，本节先对非物质文化遗产的基本理论进行一个简单的梳理。

一、非物质文化遗产的定义

非物质文化遗产又称无形文化遗产，主要指人类以口头或动作方式相传，具有民族历史积淀和广泛、突出代表性的民间文化遗产，它曾被誉为历史文化的“活化石”，“民族记忆的背影”。它包括民间传说、习俗、语言、音乐、舞蹈、礼仪、庆典、烹调以及传统医药等。根据《保护非物质文化遗产公约》最后文本的定义，非物质文化遗产指的是“被各社区、群体，有时是个人，视为其文化遗产组成部分的各种社会实践、观念表述、表现方式、知识、技能，以及与之相关的工具、实物、手工艺品和文化场所。这种非物质文化遗产世代相传，被不同社区和群体在适应周围环境和自然的过程中、与其历史的互动中不断地再创造，为他们提供持续的认同感，增强对文化多样性和人类创造力的尊重”。根据这个定义，非物质文化遗产包括五个方面：一是口头的传统和表现方式，包括作为非物质文化遗产媒介的语言；二是表演技艺；三是社交习俗和仪式节庆事件；四是有关自然界和宇宙的知识和实践；五是传统手工技艺。这是一种立足于整个世界范围的保护非物质文化遗产的需要，适用于各国、各地区、各民族的一般的、普遍的分类方法。《中华人民共和国非物质文化遗产保护法》（征求意见稿）第2条规定，本法所称非物质文化遗产是指各族人民世代相传的、与群众生活密切相关的各种传统文化表现形式和文化空间。具体包括：（1）口头传统，包括作为文化载体的语言；（2）传统表演艺术；（3）民俗活动、礼仪、节庆；（4）有关自然界和宇宙的民间传统知识和实践；（5）传统手工技能，以及与上述表现形式相关的文化空间。这种定义体现了立法技术上的要求，也在一定程度上反映了我国在非物质文化遗产保护方面的立法与保护倾向。

非物质文化遗产的最大特点是不脱离民族特殊的生活生产方式，是民族个性、民族审美习惯的“活”的显现。它依托于人本身而存在，以声音、形象和技艺为表现手段，并以身口相传作为文化链而得以延续，是“活”的文化及其传统中最脆弱的部分。因此对于非物质文化遗产传承的过程来说，人就显得尤为重要。

联合国教科文组织认为，非物质文化遗产是确定文化特性、激发创造力和保护文化多样性的重要因素，在不同文化相互宽容、协调中起着至关重要的作用，因而于1998年通过决议设立非物质文化遗产评选。这个项目的申报有三个基本条件：一个是艺术价值；二是处于濒危的状况；三是有完整的保护计划。而每两年才审批一次，每次一个国只允许申报一个。

中国根据本国的具体实际，由中国艺术研究院中国民族民间文化保护工程国家中心编写的《中国民族民间文化保护工程普查工作手册》第二部分“非物质文化遗产分类代码”，将非物质文化遗产的种类分为两层：第一层按学科领域分成16个类别（一级类），每个一级类又细分出一些二级类，作为非物质文化遗产分类代码结构的第二层。这16个一级类分别是：民族语言；民间文学（口头文学）；民间美术；民间音乐；民间舞蹈；戏曲；曲艺；民间杂技；民间手工技艺；生产商贸习俗；消费习俗；人生礼俗；岁时节令；民间信仰；民间知识；游艺、传统体育与竞技。2006年5月18日，中国第一批国家级的非物质文化遗产名录已经评选完毕，共有10大类518项非物质文化遗产入选。2008年6月14日，国务院批准文化部确定的第二批国家级非物质文化遗产名录（共计510项）和第一批国家级非物质文化遗产扩展项目名录（共计147项）。

二、非物质文化遗产的特性

(一) 独特性

非物质文化遗产是作为艺术或文化的表达形式而存在的，体现了特定民族、国家或地域内的人民独特的创造力，或表现为物质的成果，或表现为具体的行为方式、礼仪、习俗，这些都具有各自的独特性、唯一性和不可再生性。而且，它们间接体现出来的思想、情感、意识、价值观也都具有独特性，是难以模仿和再生的。

(二) 传承性

文化遗产是人类前代遗留下来且被后代享用或传承的财富，包括物质的和非物质的。非物质文化遗产的传承性，就是指其具有被人类集体、群体或个体一代接一代享用、继承或发展的性质，这是由遗产的本质所决定的。物质文化遗产的传承是人对“物质文化”的传递，物既是载体又是对象，因而传承方式是有形的、具体的。非物质文化遗产的传承是人对“精神文化”的传递，载体与对象是分离的，传承过程是通过人与人的精神交流，即口述、身体示范、观念或心理积淀等形式进行的，因而是抽象的、无形的。

(三) 无形性

物质文化遗产是具体的文化物质，即人化自然物或人工制造物，文化与物料是其中两个水乳交融的元素，离开文化的物料和离开物料的文化都不能称为物质文化遗产。所以，物质文化遗产与其他文化不同，就在于它的物质性；与其他物质不同，就在于它的文化性。文化性决定了物质文化遗产的价值性，物质性则决定了物质文化遗产的有形性。

非物质文化遗产是抽象的文化思维，它存在于人们的观念且随着人们观念的变化而变化，如知识、技能、表演技艺、信仰、习俗、仪式等，所以从本质意义上讲，非物质文化遗产是无形的，一方面它不像物质文化遗产那样是有形可感的物质，另一方面它不像物质文化遗产那样具有稳定性。所以，非物质文化遗产在传承上就具有与物质文化遗产不同的特点，不是通过物本身而是通过人的活动来进行。

我们还应看到，非物质文化遗产本质的无形性并不排斥其在存在和传承时的有形性。比如，剪纸艺术是非物质文化遗产，是无形的，但它的表现和传承却是通过手工艺品和艺人等具体物、人或人的活动进行的，而这些物、人和人的活动却又是具体、有形的。再如，春节习俗是一种非物质文化遗产，它在一代又一代中国人观念中存在，是无形的，但它又是通过特定时间特定人的活动来展示和传承的，因而又是有形的。

（四）多元性（民族性）

任何文化都有多元性，但非物质文化的多元性有自己的特殊性。它不仅表现在不同地区、种族、信仰的群体、个体的非物质文化遗产不同，而且表现同一地区、种族、信仰的群体、个体在不同时期的非物质文化遗产也具有不同的形态。整个人类非物质文化遗产的形态是多元的。

（五）流变性

同一种非物质文化遗产在不同历史时期、不同地域的存在形态也是有区别的，如宋代影戏、明清影戏与当下影戏是有很大区别的；即使是当下影戏中陕西皮影、滦州皮影和潮州皮影也各有不同的形态。

（六）活态性

非物质文化遗产的多元性、变化性，说明它是一种“活态”文化。这种“活态”性，在非物质文化遗产的口头传说和表述及其语言、表演艺术、社会风俗、礼仪、节庆以及传统技艺技能等遗产中，表现得尤为突出，它们的文化内涵是通过人的活动表现并传达给受众的。这一点与物质文化遗产有明显不同，物质文化遗产文化内涵是通过人的研究、挖掘、探索等取得认知、提示出来，然后以不同形式传递给受众。这种认知和提示，往往受到时代的局限，受到当时的认识能力和学术水平及科技发展所提供认知技术手段等的局限。非物质文化遗产的文化内涵基本上是通过人的活动展现出来，直接传达给受众。

三、非物质文化遗产法律保护的现状

非物质文化遗产的范围非常广泛，不仅限于文学和艺术的领域，它还包括各种社会风俗和仪式，比如与出生、结婚、丧葬相关的一些仪式，确定身份和长幼尊卑秩序的礼仪、仪式。还有各种各样的知识和实践，比如说时空的观念、药物、治疗方法，还有具有神秘色彩的寓言式的宗教方面的实践和信仰。从根本上说，它是表现在文化多样性当中的人的创造力。对它的保护，就是对不同文化形式和价值的尊重，是对文化多样性的保护。

由于少数民族的传统文化很多是以非物质文化遗产的方式表现出来的，少数民族的传统生活方式是非物质文化遗产的重要组成部分，因而，加强对非物质文化遗产的保护在很大程度上就是在加强对少数民族传统文化和其文化权益的保护。非物质文化遗产保护工作一直得到国家和社会的高度重视。从20世纪50年代起，中国对各少数民族的民间文化进行了记录调查，出版了《国家民委民族问题五种丛书》和《中国少数民族社会历史调查资料丛刊》等。

近年来，采取措施积极扶持传统技艺美术行业生产，命名了200余名“技艺美术大师”。成立了“振兴京剧指导委员会”、“振兴昆曲指导委员会”，使这些剧种从资料保存、剧目保留、人才培养等方面得到了加强。改革开放以来，文化部、国家民委、中国文联共同发起了“十部中国民族民间文艺集成志书”

的编纂工作。目前，298部省卷已经全部完稿，并已出版224卷（近4亿字），曲艺卷等也将陆续出版，中国的非物质文化遗产保护取得了很大的成就。

2000年，联合国教科文组织启动了“人类口头和非物质文化遗产代表作”项目。中国已有昆曲艺术、古琴艺术、新疆维吾尔族木卡姆艺术和蒙古族长调民歌成功入选。中国于2004年8月加入了《保护非物质文化遗产公约》，目前该公约已经正式生效。中国的非物质文化遗产的保护将融入国际社会对文化的尊重与保护的洪流中。

2003年2月25日，“中国民族民间文化保护工程国家中心”在中国艺术研究院正式挂牌成立。该中心是文化部授权中国艺术研究院成立的专门规划统筹和组织实施“中国民族民间文化保护工程”的工作机构，成立运行之后，全国各地的地方中心也陆续建立。该工程计划历时18年，分3期实施，主要内容包括三部分：建立中国非物质文化遗产代表作名录、建立民族文化生态保护区和中国民族民间传统技艺保护。

四、具体的保护实践

对于非物质文化遗产的具体保护实践是丰富的，我们目前仍在进行积极的探索，试图探索一些适合非物质文化遗产所在地的灵活多样的保护模式。这里只是从目前的一些宏观的实践层面进行一下总结。

（一）《非物质文化遗产教育宣言》

教育在提高民族文化素质、塑造民族性格、开放民族胸怀、提升民族理想、推动民族文化创新方面，具有不可替代的重要文化作用。同样是为了加强非物质文化遗产的教育功能，各国在大力加强非物质文化遗产保护的同时，也越来越重视其教育作用的发挥。为此，中国制定了《非物质文化遗产教育宣言》，其中强调：

1. 国家应当以立法的形式，确立国家与公民面对本土非物质文化遗产的文化使命和应尽的教育传承与认知义务。非物质文化遗产作为一个民族古老的生命记忆和活态的文化基因库，代表着民族普遍的心理认同和基因传承，代表着民族智慧和民族精神。

中国作为当今世界非物质文化遗产最为丰富的民族，国家应当以立法的形式，确立国家与公民面对本土非物质文化遗产的文化使命和应尽的教育传承与认知义务，以应对中国文明转型期、非物质文化遗产急剧流变消失的现实。

2. 少数民族地区政府应根据宪法的依据，制定本民族的非物质文化遗产教育传承法，传承保护本民族代表性的文化资源和社区文化象征。

非物质文化遗产独特丰富的少数民族地区，政府应根据宪法的依据，制定本民族的非物质文化遗产教育传承法。政府与公民应自觉、自主地去保护、传承、发展本社区的非物质文化遗产资源，尤其在国家9年义务教育的推广中应当加强本土非物质文化遗产的传承认知。

3. 推广教育在知识传播体系上的文化多元，加强本土文化基因认知的自觉，尽快解决现行教育知识体系中，本土非物质文化遗产资源认知严重欠缺的现状。

大学作为人类文化（遗产）的传习地，应当倡导更加开放、平等、民主，更具世界文化交融、竞争和创新活力的教育理念；推广教育在知识传播体系上的文化多元；加强本土文化基因认知的自觉；注重民族文化的启蒙教育。大学现行教育知识体系中应当反映出本土非物质文化遗产的丰富性和文化价值。大学的非物质文化遗产传承教育应落实到学科创新发展和课程与教材的改革中。

4. 大学应当积极创建国家及社会文化遗产事业急需的新学科，为国家文化遗产事业提供优质服务。西北地区的高校应迅速地参与到国家非物质文化遗产保护传承的事业中来，充分发挥高校在信息智能及人才方面的优势。

5. 倡导面向中国非物质文化遗产的全方位教育传承的实现，不仅是高等教育、包括中小学及幼儿教育、社会教育和党校的干部教育、扶贫中的扫盲教育，不同层次、不同社会方式的教育都应参与进来。非物质文化遗产的传承是关系到民族群体和全社会的公共事业，更需要国家及民众的互动协作，更需要一个面对历史、现实与未来的理性与健康的文化心态和文化环境。

6. 倡导大协作的文化理念，在非物质文化遗产传承中树立起人性的文化尺度，不能忽视非物质文化遗产传承主体的民众、尤其是农民群体，尊重民众文化传承的自发性、自主性和文化个性。

非物质文化遗产的教育传承，不仅是一种被长期忽视的民族民间文化资源进入主流教育的过程、一种民族古老生命记忆的延续，同时，也是一个对民族生存精神和生存智慧及活态文化存在的认知过程，是一个更具人性发现和理性精神的民族文化整合过程。我们深信，教育在提高民族文化素质、塑造民族性格、开放民族胸怀、提升民族理想、推动民族文化创新方面，具有不可替代的重要文化作用。《非物质文化遗产教育宣言》的精神主题也正是希望传承创造一个具有民族文化基因特色的持续发展的美好未来。

（二）保护非物质文化遗产成都宣言

2007年5月23日至24日，在中国成都国际非物质文化遗产节和联合国教科文组织保护非物质文化遗产政府间委员会第一届特别会议期间，来自世界各国40余位专家学者出席了保护非物质文化遗产成都国际论坛，并发表宣言如下：

> 非物质文化遗产是人类的生命记忆，是人类创造力的精神源泉，是人类智慧的结晶，是世界文化多样性的生动展现，是人类永恒的精神家园。
>
> 随着经济全球化的推进和现代化进程的加快，文化生态发生了巨大变化，非物质文化遗产受到越来越大的冲击，许多珍贵的非物质文化遗产濒临消亡，保护非物质文化遗产刻不容缓。
>
> 我们呼吁国际社会和各国政府对非物质文化遗产保护给予足够重视，提高人们保护非物质文化遗产的自觉意识，切实加强非物质文化遗产保护工作，使非物质文化遗产生生不息、代代相传。

这表明，世界各国均认识到非物质文化遗产对人类未来发展的重要性，愿意在非物质文化遗产保护方面加强合作，共同守卫人类的精神家园。联合国教科文组织的观点代表了当前在非物质文化遗产保护方面的主流观点，也是世界各国努力的方向。

（三）文化事象与文化情境并重

文化事象就是在特定文化情境中形成的作为活态文化的“文本”部分，比如一个节日的习俗活动、一则故事的表演、一则谚语的讲述。而文化情境则是指具有连续性的历史传统规约下与具有干涉性的特定时空范围内的社会环境、活动场景等。跟文化事象密切相关的其他所有因素，如文化事象表演的参与者、行为、时间、场合、功能、效果、社会背景、历史传统等，都是文化情境。

非物质文化遗产的保护工作有两类：一类是对不适应现代社

会环境，失去活力的、行将衰亡的文化事象，要记录保存其资料。不仅保存其文化事象，而且保存其文化情境。一类是对尚有活力的文化事象，要使其更好地存活。对文化情境的保护显得特别重要，在现代社会仍有存活价值的文化事象，由于遭到人为破坏或某种不合理的抑制而造成其“文化情境”恶劣，从而有弱化甚至衰亡的趋势，对此应大力扶植，保护其赖以存活的土壤，使之在现代社会传承下去。

（四）具体方法

立足于中国非物质文化遗产保护的现状与实践，目前，中国的非物质文化遗产保护的具体方法主要有如下几个方面：加大宣传，使全社会形成自觉保护非物质文化遗产的意识。国家要有长远规划，分步实施，首先应该保护那些濒危的并具有历史、文化和科学价值的非物质文化，逐步建立起比较完备的保护制度和保护体系。立法保护，并建立一系列相关的保护措施；建立专门的保护机构，加快建设地方文化博物馆。政府主导、社会参与：开展传统文化竞技比赛项目，进行评选，设立激励机制。在纪念、节庆活动中增加传统文化的内容。科学保护：一是要研究如何进行保护，研究科学、有效的保护技术和方法；二是要研究如何恢复已经失传或保存不全的非物质文化，以恢复传统文化的原有风貌。开发保护：一是多办专门从事传统婚丧嫁娶仪式的文化产业；二是多办文化旅游产业。在学校教学实践中设立传统文化课程。

第三节　少数民族的文化权益

如前所述，正是因为少数民族的文化相对于主流文化处于弱势地位，因而需要对其予以特别的保护。与普通公民的文化权益相比，少数民族的文化权益具有一定的特殊之处，这是因为文化是区别不同民族的重要标志。

现阶段中国人民的基本文化权益，是中国宪法和法律赋予中国公民的文化权益。《中华人民共和国宪法》第35条规定："中华人民共和国公民有言论、出版、集会、结社、游行、示威的自由。"第36条规定："中华人民共和国公民有宗教信仰自由。"第46条规定："中华人民共和国公民有受教育的权利和义务。国家培养青年、少年、儿童在品德、智力、体质等方面全面发展。"第47条规定："中华人民共和国公民有进行科学研究、文学艺术创作和其他文化活动的自由。国家对于从事教育、科学、技术、文学、艺术和其他文化事业的公民的有益于人民的创造性工作，给予鼓励和帮助。"第53条规定："中华人民共和国公民必须遵守宪法和法律，保守国家秘密，爱护公共财产，遵守劳动纪律，遵守公共秩序，尊重社会公德。"概而言之，我国人民的基本文化权益，广泛包括文化创造权、文化享有权、文化传播权、文化管理权、文化选择权等，正确理解这些权益的内涵，是充分保障人民基本文化权益的前提。

在社会主义条件下，人民对自己所创造的文化成果拥有所有权和处置权，有权保护自己创造的文化成果不受侵害；有权享有公共文化产品和文化服务，有权在享有公共文化产品和文化服务时一律平等，不因出身、种族、经济地位等而受歧视。保障人民对文化的享有，当前重要的是促进教育公平、提高公共文化服务水平和质量、丰富文化活动形式、保护知识产权。人民有权自由、开放地接受新的思想文化成果，并将这些成果用于丰富和改善自己的生活。

文化选择权表明对个性的尊重。中国有56个民族，不同民族有各自的文化传统，保持文化的民族传统，是民族得以延续的前提。另外，由于经济利益的分化，中国出现了不同的社会阶层和社会群体，他们的文化诉求也有差别。只有充分尊重和积极保障人们的文化选择权，才能体现以人为本的精神，促进文化的繁荣发展，使中国的社会文化具更大的适应性和涵盖性。拥有什么样的文化权益，始终和这个社会政治、经济发展的水平紧密相关。一方面，人们不能提出超越社会政治、经济发展水平的文化权益要求；另一方面，随着社会政治经济发展水平的提高，人们提出与之相适的文化权益要求又是很自然的①。

近30年来，我国经济、政治的迅速发展，不仅提高了人民的文化权益意识，而且为保障这种权益创造了条件。从权益的观点看待人民的精神文化需求，使满足人民文化需求的行为具有法律的意义。满足人民精神文化需求还带有柔性的特点，保证人民的基本文化权益则带有明显刚性，因为权益就是受法律保护的，保障文化权益的行为受法律的规范。明确提出保障人民的基本文化权益，才能更好地调动人民参与文化创造的积极性，加快推动我国文化事业的大繁荣大发展。

一、少数民族文化权益的界定

对于少数民族文化权益，学者们从各自不同的研究视角和专业背景出发，有不同的称谓，反映了大家对文化权益的不同认识，主要的观点有如下几种：

王鹤云将其称为“文化特性权”，即在特定民族或特定地区的人群中形成或流传，创作主体不明确，但有充分理由推定为该群体中的个体或群体智力创造的非物质文化遗产表现形式的智力成果权属于该群体所有。从另一种意义上说，也属于国家，而且

① 张筱强、陈宇飞：《人民的基本文化权益及其保障》，载《中国党政干部论坛》，2008年第3期，第41页。

非物质文化遗产的保护期也是无限期的①。

刘江彬、陈俊铭借鉴国际文件的做法，将原住民文化权益称为“传统资源权”，简单地讲，就是对传统资源权做扩大解释，将文化资源作为一种资源也列入传统资源权的保护范围之中，承认原住民族的文化与生物多样性之间存在着密不可分的关联，并且与原住民人权和小区的利益结合，同时兼顾了发展权与环境保护。传统资源权大致上包括动物、植物以及其他具有神圣的、仪式性的、传承的或美学特性的物质②。

曹新明提出了无形文化标志权的设想，即由无形文化标志依法产生的一种专有权利，而且不受期限的限制。无形文化标志是指某一种无形文化样态来自于某一个特定国家、民族、群体、团体或者区域，而且与这个特定的国家、民族、群体、团体或者地区的民风习俗、文化实践、生活方式、行为惯例、仪式庆典和文化空间直接相关联，被这个特定国家、民族、群体、团体或者地区认定为非物质文化遗产③。

我们认为，少数民族的文化权益主要是指少数民族的文化权利以及因其对文化的享有而带来的利益。这其中包含两个方面：一是人权视角中的少数民族的文化权利，这是从宪政视角下对少数民族传统文化的考察，其对应的是国家保障少数民族传统文化的宪法义务。二是少数民族因其对文化的享有而带来的利益，即少数民族的文化产权，这是从民法视角来研究少数民族传统文

---

① 王鹤云：《非物质文化遗产的特点及其知识产权的界定》，载吴汉东主编：《知识产权年刊》(2007 年号)，第 8 页，北京，北京大学出版社，2008 年版。

② 刘江彬、陈俊铭：《原住民族无形文化遗产之法律保护与管理》，载吴汉东主编：《知识产权年刊》(2007 年号)，第 38 页，北京，北京大学出版社，2008 年版。

③ 曹新明：《非物质文化遗产保护与知识产权的对接点——兼论无形文化标志权》，载吴汉东主编：《知识产权年刊》(2007 年号)，第 49 页，北京，北京大学出版社，2008 年版。

化，即从所有权的意义上讲，少数民族因对其传统文化享有所有权而应获得的相应利益。前者本书将在第八章中进行详细论述，在此主要论述后者，即少数民族的文化产权。

文化产权主要是指各少数民族有权分享对其文化进行开发所获得的利益，也可称为收益权或获得报酬的权利。这一权利的理论基础主要是洛克提出的劳动财产理论。他在《政府论》下篇第五章中写道："上帝既将世界给予人类共有，亦给予他们以理性，让他们为了生活和便利的最大好处而加以利用。土地上所有自然生产的果实和它所养活的兽类，既是自然自发地生产的，就都归人类所共有。但是，这些既是给人类使用的，那就必然要通过某种拨归私用的方式，然后才能对于某一个人有用处或者有好处。"对此，洛克提出了其理论的核心观点，土地和一切低等动物为一切人所共有，但是每人对他自己的人身享有一种所有权，除他以外任何人都没有这种权利。他的身体所从事的劳动和他的双手所进行的工作，我们可以说，是正当地属于他的。所以只要他使任何东西脱离自然所提供的和那个东西所处的状态，他就已经掺进他的劳动，在这上面参加他自己所有的某些东西，因而使它成为他的财产。① 这就是洛克的劳动财产论。简言之，既然劳动是劳动者的所有物，那么对于劳动所带来的增殖，就应该归属于劳动者。

马克思在其资本论中进一步发展了洛克的理论，提出了著名的劳动价值论。在《资本论》中，马克思以商品作为其理论分析的逻辑起点。在《资本论》第一卷第一章，马克思集中分析了商品的使用价值和价值的二重性以及劳动的具体劳动和抽象劳动的二重性，认为劳动的二重性决定了商品的二重性，劳动是创

---

① ［英］洛克著，叶启芳、瞿菊农译：《政府论》（下篇），第18－19页，北京，商务印书馆，2004年版。

造价值的唯一源泉，从而创立了劳动价值论[①]。马克思还用“活劳动”指商品生产劳动过程中人的体力和脑力的支出；用“物化劳动”指凝结在生产资料中的、体现为过去劳动创造的产品中的人的劳动。马克思所说的活劳动即人的劳动本身，人的体力和脑力的耗费创造了商品的价值，是商品价值的唯一源泉。少数民族的传统文化是少数民族成员依靠特定的自然地理环境，在长期的共同生产生活实践中，通过他们集体的创造性劳动逐渐形成的。在少数民族的传统文化中凝结了世代少数民族成员的“活劳动”，从而使其文化具有价值。

新制度经济学的理论认为，制度至关重要，它是决定一个社会经济绩效的最重要的因素，如果一项制度安排能激励人们将资源和努力更有效地配置于生产性活动，就能促进经济增长，激励人们最优地使用他们的财产。产权是最重要的制度之一，产权是个人或组织的一组受保护的权利，它们使所有者能通过收购、使用、抵押和转让资产的方式持有或处置某些资产，并占有在这些资产的运用中所产生的效益[②]。不言而喻，少数民族对他们的传统文化拥有“文化产权”。现实的状况是，少数民族的文化产权制度尚未确立，少数民族对传统文化的展示、传承和发展就因而得不到产权制度的保障，文化经营商和旅游公司可以随意利用民族文化资源而没有受到应有的制约。

二、少数民族文化权益的基本要素

法律的调整功能，是通过将社会关系转化为法律关系来完成

① 马克思著，中共中央马克思、恩格斯、列宁、斯大林著作编译局译：《资本论》（第一卷），第47－61页，北京，人民出版社，2004年版。

② ［德］柯武刚、史漫飞著，韩朝华译：《制度经济学——社会秩序与公共政策》，第212页，北京，商务印书馆，2000年版。

的，将某种社会上存在的利益转化为权益关系，即为某主体设定权益并转化为法律关系，是法律的调整方式之一。少数民族文化权益法律关系亦如此。少数民族文化权益法律关系的基本要素，是指构成少数民族文化权益法律关系必须具备的条件，即主体、客体和内容三个条件。

（一）少数民族文化权益的主体

根据中国社会科学院法学研究所编的《法律辞典》对权益主体的解释，权益主体是指参加法律关系而享有法律权益和承担法律义务的人。法律关系的主体具有法律性和社会性。法律性是指在社会生活中何者可以成为法律关系的主体以及成为何种法律关系的主体是由法律规定或确认的；社会性指法律对法律关系主体资格的规定或确认不是任意的，而是由社会的经济、政治和文化生活状况所决定或影响的。同时，所有人权理论都是建立在对人权主体预设的基础上的，有什么样的人权主体，就会有什么样的人权体系，是人权主体决定了人权的内容，主体理论是人权理论体系的核心①。少数民族文化权益也同样具有法律性和社会性，中国目前急需该方面的立法，以明确少数民族文化权益的主体，加强对少数民族文化权益的保障，但这种法律规范的设定要受到中国社会目前的经济、政治和文化生活状况的影响。

文化权益尤其是少数民族文化权益是一种非常重要的权益。讨论少数民族文化权益的法律保障问题，归根结底不过是要明确谁对文化享有权益，享有什么权益，其如何保护自己的权益。目前少数民族文化权益的法律保障面临的一个严重问题就是权益主体缺位问题。也许有人会认为，少数民族文化权益的主体就应该是少数民族，不应该有其他可能的主体存在。从理论上讲，这种

---

① 曲相霏：《自由主义人权主体观批判》，徐显明编：《人权研究》（第4卷），第38页，山东人民出版社，2004年版。

观点是正确的，但由于少数民族文化权益依托于其传统文化，其传统文化又是在千百年的社会生活中逐渐形成的，其间经历了多次变迁与调适，各民族的传统文化不断地吸收与融合，进而导致其传统文化的边界不清晰，很多时候无法确定其归属于哪个少数民族，少数民族文化权益的边界也因而不清晰，在法律实践中就造成了相当大的困惑。

解决少数民族文化权益主体缺位的问题，是为了明确界定权益的归属，这样既有利于鼓励、促进传承和发展少数民族的传统文化，又能增强人们的权益意识，加强保障少数民族文化权益的责任感，建立合理的利益分配机制，切实保障其合法权益。对于少数民族文化权益主体这一问题，学者们提出了不同的主张：

1. 国家说

目前国内有许多学者持该种观点。例如，有学者认为，较为理想的模式是国家成立专门的机构实施统一管理或者国家可以授权某一部门或组织代表少数民族和国家行使少数民族的文化权益，例如文化行政部门①。“主体不确定的民族民间文化作品的著作权属于产生它的群体，属于国家”②；“民间艺术作品作者的不确定性，决定了只能由国家当然地作为整体著作权的所有者和行使者；③”“国家应当作为民间文学艺术原生作品法律上的所有权和著作权主体。”④ 从以上诸多学者的观点可以看出，之所以

---

① 王鹤云：《保护民族民间文化的立法模式思索》，郑成思编：《知识产权文丛》（第8卷），第178－185页，中国方正出版社，2002年版。

② 王鹤云：《民间文学艺术的版权保护制度》，载《中国知识产权报》，2001年11月1日。

③ 郭蓓薇：《民间文学艺术作品法律保护初探》，载《新疆社会经济》，1996年第4期。

④ 张革新：《民间文学艺术作品权属问题探析》，载《知识产权》，2003年第2期。

其认为民间文学艺术这一少数民族文化权益的重要方面的主体应是国家，有的是出于操作上的便捷性，由于少数民族文化权益的主体具有不特定性，不便于以类同于现代版权作者的身份去认定，他们往往受制于版权主体应为特定的个体，从而不得已地向国家“求救”。还有的学者是受中国的文化遗产属于公有，中国各族人民共同创造了光辉灿烂的文化的思想的影响，从而认为少数民族传统文化应由国家所有。

2. 少数民族说

持这种观点的学者也不少。有学者认为，少数民族的文化权益的主体是整个少数民族。少数民族文化权益的享有者不是单个的少数民族成员，而是少数民族整体，即少数民族文化权益是一项集体权益①。

还有学者认为，少数者文化权的主体即少数者。对于中国的少数民族文化权益主体而言，就是少数民族。问题的关键是如何给少数者下一个明确的定义，也就是少数者的判定标准问题②。类似的观点还有，异彩纷呈的少数民族文化是少数民族人们在长期协调人与人、人与社会、人与自然关系的历史过程中逐渐发展起来的，少数民族群众是少数民族文化的创造者，少数民族群众是少数民族文化的主人③。

审理中国首例民间文学艺术纠纷案，即《乌苏里船歌》案的北京市第二中级人民法院知识产权庭庭长王范武认为：“民歌作为一个民族的集体财富，其民族中的任何一个成员都有权主张

---

① ［奥］凯尔森著：《法与国家的一般理论》，第 91 页，中国大百科全书出版社，1996 年版。

② 严永和：《论传统知识的知识产权保护》，第 74 页，北京，法律出版社，2006 年版。

③ 刘晖：《“摩梭人文化保护区”质疑——论少数民族文化旅游资源的保护与开发》，载《旅游学刊》2001 年第 5 期，第 29 – 30 页。

著作权。一个民族世代的民间曲调是民间文学的组成部分，也是该民族每个成员共同创作并拥有的精神财富。它不归属于某一成员，但又与每个人的权益有关。一个民族中的每个群体和成员都有维护本民族民间文学艺术不受侵害的权益……国家在这里也没有参与创作活动，因此主体只能是居民团体或民族。”①

3. 专门机构说

持该种观点的学者多立足于中国的特殊国情。例如，有学者认为，应当成立一个专门的组织，由法律直接规定由其作为权益主体，来保护文化权益。该组织不具备任何官方属性，是一个完全自治的民间组织，由它来行使有关文化权益，并将有关收益用于文化来源群体的文化、经济事业和该组织的日常运转②。

也有学者认为，中国需建立一种以私权益或群体公权益为基础的传统知识产权保护机制③。成立非政府的民间组织来代为行使民族民间文化的相应权益，以切实保护民族民间文学艺术发源地少数民族的集体利益。非政府组织依照法律规定成立、运作，代表民族民间文化发源地少数民族对非发源地或族群之外的人使用、利用该民族文化依法行使相应许可行为或收取合理费用，代表参与诉讼、仲裁等活动。其收取的费用用于该民族文化的保护与传承④。

专门机构说类似于中国著作权集体管理组织（见中国《著作权法》第八条）。经过10年的发展，著作权集体管理组织如中

① 颜斐：《〈乌苏里船歌〉作者不是郭颂》，千龙新闻网2002年12月29日。

② 严永和：《论传统知识的知识产权保护》，第117页，北京，法律出版社，2006年版。

③ 唐广良：《遗传资源、传统知识及民间文学艺术表达国际保护概述》，郑成思编：《知识产权文丛》（第8卷），第3－72页，北京，中国方正出版社，2002年版。

④ 吴烈俊：《中国民族民间文学艺术的法律保护》，载《西南民族学院学报》（哲学社会科学版），2003年第5期，第195页。

国音乐作品著作权协会、中国文字作品著作权协会等已经大大促进了对著作权人利益的保护和社会公众权益意识的培养，其运作方式可以为保护少数民族文化权益提供有益的借鉴。

4. 双重主体说

该种学说也是立足于中国的国情，侧重于具体的操作层面，认为将少数民族文化权益的权益主体与管理主体分开。现在世界上已有不少传统知识保护法做出了类似的相应的规定。巴拿马2000年6月颁布《关于为原住民注册群体性权益以保护和防卫其文化身份和传统知识以及实施其他条款的特别制度的法律》，就采纳了这种群体性权益主体制度①。对于中国而言，在个人主义主体观处于核心地位的知识产权制度框架中，适当提升群体主义主体观的地位，并将其延伸到传统知识保护的制度框架中，建立传统知识群体主义权益主体制度，对于传统知识权益主体问题的解决，应不失为一个较好的选择。至于如何确定其管理主体，以帮助少数民族实现其文化权益，主要有两种思路：一是由政府机构或非政府组织来代表利害关系人行使权益；二是由具备资质的私人信托公司来代表少数民族行使有关权益、参与有关文化权益利用合同的谈判等②。

5. 本书观点

《关于保护民间文学艺术表达形式以抵制非法利用和其他不法行为的国内法律示范性特别条款》（简称《示范条款》）在确定有权授权使用民间文学艺术的实体时，规定可以在“主管部门”和“有关居民团体”二者中选择，避免了使用民间文学艺

① 严永和：《论传统知识的知识产权保护》，第197页，北京，法律出版社，2006年版。

② 严永和：《论传统知识的知识产权保护》，第199页，北京，法律出版社，2006年版。

术的“所有者”这个词。《示范条款》不涉及民间文学艺术的所有权问题，是因为各国由于各自的民间文学艺术的所有制现状和法律传统而对这个问题的规定有所不同，所以这个问题只能交给各国国内法自行解决。

我们认为，少数民族的传统文化作为一种集大成的文化现象，它的艺术价值、经济价值非常之大，加之国际文化交流的频繁，这使得它具有易受侵害性和破坏性，由国家与少数民族共同作为主体，可能会更有利于少数民族传统文化的保护。原因在于，如果少数民族作为其传统文化的单一权益主体，可能存在两种倾向：一、保护意识淡薄：因为其传统文化在当地流传多年，人人得自由使用，在人们的观念中根本没有形成这是一种权益客体的概念，所以也未形成一种保护意识。二、少数民族传统文化的利用和开发的程度不够，国家作为另一主体，可能会促进其经济、文化价值的发挥，以防形成垄断。因而，基于中国目前少数民族及民族地区政治、经济、文化以及整个社会的发展水平还比较低的现实，我们赞同双重主体说，少数民族文化权益的权益主体是少数民族，少数民族文化权益的管理主体是国家和少数民族。理由在于：

(1) 设置双重主体可以克服前述“国家说”和“少数民族说”的缺陷，更有利于少数民族文化权益的保障。同时，随着民族的迁徙和交融以及少数民族传统文化的不断传承，一些传统文化的流传范围已不再限于某个地区，如西北的“花儿”，是聚居于甘、宁、青地区的回、汉、撒拉、东乡、裕固等民族一律用当地汉语方言传唱的一种山歌，很难确定其为某一地区的具体的群体或民族所有。这时，应当规定国家作为少数民族文化权益的主体对其进行保护。

(2) 少数民族文化权益的保障最终必须依靠少数民族的参与，在条件成熟的情况下，国家作为管理主体也有可能从少数民族文化权益保障事务中逐渐淡出，这是历史发展的必然。比如，随着云南丽江民族旅游业的蓬勃发展，纳西族东巴传统文化的保护受到了政府和社会各界的极大重视，出现了一种空前的复兴景象。但东巴传统文化在它的原生土壤即纳西族民间却已大大失落，与上述的繁荣景象形成鲜明的反差。这就说明，对民族传统文化的保护如果只是局限在上层的政府部门和有识之士，而得不到下层的、它的原生土壤上的文化创造者或主人公的支持，要想实现民族文化保护的目标是比较困难的①。因而，我们认为，排除少数民族的参与，由国家成立相应的机构或成立非政府的民间组织来代为行使少数民族文化权益的做法有违这一基本宗旨，不利于少数民族权益意识的觉醒。究其原因，这是受传统的保护少数民族传统文化问题上的“管理者”、“救世主”观念的影响，认为少数民族传统文化是所谓的“落后的”，用主流文化的标准来衡量少数民族的传统文化，这些观念被认为是不科学的。

（3）“双重主体说”也是落实民族区域自治法中“上级国家机关的职责”的一个具体体现。在民族地区的未来发展中，少数民族的传统文化将成为其发展的一个强大动力，少数民族的文化权益中的经济性权益的转让将直接带来巨大的经济利益，上级国家机关在指导、帮助、扶持民族地区发展时，应将其文化权益的保障作为一个重要的方面，可以起到文化和经济共同发展，进而带动整个民族地区社会全面进步的目的。

在少数民族文化权益的具体行使方面，成立类似于“少数民族文化权益委员会”的民间团体，该委员会设置若干专职工作人员专门从事少数民族传统文化保护，该委员会由若干专家和所有少数民族的代表共同组成，其中的重大事项由委员会在充分听取

---

① 马晓京：《民族旅游开发与民族传统文化保护的再认识》，毛公宁、刘万庆编：《民族政策研究文丛》（第3辑），第491页，北京，民族出版社，2004年版。

该少数民族和社会各界意见的基础上投票决定。对于精神性权益的行使，一般由少数民族自己行使，无须代行，唯一存在问题的是当该类权益受到侵害时，则须由管理主体向司法机关请求救济；对于经济性权益，则由“少数民族文化权益委员会”这样的民间团体行使，所得收益设立专项基金，用于保护、开发、推广、发扬本区域的传统文化。

也许有人会认为，在法制社会中，对权益进行保护时，不会去考虑谁是法律上的主体、谁是事实上的主体。法律所要保护的就是法律明文规定的权益主体。所以这种事实与法律主体之分仅是理论上的一种划分，在实践中不一定具有可操作性。但我们认为，正是因为我们目前的法律制度无法保护少数民族的文化权益，才要求我们对现有的法律规范进行创新，以适应时代提出的新课题，所以我们可以不必拘泥于传统的法律主体的理论框架。

（二）少数民族文化权益的客体

根据中国社会科学院法学研究所编的《法律辞典》对权益客体的解释，少数民族文化权益的客体是指少数民族文化权益主体的权益和义务所指向的对象或标的，任何法律上的权益和义务，都是基于对社会生活主体的利益的确认和界分而形成的。少数民族文化权益的客体就是少数民族的传统文化。

在人类学名著《文化，关于概念和定义的检讨》一书中，罗列了164种关于文化的定义。可见，文化的内涵是极为丰富的，本书只是试图简单地从一个局部概括一下少数民族传统文化的内涵，有时会借鉴一下文化的内涵。

1989年11月15日通过的联合国教科文组织《保护民间创作建议案》A项中认为，“民间创作（或传统文化）是指来自某一文化社区的全部创作，这些创作以传统为依据、由某一群体或一些个体所表达并被认为是符合社区期望的作为其文化和社会特性的表达形式；其准则和价值通过模仿或其他方式口头相传。它的形式包括：语言、文学、音乐、舞蹈、游戏、神话、礼仪、习惯、手工技艺、建筑术及其他艺术”。以此定义为标准，少数民族的传统文化就是指来自某一少数民族的以传统为依据、由该少数民族成员所表达并被认为是符合该民族期望的作为其文化和社会特性的表达形式的全部创作。

墨西哥的斯坦温黑根教授从三个层面探讨了文化一词的含义。第一个层面的含义是指作为资本的文化，等同于人类累积的物质遗产，如文化遗址和人工制品等。第二个层面的含义是指作为创造力的文化，指的是艺术和科学创作的一个过程。第三个层面的含义是指作为全部生活方式的文化，指的是“特定社会群体的物质和精神活动及其成果的总和”①。根据斯坦温黑根教授的观点，少数民族的传统文化也可以从以上三个层面来进行定义，尤其是其第三个层面的文化的含义实质上指的就是少数民族的传统文化。

徐万邦、祁庆富两位教授认为，所谓传统文化是指保持在每一个民族中的由历史上流传下来的文化，是每个民族的“固有文化”。任何民族的传统文化都是在历史进程中形成和发展起来的，都有其特定的内涵和占主导地位的基本精神。传统文化既包含物质文化，也包含精神文化②。

屈学武认为，所谓“民族文化”，有广义和狭义之分。广义上的民族文化，包括民族生理（种族、血统）、民族语言、文字、民族文艺、民族思维、民族心理、民族心态、民族情感、民族习俗、民族传统、民族经济、民族政权、民族宗教信仰、民族

---

① ［挪］A. 艾德、C. 克洛斯、A. 罗萨斯著，中国人权研究会组织翻译：《经济、社会和文化权益教程》（修订第2版），第71－73页，成都，四川人民出版社，2004年版。

② 徐万邦、祁庆富主编：《中国少数民族文化通论》，第29页，北京，中央民族大学出版社，1996年版。

习惯法、民族生活方式等多方面内容。狭义上的民族文化，仅指具有特定民族形式的文化或某一具体民族的文化。在文化构成上，狭义的民族文化，仅指少数民族在文治（文学、艺术、精神、习俗）、教化（语言、文字、教育）方面的传统文化[①]。

吴宗金认为，少数民族文化是指少数民族在长期的社会实践中创造和发展起来的，保持在每一个民族中由历史上流传下来的，具有自己形式和特点的文化，是每个民族的固有文化和传承文化，包括物质文化和精神文化[②]。

牛津美国法手册是这样来界定文化的概念的：文化是一个令人困惑的概念，它的含义很难准确定义，它既可以指文学、歌剧、芭蕾这些高雅文化，也可以指喜剧书籍、电影、电视等大众文化或流行文化。人类学家所使用的“文化”是在传统文化的意义上使用的，它指特定群体的整个生活方式[③]。前述人类学家的文化的定义可以认为是对少数民族的传统文化的定义。

近年来，少数民族传统文化的一个更为重要的并逐渐为世界各国所重视的领域是少数民族的传统知识。世界知识产权组织对传统知识范围的探索经历了一个过程，最初认为传统知识既包括产业领域的技术性知识，又包括民间文学艺术。即把传统社区的全部知识活动和知识生产的产物划入其界域，基于传统之上的文学、艺术或科学著作、表演、发明、科学发现、设计、商标、名称和符号，未透漏的信息和所有其他一些在工业、科学、文学和艺术领域内，以传统为基础的由智力活动产生的一切创新和创

① 屈学武：《简论少数民族的文化权益》，载《理论与改革》，1994 年第 6 期，第 44 页。

② 吴宗金、张晓辉主编：《中国民族法学》（第 2 版），第 346 – 348 页，北京，法律出版社，2004 年版。

③ The oxford companion to American law，http：//www.oxfordreference.com/views/ENTRY。html？subview = Main&entry = t122。e0224。

造，都属于传统知识的范畴。后来对二者进行了区分，把传统知识界定为产业领域内的技术性知识，即在狭义上使用这一概念①。WIPO 知识产权和遗传资源、传统知识及民间文学艺术政府间委员会，2004 年 3 月召开的第六次会议文件《传统文化/民间文学艺术表达：政策和法律选择》中使用的是狭义的传统知识概念，即把传统知识和民间文学艺术等加以区分。由于传统知识蕴涵着重大的经济价值，并成为生物科技时代技术创新的强有力的推动力，因而日益被世界各国所重视。

由于少数民族传统文化内涵的丰富性，少数民族传统文化属于在外延上不确定的概念。人们可主张保护的对象到底有哪些，分别是什么，等等，都是无法准确回答的问题。此外，这种对象的不确定性还在于，少数民族的传统文化会随着自然与社会的发展变化而呈现出动态变化的状态②。这也给少数民族文化权益的保障增加了相当的难度。主流文化、精英文化、大众文化、民间文化四种文化形态在人们的社会生活中从不同角度交替发生影响，互相交流和对话，呈现出多元和互渗的特点。主流文化又称主导文化，是特定时代体现社会各阶层的群体整合、伦理和睦秩序安定的文化形态，其主要特征是教化性；精英文化又称高雅文化，是指代表社会的知识群体、文化人的个性探索旨趣，社会批判愿望以及探索要求的文化文本，其主要特征是形式创新、社会批判和社会关怀以及个性化追求；大众文化主要是指工业化，都市化以来，运用现代大众传播媒介所创造的，主要满足都市公众日常娱乐需求的文化形态，其主要特征是工业化、都市化、大众

① 严永和：《论传统知识的知识产权保护》，第 15 – 17 页，北京，法律出版社，2006 年版。

② 唐广良：《遗传资源、传统知识及民间文学艺术表达国际保护概述》，见郑成思编：《知识产权文丛》（第 8 卷），第 3 – 72 页，北京，中国方正出版社 2002 年版。

传播媒介化和日常娱乐化；民间文化的主要内容是以民族文化或民间文化为主要内容的传统文化①。

我们认为，少数民族文化权益应包括少数民族的文化遗产、少数民族的非物质文化遗产、少数民族的文化权利、少数民族的受教育权、少数民族的语言文字权利以及少数民族的宗教权利等。

在少数民族的传统文化中，带有宗教神秘色彩的部分传统文化具有封闭性。在一些少数民族中，有关宇宙初创和万物起源等的故事，必须由巫师在祭祀祖宗和举行葬礼的庄严场合，才向族人传诵。这些故事、传说、歌曲具有神圣性，不可随便演唱，除非为了正当目的。有些知识或神话只有拥有继承权的人才可以传播，不得随意向外人提起。在影片《最后的山神》中，当鄂伦春族的最后一位萨满孟金福向影片的摄制人员表演萨满舞并敲起萨满鼓的时候，他的老母亲非常生气，并连声说道：神生气了，不会再来了（言外之意就是孟金福不该将萨满舞表演给外人看，他们从此以后将失去萨满的保佑）。

与少数民族文化权益客体密不可分的另一个问题是少数民族文化权益行使的限制。有学者提出，可以将少数民族传统文化划分为不同的层次，从而确定不同的使用许可和收费制度。为了确保少数民族传统文化不受歪曲，产生该作品的群体的精神权益和物质权益不受侵害，国家还可以通过立法手段对少数民族传统文化的使用及其他相关权益的行使予以限制。例如，在民间文学艺术作品基础上整理、改编、再创作作品时，应当尊重产生该作品的民族或群体的风俗习惯、宗教信仰；整理、改编形成新作品

① 彭文祥：《民族性文化的审美文化分析——民族性电视文艺节目为例》，载金星华主编：《民主文化理论与实践——首届全国民族文化论坛论文集》（下册），第687页，民族出版社，2005年版。

时，必须明确标注产生这一作品的群体或区域等。另外，经国家有关部门认定的具有典型艺术风格，反映中华民族精神的作品，在对外输出时要受到严格的限制①。由于现代化进程中的文化安全已经日益成为国家安全的一个重要方面，因而少数民族文化权益的行使也必须以有利于国家的文化安全为宗旨。

（三）少数民族文化权益内容

屈学武认为，少数民族享用自己（广义）民族文化权益的内容非常广泛。从广义上看，所有涉及民族政治、经济、法律、文化以及文学艺术、科学技术、宗教信仰、生活方式、传统风习等诸方面的民族权益的确认、保护性条款所认定的权益内容，均属之。从狭义上看，少数民族享用自己民族文化权益的内容主要有：民族语言文字使用权；民族教育权；民族古籍文化整理、抢救、传承权；民族文学、艺术保有、发展权；民族宗教信仰权；民族文化价值观保有、评判权；改革、保留或沿用其民族风习权；民族考生优先录取权；民族考生高考录取从宽权；民族文化交流、协作权；民族文化发展权等。但同时必须认真履行多民族国家或国际社会法定的各项国内法或国际法义务，从而方能维护国家、社会乃至国际社会的安宁、稳定与和平②。

王鹤云认为，文化特性权不仅包括物质权益，也包括精神权益，大体可概括为以下几类：（1）文化归属权，即表明创作群体身份、证明该群体为非物质文化遗产智力成果权主体的权利。（2）公布权，即决定是否将本群体创作的非物质文化遗产表现形式公布于群体之外的权利。（3）文化尊严权，即保护非物质文化遗产表现形式的本意完整、不受歪曲的权利。（4）使用权，

① 王鹤云：《保护民族民间文化的立法模式思索》，见郑成思编：《知识产权文丛》（第8卷），第183－184页，北京，中国方正出版社，2002年版。

② 屈学武：《简论少数民族的文化权益》，载《理论与改革》，1994年第6期。

以利用非物质文化遗产表现形式进行生产、娱乐并获得经济利益和精神享受。（5）传授权，即使他人掌握非物质文化遗产所涉及的技艺。（6）传播权，即通过记录、录音、录像、表演、展览、网上传输等方式展示、传播非物质文化遗产的权利。（7）获得报酬权，即许可群体外的其他个人和组织使用并获得报酬的权利①。

严永和以传统知识为研究对象，将其权利的内容定义为以下四种：（1）消极原生性知识产权，传统知识权人排除他人就其传统知识本源方面获得原生性知识产权的权利，但不限制传统知识权人自己就其传统知识获得任何其他知识产权。（2）消极衍生性知识产权，传统知识权人排除他人就其传统知识衍生方面获得衍生性知识产权的权利。（3）积极衍生性知识产权，传统知识权人就其传统知识衍生方面获得衍生性知识产权。（4）积极原生性知识产权，传统知识权人就传统知识原生方面获得类似专利权的原生性知识产权②。

张钧认为，文化权首先是文化自决权。所谓文化自决权，是指一个少数民族按照族内大多数人的愿望并不受其他民族意志的左右，选择保持、改变或革除其风俗习惯、宗教信仰等文化因子的权益。文化的保持和改变也许是在不同文化接触、碰撞和变迁（文化涵化）过程中表现出来的一个自然而然的事实，然而，该少数民族应当有权对这种事实加以接受、改变或抗拒，任何人或民族都没有法律上可成立的强制同化改变另一个民族文化的权益。文化权的内容还应包括使用、让予等积极权能和制止被盗

① 王鹤云：《非物质文化遗产的特点及其知识产权的界定》，载吴汉东主编：《知识产权年刊》（2007 年号），第 8 页，北京，北京大学出版社，2008 年版。

② 严永和：《我国〈传统知识保护条例〉学者建议稿草案及说明》，载吴汉东主编：《知识产权年刊》（2007 年号），第 154 页，北京，北京大学出版社，2008 年版。

用、滥用等抵抗侵害的消极权能。除了自决权外，一个少数民族应当有权使用自己的文化，这不仅包括自己民族的使用，还应包括以让予使用权（借用）、许可使用等方式实现自己的文化权。从这个意义而言，文化权在性质上类同于所有权、著作权等具有财产性质的权益，也就是说，文化权具有物质内容。未经该少数民族中大部分群众的同意或认同，借用其文化因子用于营利而不支付相应对价，或者在使用中歪曲、贬低该少数民族的文化，应被界定为盗用、滥用文化权的行为，该少数民族应有权加以制止，必要时可以寻求行政或司法救济①。

吴宗金认为，少数民族权益的类型，从主体上看，有少数民族个体的权益；有少数民族族体的权益；有少数民族群体的权益；有少数民族法人的权益；还有民族国家的特定权益等。其权益内容还有"确定"与"宽泛"之概念，"确定"即只能法定而不能臆定，"宽泛"即是一个包含多元权益内容的权益统一综合体，包括政治、经济、社会文化、财产和人身等项权益，各类权益又派生出系列的子权益②。

王鹏认为，民族民间文化权益应该包括如下几个方面：成果确认权，即民族民间文化成果往往存在复杂多样的形态，鉴于民族民间文化成果的多样性和主体的不确定性，基于保护要求而进行的民族民间文化成果的名称、内容和形式的确认，需要通过特殊程序来进行。原创维护权，即人们可以在民族民间文化成果的传承中对其进行修改、补充，不断完善和发展，但不能脱离原始创意的主题以及基本表现形式，不能歪曲、滥用或实施其他不正

① 张钧：《文化法律保护研究——少数民族地区旅游开发中的文化保护》，载《思想战线》，2005年第4期。

② 吴宗金、张晓辉主编：《中国民族法学》（第2版），第346－348页，北京，法律出版社，2004年版。

当的利用与侵害，使用时应当明示原创群体或原创地名称。无期限保护权，即民间文学艺术作品是在传承中不断发展的，传承是无限期的，因而对其的保护也应是无期限的。持有使用权，即经认定的持有人或持有群体可以使用民族民间文化成果，包括获得报酬的合法使用。权益间接实现权，即主体不能确定的民族民间文化成果权利可以通过立法取得特殊的实现途径，如通过行政途径实现或通过立法授予特殊机构或公益组织对特定的民族民间文化成果代位行使使用许可和获得收益的权利。应该强调的是，通过这些途径获得的经济收益，应该专门用于民族民间文化的保护和传承事业①。

以上所列举的各位学者的论述都是有一定道理的，但是没能很好地揭示少数民族文化权益的内涵，有的各种权能之间有交叉，有的过于宽泛。我们认为，少数民族的文化权益的内容主要包括以下几个方面。

1. 精神性权益

(1) 署名权

此项权益对于权益主体至关重要，它有利于对创作者声誉的提高，《民间文学表达形式保护条约》(草案)：一切使用者在使用有关民间文学表达形式时，必须指出它们的来源，不仅要指出作为居民团体的来源，如部落，还须指出作为地理位置的来源，如某国、某省。

这项权益在中国的司法实践中也得到了确认，北京市第二中级人民法院的《乌苏里船歌》案的判决中指出，郭颂、中央电视台以任何方式再使用音乐作品《乌苏里船歌》时，应当注明“根据赫哲族民间曲调改编”。这表明中国的司法实践对少数民

① 王鹏：《立法为民族民间文化成果保驾护航》，载《2004 年山东省群众文化学会“全省优秀论文评选”一等奖获奖论文集》，2004 年。

族署名权的确认和保护。

（2）文化尊严权

该项权能也被称为保护作品完整权，由于民间文学艺术对外往往代表着该民族等群体，对这种艺术形式的肆意滥用、破坏常会伤害民族自尊心，所以实有必要赋予权益主体此项权益，以保护民间文学艺术不受歪曲。对这项权能的损害就是“文化贬低”现象的存在。这种伤害主要表现在将民间文学艺术品在传统置放地以外的地方展示，把民间文学艺术品有悖于原创目的地展示，宗教用品被当作装饰物出售，或者规定在特定场合或者礼仪使用的民间文学艺术作品在将其出售时得不到尊重，等等。

例如，本地部落的一件神物在西方公开、不敬的使用，由于“非非洲人不能表现传统非洲特点的舞姿”，因而在境外复制和表演非洲舞蹈等这些现象，就使非洲文化的名誉受到诋毁①。非洲人认为，这些行为都是对非洲文化的贬低，进而侵犯了非洲人的文化尊严权。

（3）文化发展权

作为少数民族传统文化创作者的少数民族应当享有发展或授权他人发展其传统文化的权益，以利于少数民族传统文化的进步和发扬光大。这其中的一个重要方面就是知情同意权，即对少数民族传统文化进行开发必须事先告知该少数民族并获得其同意。这种开发的形式是多种多样的，如改编少数民族的民间文学、民歌，将少数民族的音乐和舞蹈用于商业性演出，等等。

文化的本性就是发展变化的，只有“死的文化”才是不变的。没有一种文化从古至今完全不变，任何外部力量都不可能使

① 加夫里洛夫：《民间文学艺术的法律保护》，载《世界知识产权组织版权月刊》，1984 年第 20 卷，第 76、第 79 页，转引自保尔·库鲁克著，许超译：《非洲习惯法和民间文学艺术的保护》，国家版权局网站。

某一种文化的发展变化停止下来。保护少数民族的传统文化并不意味着让这些文化永远不变，而是指反对那些违背少数民族意愿的、外部强制力作用下的文化改变。少数民族自己选择的文化变迁是少数民族传统文化的自然发展过程，并不违背少数民族文化发展权的宗旨。

2. 经济性权益

少数民族文化权益的经济性权益方面主要是少数民族有权分享对其文化开发所获得的利益，即获得报酬的权益；另外一个方面就是少数民族有权获得上级国家机关的帮助包括财政支持来发展其传统文化。同时，少数民族文化权益中的经济性权能主要由其管理主体来行使。

本书著者基于研究领域和学术兴趣所限，在本书中主要探讨少数民族文化权益的如下一些方面：少数民族的文化遗产、少数民族的非物质文化遗产、少数民族的语言文字、少数民族的宗教以及与少数民族文化权益密不可分的少数民族的受教育等几个方面，其中包括了这些问题本身、人权视角下的少数民族文化权益、整体论视角下的少数民族文化权益，这些方面可能无法囊括少数民族文化权益的所有方面，但也足可以一斑窥豹、以蠡测海。

第四节 少数民族文化权益保障的必要性

众所周知，少数民族文化是中华文化不可分割的组成部分。从中华文化发展的历史来看，少数民族在推动中华文化发展的过程中做出了巨大的贡献。正如费孝通先生所言，中华民族在长期的历史发展过程中形成了多元一体格局，可见，少数民族基本文化权益的保障是弘扬中华民族文化的题中应有之义。

目前中国正处于从传统的农业社会向现代工业社会的转型时期，工程建设、旅游开发、环境污染等因素都使得中国少数民族的文化权益面临严重挑战，少数民族的传统文化正面临着大量流失的危险。因而，在中国的现代化进程中，在维护世界文化的多样性已经成为国际普遍关注问题的背景下，加强对少数民族文化权益的保障就成为更加迫切的时代课题之一，也具有更加特别的重要意义，这主要体现在如下几个方面。

一、少数民族传统文化是中国文化安全的中心一环

在全球化背景下，世界各国不同文化类型之间的相互交流、冲突、渗透及融合，构成了生机勃勃的国际文化发展图景，为中国发展面向现代化、面向世界、面向未来，民族的科学的大众的社会主义文化提供了良好的条件。但是，在不同文化的交互作用过程中，也有个别奉行霸权主义和强权政治的西方国家为了达到经济和政治上的目的，不断推行“文化殖民”政策，形成了日益严重的“文化帝国主义”倾向。它们在世界其他国家和地区传播本国的文化价值观念和生活方式，以损害本土文化为手段，图谋在新的历史条件下以新的方式延续和强化帝国主义和霸权主义对全世界的控制。作为发展中国家的中国，由于在文化、意识形态、社会制度、国家利益等诸多方面与西方发达国家存在着较为明显的分歧，自然而然地成为某些霸权主义国家进行文化渗透和文化颠覆的主要目标之一。

文化安全是整个国家安全体系的一个重要组成部分，对于确保国家政治安全、经济安全、军事安全有着重要意义。在当前全球化浪潮的背景下，发展中国家面对的文化安全问题必然更加突出，国家文化安全是指一个国家的文化价值体系，特别是主流文化价值体系，免遭来自外部或内部文化因素的侵蚀、破坏或颠覆，从而能够很好地保持自己的价值观、行为方式和社会制度，维护民族的自尊心和凝聚力，并利用必要的手段扩大本国文化影响。

二、少数民族的传统文化是该民族的重要特征

根据斯大林在《马克思主义和民族问题》一文中对民族所下的定义："民族是人们在历史上形成的一个有共同语言、共同地域、共同经济生活以及表现于共同文化上的共同心理素质的稳定的共同体……这些特征只要缺少一个，民族就不成其为民族。"斯大林的这个民族定义，只是在16年后的1929年，由斯大林我们在《民族问题和列宁主义（答梅什柯夫、柯瓦里楚克及其他同志）》这篇文章中又重新做了论述，并称之为"俄国马克思主义者自己的民族理论"[①]。斯大林的这一民族定义，准确地概括了民族的本质属性，得到以后的研究者尤其是中国的民族研究者的认可，尤其是他指出了文化对于一个民族的重要意义，具有开拓性。

自从民族形成之后，文化往往以民族的形式出现。一个民族使用共同的语言，恪守共同的风俗习惯，养成共同的心理素质和性格，就是民族文化的突出表现。因而，人类学研究者都认为，对文化的研究，实际上就是对人和社会本质的研究。在社会当中，人要占有一个身份，必须扮演与此相关的"角色"，角色是身份的行为期待，角色所包容的内涵就是文化。它告诉人们应该怎样，而不应该怎样，文化其实是人类行为选择的标准体系[②]。前述角色实际上就是人的"文化公民资格"，即在文化上，一个

---

① 华辛芝、陈东恩：《斯大林与民族问题》，第92－93页，北京，中央民族大学出版社，2002年版。

② 徐万邦、祁庆富：《中国少数民族文化通论》，第13－14页，北京，中央民族大学出版社，1996年版。

人成为“公民”的若干特征。正如张海洋先生所言，所有动物都有一条生物小命……人类要在社区里开发出一条文化大命，这条文化大命就是社区的文化传统。文化传统能使人感到虽然做凡俗事业却有神圣不朽之感，虽然自知少必有老生必有死，却能以老为贵以死为生。社区与人密不可分。这就是人类生活的意义，是人类区别于其他动物的根本标志。同时，张先生还提出了“三种生产说”，即在生产资料的生产和人自身的生产之外，还有文化的创造和传承①。

少数民族也不例外，由于历史渊源、自然地理环境以及社会发展条件的不同和差异，各个少数民族在其生成和发展的历史过程中形成了包括其传统生活方式在内的各具特色的民族传统文化。古往今来，各个少数民族所发生的社会变迁，也都牢牢立足于本民族的传统文化的根基之上。正因为民族传统文化的这种浸润作用，才赋予了各个民族社会在文化变迁中不同的历史特点，人类社会由此也才成为多样性的相互依存的丰富世界。

少数民族的文化更是少数民族区别于汉族和其他少数民族的主要标志，少数民族在社会生活中所扮演的角色也主要依托于其文化。少数民族传统生活方式是少数民族所固有的、稳定的文化，是区分民族最重要的标志，如果一个少数民族没有固有、稳定的文化，该少数民族就难以形成并长期存在。因而，从一定意义上可以说，没有少数民族的文化就没有这个民族，少数民族的文化是其存在之本。

三、少数民族的传统文化是其经济发展的强大动力

目前，在现代工业社会文化潮流的冲击下，各种文化的存在

① 张海洋、杨筑慧：《发展的故事——社会实践与人性回归》，第9－10页，北京，中央民族大学出版社，2006年版。

及发展都从封闭走向开放，文化的开放性意味着文化从民族文化、地域文化向全国、全球文化的转型。文化权益也不再是一个民族内的事情。文化的开放性对文化的民族性提出了挑战。同时，交通、通讯方式的革命，也使得每一个少数民族都不可避免地要受到现代文明的冲击，并在这种冲击中发生变化，其生产方式、生活方式都处在变化中，其民族文化也相应地在变化。但是，体现了特定民族的审美个性的文化，其独特性是其他依附现代工业社会所产生的文化所不能取代的。在某种意义上，它的消亡意味着民族个性、民族特征的消亡。因此，保护不同民族的传统文化，维护世界文化的多样性，成为国际上普遍关注的问题。

中国少数民族的文化资源比较丰富，而且这个文化资源同时是很多民族地区的优势资源。假如我们充分地利用这个优势资源，使得它发展起来，就有可能成为新的经济增长点，甚至可以成为支柱产业，关键是我们怎么去利用和操作。这样的例子有很多，比如说云南的丽江、四川的九寨沟，通过以文化为基础，大力地推进第三产业，尤其是旅游业的发展，取得了很好的成效。

此外，由于我国的少数民族大多居住在边境地区，少数民族文化权益保障还关系到我国的国防安全；少数民族文化权益保障也是解决我国民族问题的重要手段，直接影响到民族区域自治制度这一我国基本政治制度的贯彻和实施；当然，少数民族文化权益保障也是我国少数民族人权保障的重要范畴，直接影响到我国文化多样性的保护以及我国的国际形象；等等。总之，我国少数民族文化权益保障的意义是多方面的，值得我们从不同角度加以深入探讨，本书只是立足于所述的论题从以上几个方面略加论述。

第二章　现代化进程中少数民族文化遗产保护的实证研究

在本章以及以后的几章中，我们将以一些实证材料为基础，从文化遗产、非物质文化遗产以及一个民族整体的视角来具体论述随着现代化进程的不断深入，少数民族的文化权益保障所面临的一些问题，使我们能够结合实际来引发对这一问题的深入探讨。

第一节　少数民族文化遗产保障的现状——以丽江古城为例

近些年来，不少地方都在积极开展编制历史文化名城、街区、村镇的保护规划工作，并通过地方人民政府或立法机关审议通过，使之具有政府法令或地方法规的效力。一些地方政府或立法机关还专门制定了所在地的历史文化名城保护办法或条例。如《平遥古城保护条例》、《丽江历史文化名城保护管理条例》、《昆明历史文化名城保护条例》、《福州历史文化名城保护条例》等。但是，游客超载、楼满为患、人满为患、“商业化”、“人工化”等现象，严重伤害文化遗产的原生环境。下面以丽江古城为例，来详细论述少数民族文化遗产保障的现状。

一、丽江古城近十年的变迁

10 年前，1997 年 12 月 4 日，丽江古城被列入世界文化遗产，与雅典、罗马、威尼斯等伟大城市比肩。2001 年 10 月 18 日，联合国教科文组织亚太地区办公室主任理查德·思格哈特博士宣布，把丽江古城的保护模式命名为“联合国教科文组织亚太地区可持续性文化旅游发展丽江合作模式”，该模式将由联合国教科文组织制定成工作文件，供市政府、遗产地管理者和旅游开发商使用。所谓的“丽江模式”古城保护行动计划，是以丽江古城保护管理的某些成功经验为蓝本，吸纳了尼泊尔巴克塔普尔、越南惠安、老挝朗勃邦、菲律宾维甘、斯里兰卡勘迪、马来西亚迈拉卡、斐济 7 个示范点的长处而形成的，是亚太地区 8 个示范点 4 年来理论研究和实践的成果。“丽江模式”由文化遗产保护的市政财政管理模式、对遗产进行旅游基础设施投资模式、对遗产地居民进行教育及技能培训模式、解决旅游开发与保护遗产之间的矛盾模式四大部分组成，是一个系统的框架，因其诞生于丽江，故命名为“丽江模式”①。

然而，这些措施并没有持久。10 年后，2007 年 6 月，在新西兰举行的第 31 届世界遗产大会上，丽江古城、故宫、长城、圆明园、布达拉宫和云南三江并流 6 项中国世界遗产，被要求在大会上就管理上出现的问题作解释。联合国对丽江古城的商业化和原住民的迁出表示担忧，提出三条建议：制定古城及其周边总体规划，以保护遗产及其周边环境的完整性；制定恰当的土地使用规章制度和针对拟建的开发项目影响的评估程序；继续为本地民房所有人提供支持，使其能够根据传统建筑方式对其民房进行维护。

① 刘晖：《旅游民族学》，第 325 页，北京，民族出版社，2006 年版。

2008年1月14日，联合国派出检查组，丽江面临亮“黄牌”之忧，他们执行的是第31届世界遗产大会的决定：实地考查丽江古城并提交报告。这个报告对于丽江是否会被列入世界遗产“濒危目录”（即亮“黄牌”）至关重要。随着旅游开发的过度商业化，目前古城核心区域商铺客栈林立，正面临着“空巢化”的危险，由于规划理念问题和前期管理的失控，旅游房地产开发大肆泛滥，过度商业化越来越严重，古城的纳西族人将住房和铺面租给外来移民经营，纳西族人纷纷将房院腾出租给外来商人获取一年十几万的租金，并用这笔钱在新城购置洋房，他们搬走家当的同时还搬走了在城中存活了近千年的纳西族文化，使纳西族人和纳西文化“边缘化”。而与此同时，外来移民代替了当地纳西居民，成为古城内的主体居民。古城的酒吧街，如今每晚都充斥着都市人的现代生活方式，男男女女在强烈的节奏中扭动身躯，酒吧服务员则不知疲倦地拉歌领舞，他们身着少数民族的服装，但唱的是流行歌曲。宣科说：“我刚刚要睡着，又被吵醒了，这些狗男女。”他最终无法忍受夜晚的喧嚣，搬离古城住进了自己在城郊占地86亩的庄园中，联合国的报告中还提到了他的迁出。宣科位于古城的家，现在是一间客栈[①]。2006年丽江旅游人数是400万，旅游总收入46.29亿元，2007年达到了540万元，实现旅游总收入57亿元，而1995年这两个数字仅为84.5万元和3.26亿元。

二、丽江古城法律保护的现状

（一）法律缺失

1990年，丽江纳西族自治县制定了《丽江纳西族自治县自

---

① 卢斌：《丽江古城面临亮“黄牌”之忧》，http://www.mjjq.com/blog/archives/1896.html

治条例》，随后制定了针对保护传统文化以风景名胜的几部单行条例，如 1993 年制定了《丽江纳西族自治县玉龙雪山管理条例》和《丽江纳西族自治县林业管理条例》，1994 年制定了《丽江历史文化名城保护管理条例》，1999 年制定了《丽江纳西族自治县城市市容和环境卫生管理条例》，2001 年制定了《丽江纳西族自治县东巴文化保护条例》等。但随着区县分设，一是由于立法主体的缺失，这些单行条例也就失去效力；二是由于法律适用区域的变更，这些单行条例的适用空间不复存在；三是同一民族的传统文化财富分属于不同的行政区划之中，即使玉龙纳西族自治县享有自治地方立法权，也无力通过制定单行条例的方式保护属于同一民族而分布在两个行政区划中的共同传统文化。

根据 2002 年 12 月 26 日《国务院关于同意撤销云南省丽江地区设立地级丽江市的批复》，撤销了丽江地区和丽江纳西族自治县，设立地级丽江市；丽江市辖原丽江地区的永胜县、华坪县、宁蒗彝族自治县和新设的古城区、玉龙纳西族自治县。其中，古城区辖原丽江纳西族自治县的大研镇、龙山乡、七河乡、大东乡、金山白族乡、金江白族乡。纳西族总人口 8.55 万人，占总人口比例的 60.7%。辖区内有大研古城、束河古镇等旅游文化资源。

2006 年，丽江政府批准实施了由朱良文主编的《丽江古城传统民居保护维修手册》，将古城建筑的样式风格制度化，规定维修必须遵循“修旧如旧”的原则。2006 年 1 月 1 日，《云南省丽江古城保护条例》开始实施，将古城的保护提到全云南省的地方性法规层面进行规范，也就是说，在整个云南省的范围内，每一个人都有义务来保护丽江古城。但是，新通过的《云南省丽江古城保护条例》明确规定丽江古城“是指位于丽江市古城区、玉龙纳西族自治县行政区域内，列入联合国教科文组织《世界遗产名录》的大研古城（含黑龙潭）、白沙民居建筑群、束河民居建筑群三片区域”[1]。

同时，原有的几个单行条例都因为主体缺失而失效，新的单行条例又没有及时制定，导致目前对丽江古城的保护上切实有效的法律的缺失。

（二）传统文化被割裂

从中国各民族的历史而言，共同生活的地域是中国民族识别的一个重要标志，行政区划的边界往往就是这一民族互相认同的边界，中国实行民族区域自治制度也正是以我们对中国民族问题的历史和现状深刻认识为基础的。今天丽江市古城区和玉龙纳西族自治县的地域，历史上一直是纳西族先民的传统居住地。从历史上看，丽江辖区有大有小，但纳西族历来的“小聚居”之地——原丽江纳西族自治县，还不曾在行政区划上被一分为二。纳西族先民在与其他民族广泛交流的基础上，载着一片地域内建构了纳西族这一社会共同体，并创造和发展了其独特的纳西族文化。但对原丽江纳西族自治县区县分设造成的影响，我们认为似乎容易导致人为地割裂同一民族的传统文化、社会联系、民族情感以及他们之间的相互认同。纳西族无论属于哪一行政区划范围，都是中华民族大家庭中的一个成员，在今天民族地区城市化进程和行政区划改革过程中，都不应人为地、生硬地割裂其长期形成的社会联系。

同时，目前的行政区划改革也人为地造成同一个民族享有不同的法律地位的现象。中国的民族区域自治并不是单纯的“民族自治”或是“区域自治”，而是二者的结合。区县分设后，玉龙纳西族自治县的近12万纳西族人民根据《民族区域自治法》，享

---

① 杨云鹏、杜建荣：《从丽江区县分设看民族区域自治制度在实施中的几个问题》，载周勇、马丽雅主编：《民族、自治与发展》，第267－270页，北京，法律出版社，2008年版。

有在其境内的自治权，而古城区 8 万余纳西族人民则失去了自治权。

（三）文化传承面临挑战

当今世界唯一存活的以图画象形文字为载体的东巴文化，在其全盛时，东巴达数千人，教授级的大东巴就有几十人，而现在丽江全县东巴不到 50 人，教授级东巴仅剩一两人，东巴活动日益减少，在大部分纳西族地区已绝迹；东巴教经典法器在民间几乎绝迹，纳西族人过去自称祭天人，现在 95% 以上的纳西人不祭天，也不知何谓祭天。纳西古乐号称“中国古代音乐的活化石”，被国内最有权威的一些音乐家鉴定为“在丽江出土的中国道教音乐和唐宋音乐”。但西方传媒报道其“正在喜马拉雅的暗影下消失着”，不少曲目已失传，不能再演奏。在丽江越来越多的本地青年不愿再穿民族服装，而钟情于流行服饰，忘了老祖宗千百年来传下来的优美豪放的民歌舞蹈，而沉醉于卡拉 OK 和迪斯科中，传统文化的传承面临整体断代的危险。① 纳西族传统文化在舞台上的繁荣与在纳西族民间的衰落形成鲜明的对比，令人深思。

第二节　少数民族文化遗产法律保护中存在的问题

前面谈到的丽江古城作为少数民族优秀文化遗产在法律保护中面临的问题，这在其他文化遗产的保护中也是大量存在的。本节将在前述事实的基础上，总结出少数民族文化遗产法律保护中

① 贺德红：《论民族旅游地传统文化的保护》，载《内蒙古农业大学学报》，2007 年第 5 期。

所面临的问题，以便我们的相关制度和措施能够有的放矢，具有针对性。

一、少数民族文化遗产的商业化

对少数民族文化遗产进行旅游开发，进而导致文化遗产的“商品化”，是民族旅游对文化遗产最直接和显现的文化影响。试举一例。

> 就肇兴的侗族传统服装侗衣来说，由于旅游市场的需求和利益的驱使，侗衣从制作到穿着都包含着“表演化”和“商品化”的痕迹。制作侗布是当地妇女广泛参与的一项工作，晾晒在吊脚楼上的侗布以及妇女捶打侗布的场景也构成了一幕幕具有当地特色的文化景观。如今，侗布的制作并不完全遵循传统的染织工艺，许多妇女用蓝汞代替了传统的植物染料蓝靛，在刺绣工艺方面，也出现了机器加工代替手工刺绣的情况；在穿着方面，肇兴的民族旅游开发之前，当地的侗族妇女在日常生活中已经较少穿着传统的侗衣，大部分时候的穿着都与汉族无异。因为侗衣的制作工艺复杂，花费的时间长，往往是“新的还没有做好，旧的就已经破了”，而且用来制作侗衣的侗布不够柔软，穿着从事劳动也不是很方便，保暖性也不是很强。民族旅游开发以后，为了满足游客对传统的侗族风俗习惯的追求，她们在黄金周等游客数量较为集中的高峰期都会统一穿着侗衣。一旦游客长时间地逗留在肇兴，这种带着“商品化”气息且近似于表演的民族文化环境，会极大降低侗族文化对游客的吸引力，如果吸引力与游客所期望的偏差太大，则会引起游客对于肇兴民族旅游的怀疑和反感。而且过分注重文化的表演性，就会造成文化深层次内涵的忽视

和丢失，在旅游地内部刻意地迎合与外部文化冲击的双重作用下，肇兴的传统文化会不断地萎缩、失真，使传承中断，最终将丧失。①

“商业化”是指旅游使目的地社会关系深受市场交换规则的影响，一切吸引旅游者的东西都可以标上价格，在市场上买卖，由此而引发民族传统文化的一系列变迁，其意义是多重的②。民族文化的产业化或商品化对民族传统文化的影响非常复杂，它既可以促进民族传统文化的延续，又可刺激民族传统文化的变迁。麦坎在对巴厘岛上的旅游业做了调查以后，认为该地随着旅游业的发展而出现了文化复兴的现象，不仅当地居民的传统、文化自信心、族群认同感得到增强，而且当地的艺术创作水平也被有意识地保持下来③。这在我国很多原地展示型的民族文化村的旅游开发中也同样得到印证。

当然，如前面的例子所述，少数民族文化遗产的商业化也有很多负面影响，拿民族饮食来说，一个民族的饮食文化内涵和其独特风味习俗是由当地民族文化中一些传统的文化习俗和宗教信仰所奠定的，其文化生态的准则和传统风俗习惯所确认的一些原则，是以一种庄重而严肃的形式规范着制作工艺和烹饪技术的全过程。然而，在当前的民族传统饮食开发中，一些传统的制作工艺和烹饪技术在民族地区内部面临着失传的危险。另一方面，一些开发者将民族传统饮食推向市场的同时，在对传统民族饮食进行一些改造的时候，为迎合市场的需求或出于功利的考虑，使一

---

① 张瑾：《民族旅游发展对少数民族妇女影响的人类学探讨》，载《桂林旅游高等专科学校学报》，2008 年第 2 期，第 294 页。

② 马晓京：《西部地区民族旅游开发与民族文化保护》，载《旅游学刊》，2000 年第 5 期。

③ 马晓京：《民族旅游开发与民族传统文化保护的再认识》，载毛公宁、刘万庆主编：《民族政策研究文丛》（第三辑），第 476 页，北京，民族出版社，2004 年版。

些饮食文化离开其本来的生长环境，进而往往会失去其原本的精髓和内涵。

二、少数民族文化遗产的庸俗化

试举一例：

2002年的春天，游人挤满了滇中的一个小村寨。这是一个传统的狂欢节日，男人们扮成原始蛮荒的样子，迎请火神为全寨驱除污秽。村里人想得很简单：以前老祖宗咋个玩，二月初三就咋个玩，不害羞的，不过是请来客人与他们一道体验与神灵的交流。可衣冠楚楚的城里人似乎只是冲那赤裸的、用树叶、笋壳和野果装饰的身体而来。办活动要花钱，过去是各家凑钱杀猪给神灵做祭品，让游客分担些费用也是合理的。但因为许多原因，钱没有收到多少。而在彝族的规矩里，客人来了，不给饭吃的道理是没有的。于是几百号人（只是客人）坐在村民们世世代代钻木取火的大树下大嚼了一顿。从前，这餐饭是全寨人共同分享的……热闹完了，客人走了，却留下一个困惑：村民们跨过了一个巨大的心理门槛——把他们与神灵间仅存的隐私公之于众，但却未能保住传统的尊严，由于游客的介入，古老祭祀的目的已发生了变化，毕摩们变成了表演者，村民们成了局外人、旁观者和供客人拍照的对象。这对他们淳朴的生活方式是一个严重的打击。①

民族文化庸俗化主要表现在：（1）对民族文化旅游资源不是采取客观的态度进行科学的评价，而是为了商业开发或旅游开

① 李伟：《民族旅游地文化变迁与发展研究》，第129页，北京，民族出版社，2005年版。

发的目的而夸大其词，大肆渲染。（2）为迎合一些旅游者的低级趣味，对民族文化的开发缺乏去粗取精、去伪存真的鉴别，进而有意地降低民族文化的品位，曲解甚至歪曲民族文化的本来内涵。（3）没有深入研究民族文化的丰富内涵，不能表现民族文化浓厚的民族性和淳朴性，表现形式过于简单化，缺乏传统文化本来的神韵。（4）不尊重民族的信仰、意愿，不合目的、不合时宜地展示民族习俗，伤害民族自尊心和少数民族群众的民族感情。这主要表现在把民间文学艺术品有悖于原创目的地展示，宗教用品被当作装饰物出售，或者规定在特定场合或者礼仪使用的民间文学艺术作品在将其出售时得不到尊重，由非本民族人来表演本民族的舞蹈，等等。一些地区在民族文化旅游开发中，把一些少数民族自己不愿意拿出来展示的东西搬上市场，如宗教仪式、礼仪等。这些现象都导致少数民族的传统生活方式因而被人误解或难以保持。

在旅游开发中，必须要尊重民族旅游地区居民的意愿和民族禁忌，否则就违背了旅游开发的初衷。例如，云南省丘北县仙人洞彝族文化生态村在旅游开发中就出现了类似的情况："某领导无视村民的意愿和项目专家组的意见，竟然把村民祖祖辈辈视为'生死崇拜圣地'而不许外人窥视的老仙人洞辟为旅游点，开洞凿口，用水泥填平洞基，用油漆在崖壁涂抹仿古岩画或摩写彝文，不仅严重破坏了彝族传统文化，而且伤害了民族感情"①。如果不进行强有力的科学化管理以及人文学者对民族旅游的热心参与，我们很难想象仙人洞彝族文化生态村的旅游能够可持续地发展下去。

前述这些现象被称为"文化贬低"，它是指与传统知识及传

---

① 王国祥：《民族旅游地区保护与开发互动机制探索——云南省丘北县仙人洞彝族文化生态村个案研究》，载《云南社会科学》，2003 年第 2 期。

统文化表现形式有关的任何导致实质上的对传统知识及传统文化表现形式的歪曲、删节或篡改；对传统所有人的名声或荣誉，以及传统知识和传统文化表现形式的完整性造成损害的作为或不作为。这些行为极大地限制了少数民族传统文化的自我更新、自我发展的能力，导致其旅游业的可持续发展受到严重威胁。这就使少数民族文化权利的重要方面——文化尊严权和文化发展权受到难以估量的损害。之所以旅游业的不规范发展会给少数民族传统文化带来这些负面影响，最基本的原因在于少数民族地区旅游生态环境的多元性和脆弱性。这就更加要求我们在旅游开发过程中尊重少数民族的文化权利，不要让这些“文化贬低”现象影响到少数民族传统文化的长远发展，进而在未来相当长的时间内影响少数民族文化权益尤其是经济性权利的实现。

三、少数民族文化遗产的原生环境被破坏

少数民族独特的民族文化得以较完整地保存下来，是与少数民族的居住环境息息相关的。但是在民族旅游开发的过程中，为了迎合游客的需要，难免会造成较大规模的建设或者搬迁。本来，文化的变迁是正常的，我们可以通过旅游引导民族传统文化进行良性变迁，但事物的发展往往不以人的主观意志为转移。现在许多地区的旅游开发，忽视对传统文化赖以存在和发展的“原生土壤”进行有效保护，加速了少数民族传统文化的消亡。

例如，在贵阳市花溪区的镇山村，许多村民将极具特色的传统石板房拆除，盖起了小洋楼，现今镇山真正意义的石板房剩下不足1/10了。许多布依族分散进入以汉文化为主体的现代城市区，传统社区不复存在，传统文化失去了其生存和发展的土壤。类似的现象在很多地方都不同程度地存在。在民族文化旅游开发中，缺乏科学性，不能从史学、文学、艺术和社会学等方面去深究内涵，进行深层次文化创意和科学的扬弃，使得旅游产品缺乏文化品位和民族个性，千篇一律，造成模式化及公式化。

这种现象被称为“异化建筑”，即与民族地区传统建筑风格不相吻合的其他外来建筑样式。无独有偶。西双版纳傣族园景区也面临着“异化建筑”的挑战。景区建立之初，曾与景区内5个村寨村民及勐罕镇政府，三方签订的协议规定：5个村寨的村民不得在景区内建盖非木质结构或竹结构的异化建筑，而需要建盖新房的村民，由勐罕镇人民政府负责划出一片新区来，专门供建房使用。此后，傣族园出台了《傣族园景区干栏式建筑保护与建设管理暂行规定》，对改扩建过程中符合规定的村民予以奖励。然而，近年来傣族园异化建筑越演越烈，据民族事务部不完全统计，截至2008年5月31日，景区异化建筑面积达到20226.74㎡（含五寨异化面积、傣族园办公区、村委会办公楼等）。为此，当地政府制定了《云南省西双版纳州传统民族建筑保护条例》，已于2008年8月1日开始实施，意在解决困扰当地旅游业发展的“异化建筑”问题。

四、滥设“文化保护区”

有人以摩梭人社区为例，提出在少数民族聚居区某一地建立以少数民族人民为主体的“文化保护区”。即在泸沽湖地区内划出一块建立专门的旅游村寨，整个村寨完全按照摩梭人传统民居的风格建设，有意地不通电，不通水，点油灯，维持摩梭人传统的生活与生产方式。游客在此可以到村民家中做客，品尝风味小吃，学习织布、酿酒，参与村中举行的各种仪式、庆典，深入摩梭人的生活。摩梭人文化村在担负旅游功能的同时，还将成为展现摩梭人文化与保存、传承摩梭人文化的场所①。但是由于民族

① 和少英、叶海蓉：《建设民族文化大省：海外模式的启示》，载《思想战线》，1999年第1期，第95－100页。

文化村是以单个民族村落为开发保护对象，未考虑民族村落所处的社区环境，而成为社区中保护的“孤岛”。当整个社区民族文化发生退化、消亡时，民族文化村民族文化的退化、消亡也就在所难免。

这种文化保护区的设想不禁让人想起民族文化保护的“田丰模式”。为挽救云南少数民族文化，田丰于1993年创立了“云南少数民族文化传习馆”，寻访民间艺人和有天分的年轻人，集中在传习馆内进行传统文化传习。为规范教学，他采用“原汁原味，求真禁变”的原则，不允许对民族传统文化做任何加工，甚至不允许学生们看电视。他曾向学生们描绘过他们的未来：在今后建立的传统文化保护区内的村落里，与老师们一起完全按照传统方式生活。但事与愿违，传习馆最终因缺乏商业激励机制等多种因素而解体，学生们接受的文化传统传习也为了演出市场的需要而改变，该模式最终宣告失败。因此，这样的民族文化村对民族文化的保护作用也是有限的。这种保护机制的关键在于要处理好民族地区经济社会的发展与民族文化保护的矛盾，同时避免因旅游业的发展带来的文化的同化和冲突。

但是，也有学者对以类似“生态博物馆”和“文化保护区”的方式来保护少数民族文化的做法提出了质疑，这些观点也是非常值得我们思索的。刘晖就是对此种做法提出质疑的学者之一，首先，他认为少数民族文化和少数民族文化旅游资源是两个不同的概念。我们能利用的或者说能开发成旅游文化资源的只是显在的少数民族文化现象，以及少数民族文化沉淀所形成的物化形式为旅游服务，而不是整个文化。文化的隐性构成要素，如伦理观念、价值取向、认知模式、审美情趣等，是很难被开发为旅游对象并通过文化保护区加以保护的。其次，该学者认为不能类比“自然保护区”来建立“文化保护区”。在全球化背景下，这种划定区域的保护方法是无法阻止以电视、电话、互联网为代表的现代传媒的迅速普及及其所携带的外来文化因子的渗入。第三，谁有权设定文化保护区？我们显然不能为“旅游”而剥夺“主人”希冀现代化的良好愿望。由政府或外人提出对某一拥有珍稀濒危文化遗存的族群建立所谓“文化保护区”，与该族群人们主动要求政府对其文化予以保护是根本不同的，无论其出发点是如何的善意，都必须得到文化主人的最终认可。[①] 刘晖的有些观点是值得商榷的，其第三点理由涉及的是少数民族文化权益的主体问题，本书的第一章中有详细论述，不再重复。其前两点理由是值得我们思考的，原因在于，任何传统的生活方式都是可以保留的，但关键是如何通过科学决策采取切实有效的措施来进行保留。

现有的民族文化村有两种形式：一种形式是民族聚集地实地展示型，如贵州的生态博物馆等；另一种是旅游目的的异地仿制型，异地仿制型民族文化村是运用人工方式在靠近市场的地方，荟萃各民族的民间艺术、民族风情和民居建筑于一园，从多角度揭示民族文化的大型文化主题公园。由于仿制民族文化村是为迎合旅游目的而专门建设的，虽然能反映一定的民族文化，但它与就地形民族文化村寨相比，缺乏真实的环境感，过多的虚拟和移植，降低了旅游者的出游满意度。如深圳的微型民族文化村、香港仿宋朝京城建立的九龙荔园“宋城”、美国波士顿建立仿16－17世纪英国移民生活的“活人博物馆”等。这其中也不乏成功的例子，“文化保护区”不是不可以设立，但现在的问题是具备什么条件才能设立？采取什么方式去设立？设立之后如何运行？目前的一些“文化保护区”让人忧心忡忡，有滥设之嫌。这也许从另一个角度说明，无论什么样的具体保护方式，都要重视少

① 刘晖：《“摩梭人文化保护区”质疑——论少数民族文化旅游资源的保护与开发》，载《旅游学刊》，2001年第5期。

数民族在具体决策时的有效参与问题，我们将在本书的后面章节中予以详细论述。

由于文化遗产是稀有的、唯一的、脆弱的、不可再生的特殊资源，是文化的载体，后人通过观赏文化遗产，感受人类祖先的伟大创造力，将带给人们无与伦比的精神享受，在此期间也深受教育和鼓舞。所以，文化遗产的利用最主要的形式就是发展旅游。少数民族的文化遗产也同样如此。由于地域和历史的原因，少数民族文化遗产在各地的保护与开发过程中仍然面临着各种各样的考验，因而管理者就更应立足于本地实际，将西方发达国家的现代管理方式与我国各少数民族的传统管理经验结合起来，探索一条适合民族地区实际的文化遗产管理模式，其中包括组织制度、人力资源、财务审计、监督监控等，力求根据我国少数民族文化遗产的独特特性和国际公约的规定进行有效的保护和合理开发利用。

第三章　现代化进程中少数民族非物质文化遗产保护的实证研究

非物质文化遗产的范围非常广泛，不仅限于文学和艺术的领域，它还包括各种社会风俗和仪式，比如与出生、结婚、丧葬相关的一些仪式，确定身份和长幼尊卑秩序的礼仪、仪式。还有各种各样的知识和实践，比如说时空的观念、药物，治疗方法，还有具有神秘色彩的寓言式的宗教方面的实践和信仰。从根本上说，它是表现在文化多样性当中的人的创造力。对它的保护，就是对不同文化形式和价值的尊重，是对文化多样性的保护①。由于少数民族的传统文化很多是以非物质文化遗产的方式表现出来的，少数民族的传统生活方式是非物质文化遗产的重要组成部分，因而，加强对非物质文化遗产的保护在很大程度上就是在加强对少数民族文化权益的保护。

第一节　少数民族非物质文化遗产保障的现状——以鄂伦春族桦树皮制作技艺为例

在中国北方少数民族中，桦树皮被广泛应用于生产、生活用

① 该部分参考了梁治平：《谁来保护非物质文化遗产》，选自作者 2005 年 6 月 26 日在西南政法大学所做的演讲，http：//justice. fyfz. cn/blog/justice/index. aspx? blogid = 25846.

品制作，鄂伦春族就是桦树皮文化最发达的民族之一。正如宋兆麟先生认为的，一方面是猎人社会生活的需要，他们需要容器、工具、住房、船只，但是必须是轻的、易搬和结实的；另一方面是桦树本身所具有的特点，分布于鄂伦春族地区的白桦树，属落叶乔木，高可达25米，树干笔直，树皮呈白色、纸状、分层脱落①。因而，与鄂伦春族作为狩猎民族的社会生活方式相适应，桦树皮制品占据了鄂伦春族传统文化的重要位置。

出于对鄂伦春族文化的深深关切，我于2005年的7月和8月间走访了这个充满神秘色彩的民族，重点考察了它的传统文化保护的现状。我们事先准备了调查提纲，采用提问式的方法，以入户访谈为主，以座谈会的形式为辅，收集到了许多真实的第一手资料，了解到了该民族的传统文化保护中存在的问题及可能的对策，并对一些当地人熟知但未进入学者视野的一些现象从法学角度进行了分析。

一、鄂伦春族桦树皮制作技艺概述

鄂伦春族是中国的人口较少的22个民族之一，也被称为“小小民族”，但它的文化却是令人称奇的，它的桦树皮制作技艺更是令人叹服。桦树皮制作技艺大体上可分为如下几个步骤：

桦树皮的来源。白桦是落叶乔木，其树皮在每年阴历的五月和六月份水分最大，也最为鲜滑，且易于完整剥取。因此，此时鄂伦春族的人们会集中剥取树皮。先用猎刀在树的上下各横切一刀，然后在上下切口处，自上而下再纵切一刀，这时用手一掀，一块方形的桦树皮就揭下来了。

尤其值得一提的是，鄂伦春族由于长期生活在大兴安岭地区，对桦树的生长习性颇为了解，在这个季节剥取桦树皮，不会

---

① 宋兆麟：《最后的捕猎者》，第126页，济南，山东画报出版社，2000年版。

伤及树干本身，明年的这个季节就会长出新的桦树皮，整个桦树几乎不会受到什么影响。这表明，鄂伦春族的生活与大森林融为一体，他们保护赖以生存的环境的意识根植于他们生产生活的每一个角落。

桦树皮的处理。对于剥下来的桦树皮，要进行认真细致的处理。将桦树皮里面的表皮和面上的硬皮刮去，放于平坦之处，用木头压上几天，使其平整挺直。制作前，要将桦皮浸于水中。

工具和辅料。过去用松树油，现在用沥青或胶来粘接桦树皮的接头；柳树线或者尼龙线用来缝合桦树皮接头或破损处；一把锥子用来钻针眼。如果要制作大型的桦皮制品，如桦树皮船，则所需工具和辅料则更为复杂，还包括木夹子、木钉和楞角等。

制作过程。以桦树皮桶为例，先用桦树皮缝制一个圆筒，然后上底，桶口镶上薄木边。在桶口边钻孔，穿一个小横棍，以便手提。制作带盖的桦树皮桶与普通桦树皮桶相似，只是多一个盖子。这种桶的制作比较精细，盖和帮上均刻有各种花纹。其他普通桦树皮制品的制作均与此类似，只是桦树皮船的制作更为复杂。在传统的狍皮衣服上，也可缝上桦树皮图案。桦树皮玩具是鄂伦春族儿童的喜爱之物。这些图案和玩具的制作就相对灵活得多，因人而异，各不相同。

图案的制作。桦树皮制品成型以后，并非是最后的成品，还有一道十分重要的工序，即在桦树皮制品上进行装饰图案的制作，其方法基本相当于现代的雕刻艺术。其使用的是用鹿、犴腿或狍子、野猪的下腿骨制成的一种特殊的工具，长约十几厘米，宽约 3 -4 厘米，扁平状，一头有尖，尖则因雕刻用途的不同而有二齿、三齿和四齿之分。其步骤首先是画底样，在制作好的桦树皮制品上用骨针画某种图案，也有的民间艺人先剪一块桦树皮或纸型，然后放在桦树皮制品上，再以骨针或铅笔等沿皮花样画出图案。其次是刻花。妇女以左手握住雕刻器中部，前述的那个特殊工具的尖齿放在器皿表面的纹样上，右手拿一个小木棒，轻击桦树皮制品的顶端，即刻出向内凹陷的圆点纹，沿图样依次进行，将图案底样显现出来。第三是着色。一般桦树皮制品不着色，但有一些桦树皮制品主要涂有红、黄、黑色。

二、鄂伦春族桦树皮制作技艺法律保护的现状

（一）桦树皮制作技艺已被列为国家级非物质文化遗产名录

非物质文化遗产保护工作一直得到国家和社会的高度重视。从20世纪50年代起，中国对各少数民族的民间文化进行了记录调查，出版了《国家民委民族问题五种丛书》和《中国少数民族社会历史调查资料丛刊》等。近年来，采取措施积极扶持传统技艺美术行业生产，命名了200余名“技艺美术大师”。相信不久的将来，就会有鄂伦春族桦树皮制作技艺美术大师。

中国于2004年8月加入了《保护非物质文化遗产公约》，目前该公约已经正式生效。中国的非物质文化遗产的保护将融入国际社会对文化的尊重与保护的洪流中。根据《保护非物质文化遗产公约》最后文本里的定义，非物质文化遗产指的是“被各社区、群体，有时是个人，视为其文化遗产组成部分的各种社会实践、观念表述、表现方式、知识、技能，以及与之相关的工具、实物、手技艺品和文化场所。这种非物质文化遗产世代相传，被不同社区和群体在适应周围环境和自然的过程中与其历史的互动中不断地再创造，为他们提供持续的认同感，增强对文化多样性和人类创造力的尊重。”根据这个定义，非物质文化遗产包括5个大的方面：一是口头的传统和表现方式，包括作为非物质文化遗产媒介的语言；二是表演技艺；三是社交习俗和仪式节庆事件；四是有关自然界和宇宙的知识和实践；五是传统手技艺。这是一种立足于整个世界范围的保护非物质文化遗产的需要，适用于各国、各地区、各民族的一般的、普遍的分类方法。鄂伦春族

桦树皮制作技艺就属于联合国的《保护非物质文化遗产公约》中所界定的第五类非物质文化遗产，即传统手技艺。

2003 年 2 月 25 日，“中国民族民间文化保护工程国家中心”在中国艺术研究院正式挂牌成立。该中心是文化部授权中国艺术研究院成立的专门规划统筹和组织实施“中国民族民间文化保护工程”的工作机构，成立运行之后，全国各地的地方中心也陆续建立。该工程计划历时 18 年，分 3 期实施，主要内容包括三部分：建立中国非物质文化遗产代表作名录、建立民族文化生态保护区和中国民族民间传统技艺保护①。2006 年 5 月 20 日，国务院发出通知，公布了第一批国家级非物质文化遗产名录，分为民间文学、音乐、舞蹈、戏剧、曲艺、杂技与竞技、美术、手工技艺、传统医药和民俗共 10 大类 518 项。在这 518 项中，少数民族的非物质文化遗产占了相当的比重，其中就包括鄂伦春族的桦树皮制作技艺这项非物质文化遗产，这就表明，鄂伦春族的传统文化保护已经列入了国家的整体文化保护战略之中，也将享受国家的一系列扶持措施，以促进这些传统文化的保护和开发。

（二）鄂伦春族桦树皮制作技艺法律保护存在的问题

毫无疑问，随着党和政府的各种具体的帮扶措施的落实，以及社会各界对鄂伦春族传统文化和民族发展的热切关注，鄂伦春族的传统文化保护取得了可喜的成绩，着实让人振奋。但同样存在着一些不容忽视的问题，如果处理不当，必将影响鄂伦春族传统文化甚至整个民族的长远发展。

1. 保护意识淡薄。我们在对内蒙古的鄂伦春自治旗进行调查时发现，当地没有对传统的桦树皮制作技艺进行过全程录像。无独有偶，2006 年 8 月，我对黑龙江省同江市的街津口赫哲族

① 文化部发布的《中国非物质文化遗产保护工作的情况》，中国网，2006 年 1 月 14 日。

民族乡进行调查时，同样发现当地没有对传统服装鱼皮衣服的制作过程进行全程录像。对于该事项，我已经提醒了两地的有关部门，并告知这些民间艺人注意保护自己的制作技艺。这表明，中国的少数民族还十分缺乏传统文化法律保护的意识。

2. 鄂伦春族的桦树皮制作技艺后继乏人。在内蒙古自治区鄂伦春族自治旗，我们首先对鄂伦春自治旗的部分干部进行了深度访谈，然后对鄂伦春族传统文化保留相对比较完整的托扎敏乡希日特奇猎民村进行了入户访谈和调查。结果发现，在全村只有两位年龄较大的妇女娴熟地掌握桦树皮制作技艺，其余的人都已经不会这种技艺了，但绝大多数的家庭都还在零星地使用桦树皮制品。其他的鄂伦春族聚居的村子的桦树皮制作技艺情况还不如希日特奇猎民村。

3. 桦树皮制品中的"文化贬低"。目前，随着旅游业的发展，桦树皮制品成为旅游产品的重要组成部分，其制作也不像传统的制作方法那么严格了。比如，有的游客喜欢没有装饰图案的原生态的桦树皮制品，因而就出现了桦树皮本色的制品；还有的桦树皮制品的初学者，用现代的各种胶来粘接桦树皮的接缝，这样制作出来的桦树皮制品没有传统技艺制成的制品质量好，等等。这样的现象都有可能使游客造成误解，降低了鄂伦春族桦树皮制作技艺的信誉和声望。如前所述，这些现象被称为"文化贬低"，它是指与非物质文化遗产及传统文化表现形式有关的任何导致实质上的对非物质文化遗产及传统文化表现形式的歪曲、删节或篡改；对传统文化所有人的名声或荣誉，以及非物质文化遗产和传统文化表现形式的完整性造成损害的作为或不作为。这些行为极大地限制了少数民族传统文化的自我更新、自我发展的能力，导致其旅游业的可持续发展受到严重威胁。

第二节　少数民族非物质文化遗产法律保护存在的问题

随着全球化趋势的加强，现代化进程的不断深入，我国的经济和社会发展发生了重大的变迁，我国少数民族的非物质文化遗产的保护和发展面临着众多的问题，主要表现在：首先，一些少数民族的非物质文化遗产的传承面临失传和断代的危险。许多少数民族语言文字渐渐消亡；一些传统工艺生产规模缩小，市场萎缩，处境艰难；等等。其次，损害少数民族非物质文化遗产的知识产权的现象屡见不鲜，如歪曲、滥用、曲解等。例如，具有西北歌王之称的王洛宾准备将其记录、整理的新疆维吾尔族、哈萨克族民歌《在那遥远的地方》等歌曲版权转卖，引起了少数民族同胞的强烈不满。第三，保护经费不足，保管设施落后，专业人才外流，保护工作难以展开。第四，一些少数民族的传统文化大量流往国外。例如，有国外人士从贵州等地的山沟里悄悄收购运走蜡染、苗族妇女的服饰等民族传统工艺制品。[①] 这些问题已经引起国家相关部门和学术界的高度重视，相信在未来的立法和政策实践中会出台一些具体的干预措施。在本节，我们想着重强调几个尚未引起学界足够重视的少数民族非物质文化遗产保护过程中的瓶颈问题。

一、对少数民族非物质文化遗产的过度开发

潘盛之教授认为，一般来说，能开发成旅游对象的民族文化

---

① 文化部《非物质文化遗产保护法》立法领导小组办公室编：《〈非物质文化遗产保护法〉立法参考资料汇编》，未出版，第400－405页。

主要是所谓的“显在文化”，即显露在外、与特定物质关系紧密相连、有明确物质形态与之对应、人们可以直接感知，如实物、住房、服饰、交通设施、生产工具、寺院、语言、文字、风俗等。而由知识、态度、价值观等构成的所谓“隐性文化”，主要作用于人们的精神生活，并不以特定的物质形态表现出来，不容易被人们感知，就不适合开发成旅游对象，也不能开发成旅游产品，否则，将给当地民族文化带来极大的破坏。[①] 根据潘老师的观点，寺院本身作为建筑精品，艺术和历史博物馆，是“显在文化”，可以作为旅游开发的对象；而主要作用于人们精神生活的宗教仪式与信仰，如转经轮、转佛塔等则属“隐性文化”，不应成为旅游开发的对象。

无独有偶，在国外，因原住民部落的“隐性文化”受到侵害而发生利益冲突的案例其实也发生了，比如澳大利亚一个与民间文艺有关的著名案例“Yumbulul v. Reserve Bank of Australian”案。此案中，Galpu 是生活在澳大利亚东北部的原住民部落，按照这个部落的传统信仰，晨星杆（Morning Star Poles）可以将死者的灵魂带到他们祖先所在之处。Yumbulul 是来自 Galpu 部落的艺术家，依照该部落的习惯，他从父辈那里获得了制作晨星杆的权利；而他所设计的这种晨星杆图案依照澳大利亚版权法是完全符合保护标准的客体，因此他是该晨星杆图案的版权人。Yumbulul 的版权代理人将该图案许可给澳大利亚保留地银行印制在其发行的钞票上。Galpu 部落的代表们认为创作晨星杆图案的艺术家来自部落，应受部落规则的限制，因此部落可以阻止该银行的印制行为。主审法官认为，作为创造出晨星杆图案的艺术家，Yumbulul 将其知识产权合法地许可给其代理人行使的这一合同是

---

① 潘盛之：《旅游民族学》，第 140 – 154 页，贵阳，贵州民族出版社 1997 年版。

有效的；那么，其代理人依法将该图案许可给银行使用也是合法的，银行的印制行为并没有侵害原告的版权。该法官承认："澳大利亚的版权法没有充分认识到原住民社区要求规避对来源于该社传统的作品的复制行为之诉求"；不过他认为"这个问题应引起法律改革者和立法者的思考"。[①] 在该案例中，晨星杆图案是该部落的"隐性文化"，该文化不应该被公之于众，更不应该印制在钞票上，这是对 Galpu 部落非物质文化遗产的极大的不尊重，伤害了部落成员的感情。

二、少数民族非物质文化遗产的权利主体不明

旅游开发涉及的问题包括怎样开发民族旅游资源并能同时兼顾经济和社会目标。怎样开发民族旅游资源并使之既有广泛的社会参与，又能满足少数民族的自我认同需要怎样在后工业时代使民族旅游成为一种新的旅游特色[②]。湘西土家族傍山依水而居，到处可见"吊脚楼"，湘西苗族多居山顶，形成规模较大的"山寨"村落，两个民族比肩而居，在建筑风格方面相互影响，苗族有人居住吊脚楼，土家族有人建山寨。过去谁也不会追问"吊脚楼"或者"山寨"是哪个民族发明创造的，至今谁也回答不了"吊脚楼"或者"山寨"最初是由谁修建的。可是自从 20 世纪 80 年代以来，"吊脚楼"和"山寨"具有旅游开发价值，人们便将它们提升到引人自豪的民族文化的高度来看待，两个民族的文化精英们即开始为"吊脚楼"和"山寨"的民族文化的归属争

① 管育鹰：《知识产权视野中的民间文艺保护》，第 104 – 105 页，北京，法律出版社，2006 年版。

② 吴其付：《国外民族旅游研究进展》，载《黑龙江民族丛刊》，2007 年第 5 期，第 167 页。

论起来了[1]。类似的争论还有很多，甚至在同一民族内部也会发生类似争论。“吊脚楼”和“山寨”这两种建筑样式是少数民族的物质消费生活方式的重要组成部分，这样的权利冲突在很多民族地区甚至同一民族内部均时有发生，一旦发生，几乎没有什么好的解决办法。

类似的例子还有很多，一个来自四川的歌手刀郎居然一跃成为2005年中国内地最受欢迎的歌手，他的专辑《2002年的第一场雪》中有翻唱的新疆民歌，一些自创歌曲中也融入了西部民歌木卡姆的旋律，成为2004年中国内地最畅销的专辑。歌手罗林（艺名“刀郎”）的一夜成名，在商业领域内引发了恐怕连他自己也没有预料到的“刀郎系列案”；这其中颇值得回味的，除了一度高度宣传，但后来却不甚了了之“刀郎”酒类商标拍卖事件外，还有两个歌手“刀郎”罗林与“西域刀郎”潘晓峰的“艺名”与“商标”之争。“刀郎”两个字的含金量究竟是3000万元、800万元、还是100万元？诸多“刀郎”间关系如何？论证者似乎都见仁见智，然而这并不是最值得关注的问题。

事实上，“刀郎”是人们对新疆麦盖提县央塔克乡维吾尔少数民族文化的称谓。这一地区早在15世纪后就有“刀郎人”在此游牧、狩猎、捕鱼，进行刀耕火种，繁衍生息，在长期的半隔离状态的生产活动中形成了这种独特的西域文化，成为刀郎舞、刀郎民间绘画、刀郎文艺的发源地，代表作品是他们的音乐套曲《刀郎木卡姆》。《刀郎木卡姆》是维吾尔族十二木卡姆之外最富地方特色并自成系统的音乐套曲，风格古朴、率直、强烈、激越，似乎要把一颗心掏出来再翻开，把心中的一切都抖露给苍天。人们在唱起《刀郎木卡姆》的时候，声音高亢痛彻，就像

---

① 该案例摘自朱兴文：《权利冲突论》，第196页，北京，中国法制出版社，2004年版。

撕心裂肺的宣泄。不少专家在看了《刀郎木卡姆》的演唱后说，《刀郎木卡姆》是中国本土的摇滚①。我们所关心的：是否任何人都可以将“刀郎”二字作为商标使用或获得注册？谁是“刀郎”真正的权利主体？

第三节　少数民族非物质文化遗产法律保护探索

1950 年，日本通过了《文化财保护法》，其中就包括无形文化财和民俗文化财，首开立法保护非物质文化遗产的先河。自 20 世纪 50 年代开始，非洲和南美洲等地的一些不发达国家，也提出了保护民间文学艺术的主张，要求建立一种特殊制度以对抗对民间文学的任何不正当利用，尤其是坚决对抗那些域外机构、人士利用他国和地区的民间文学艺术赚钱，却不给予其发源地人民任何报酬的不义行为。20 世纪 60 年代至 80 年代初，这些不发达国家先后通过国内立法和区域性国际条约等形式，旗帜鲜明地确立了对这些民间文学艺术的法律保护，如《非洲知识产权组织班吉协定》和《阿拉伯国家著作权公约》，还有类似突尼斯等国的很多国内立法，此外，这一时期韩国也通过了本国的《文化财保护法》，这些法律文件对非物质文化遗产的法律保护具有重要的推动作用。

一、立法方面

我国对非物质文化遗产的保护最初只是在一些行政法规和规

① 程万里：《大漠居民——刀郎人》，载天山网：http：//www. tianshannet. com. cn /GB/channel7/711/200512/16/208335. html.

章中有所涉及，如文化部曾于1984年颁布《图书、期刊版权保护试行条例》，其中第10条规定了保护民间文学艺术的整理者和素材提供者的权利，但没有直接提出对民间文学的保护。1997年，国务院制定了《传统工艺美术保护条例》，可以认为是对部分非物质文化遗产进行保护。进入21世纪，保护民族民间传统文化的各地的地方性法规开始陆续颁布，例如，《云南省民族民间传统文化保护条例》；也有专门的少数民族权益保护条例或专项的非物质文化遗产的法律保护条例，例如《浙江省少数民族权益保护条例》以及《淮南市保护和发展花鼓灯艺术条例》。但是，以上这些相关立法还是远远不够的，针对我国目前非物质文化遗产的立法现状，当务之急是：

（一）尽快出台《非物质文化遗产保护法》

中国正在制定《非物质文化遗产保护法》，从立法调研至今已有近10年的时间了，社会各界对该部法律都很关注。我们认为，首先，中国已经加入《非物质文化遗产公约》，中国非物质文化遗产的保护范围不应小于公约规定的范围。此外，该法还应包括非物质文化遗产的认定制度、传承人制度、扶持措施、政府的职责、保护经费的来源和分配体制、非物质文化遗产的整理机制、抢救机制、使用许可机制、开发利用机制等方面的具体制度。由于中国少数民族语言文字的使用情况有别于汉族，中国少数民族的传统文化很多都可列入非物质文化遗产法保护的范围，该法的颁布实施将大大加强对少数民族传统文化的保护，进而使中国少数民族文化权利的保障更上一层楼。鄂伦春族的桦树皮制作技艺是该民族最重要的非物质文化遗产之一，因而前述的《非物质文化遗产保护法》中规定的非物质文化遗产保护的制度和措施都可以应用于鄂伦春族桦树皮制作技艺。

此外，《非物质文化遗产保护法》应成为非物质文化遗产法律保护方面的基本法，与该法配套实施的行政法规和地方性法规应该包括《传统技艺美术保护条例》，未来将要制定的《民间文学保护条例》、《传统知识保护条例》、《清真食品管理条例》，各地的《民族民间传统文化保护条例》等。

（二）《传统知识保护条例》应纳入国务院的立法规划

近年来，少数民族传统文化的一个更为重要的并逐渐为世界各国所重视的领域是少数民族的传统知识。世界知识产权组织对传统知识范围的探索经历了一个过程，最初认为传统知识既包括产业领域的技术性知识，又包括民间文学艺术。根据世界知识产权组织对于传统知识的定义，传统知识是指“基于传统的文学、艺术或科学作品；表演；发明；科学发现；外观设计；标记、名称和符号；未公开信息；所有其他在工业、科学、文学或艺术领域内产生的基于传统的发明和创造”①。即把传统社区的全部知识活动和知识生产的产物划入其界域，所有一切在工业、科学、文学和艺术领域内，以传统为基础的由智力活动产生的一切创新和创造，都属于传统知识的范畴。后来对二者进行了区分，把传统知识界定为产业领域内的技术性知识，即在狭义上使用这一概念②。

由于传统知识蕴涵着重大的经济价值，并成为生物科技时代技术创新的强有力的推动力，因而日益被世界各国所重视。国内学者对传统知识也有不同的看法，我们认为，传统知识的概念包括在非物质文化遗产当中，根据世界知识产权组织对于传统知识

---

① WIPO，Intellectual Property Needs and Expections of Traditional Knowledge Holders：WIPO Report on Fact – Finding Missions on Intellectual Property and Traditional Knowledge（1998 – 1999），Genera，April 2001，p. 25，转引自刘银良：《传统知识保护的法律问题研究》，见郑成思编：《知识产权文丛》（第 13 卷），第 229 页，北京，中国方正出版社，2006 年版。

② 严永和：《论传统知识的知识产权保护》，第 15 – 17 页，北京，法律出版社，2006 年版。

的定义的内容，即使是广义的传统知识，即“在工业、科学、文学或艺术领域内产生的基于传统的发明和创造”，非物质文化遗产中的“观念表述、表现方式、知识、技能”可以囊括传统知识的这些方面，但由于传统知识不同于一般的非物质文化遗产的特殊性，有必要由通过行政立法对其做出专门规定。

二、执法方面

（一）具体的制度和措施

首先，促进少数民族对非物质文化遗产保护与开发的参与。联合国开发计划署《2004 年人类发展报告》指出当今多样化世界中的文化自由的核心论点是，国家必须支持而不是压制这种多元互补的身份。21 世纪的决策者们面临的挑战是如何扩大人们的选择，使人们不必放弃他们的身份就能够享有社会和经济方面的所有机会①。因此，我们的任务是创造条件扩大各民族成员的选择自由，即增强他们在文化方面的自治。各级政府要尽快制定、出台相关的法律条例，在政策导向、宏观调控、资金投入、人才培养等方面加大力度，使民族的经济发展和文化遗产受到法律的保护。

其次，通过各级政府资助扶持等手段，以前述鄂伦春族桦树皮制作技艺为例，我们应加强对鄂伦春族桦树皮制作技艺传承人的培养和保护，建立比较完善的鄂伦春族桦树皮制作艺人传承保护机制；在鄂伦春族聚居的乡镇建立一批鄂伦春族桦树皮制品的生产基地，科学开发、合理利用鄂伦春族桦树皮制作技艺这一重要的文化资源，积极发展鄂伦春族桦树皮制作产业，有条件的时候建立专业的工厂；建立一支专业工作队伍，培养一批专业知识

① 联合国开发计划署：《2004 年人类发展报告》，第 28 - 29 页，北京，中国财政经济出版社，2004 年版。

精湛、对鄂伦春族桦树皮制作技艺具有深厚感情和热情的民族民间文化保护工作者。

（二）保障少数民族的环境权

一般认为，环境权是指人类有权在一种能够过有尊严的和福利的生活环境中，享有自由、平等和充足的生活条件的基本权益，并且负有保证和改善这一代和世世代代的环境的庄严责任[①]。环境权是一项基本权。《人类环境宣言》的第2条也强调，“保护和改善人类环境”是“各国政府的责任”。《经济、社会和文化权益国际公约》第11条中规定了个人的环境权。也有学者认为，环境权作为一项基本权，其核心是生存权，是建立在人与自然和谐共处、相互尊重的基础上的新型权益。环境是公民作为生物个体生存的基本物质条件和空间场所的提供者，是人类生存的必要条件[②]。正如我们所知，环境权对任何一个人或一个民族来讲都是非常重要的，环境权不仅包括个人的环境权，也包括集体的环境权。集体环境权是指某群体所享有的不断改善其生活环境的权益。此外，环境还与民族文化的存亡和发展密切相关。

关于环境在人类文化方面所起的作用，弗思先生概括了四个方面：一是环境给予人类生活极大的限制；二是环境在一定程度上总要迫使生活在其中的人们接受一种物质生活方式；三是环境一方面广泛地限制人们的成就，另一方面为满足人们的需要提供物质；四是环境对人们的文化生活起着微妙的作用[③]。还是以前述鄂伦春族桦树皮制作技艺为例，其实，弗思先生概括的这四个方面在鄂伦春族的文化中都有所体现。每一种文化都根植于一定

---

① 《人类环境宣言》原则一。

② 吕忠梅：《沟通与协调之途——论公民环境权的民法保护》，第37页，北京，中国人民大学出版社，2005年版。

③ ［英］雷蒙德·弗思著，费孝通译：《人文类型》，第32－33页，北京，华夏出版社，2002年版。

的生存环境，鄂伦春族的文化也不例外，它整个文化的方方面面都与大兴安岭紧紧地联系在一起。鄂伦春族的桦树皮制作技艺未来的发展前景如何？这首先取决于大兴安岭生态环境的状况。试想如何大兴安岭的环境继续恶化，连桦树皮的获取都变得很困难时，“巧妇难为无米之炊”，鄂伦春族的桦树皮制作技艺将难以为继。该技艺存在的前提条件应该是政府要提高或恢复给他们正常发展的自然环境和社会环境这些外部条件，他们只有先获得“环境权”，才能有“生存权”和“发展权”，才能加强对本民族传统文化的保护。可喜的是，据专家分析，在目前尚未破坏的生态结构的基础上，加上大兴安岭森林具有极强的自我调节功能，如果没有人为因素的干扰，在十几年或几十年内，大兴安岭将会重现勃勃生机，恢复生态平衡的最佳状态。据 2005 年 8 月 7 日中央电视台经济信息联播报道：大兴安岭地区的环境资源效益达 780 亿元。看来，包括鄂伦春族桦树皮制作技艺在内的所有鄂伦春族传统文化的保护都将曙光在前，因为他们传统文化所依存的环境，也就是他们文化的“根”没有被破坏。

三、少数民族社区的自觉保护

已故著名学者费孝通曾提出“文化自觉”的问题，根据杨福泉老师的理解，其中一个重要的内涵，应该是指拥有和传承着一种文化的民族、社区或者个人，一定要对自己的文化有一种自觉的意识，能冷静地看待自己文化的利弊，并采取正确的方式方法来保护它、发展它。目前，在很多民族地区，少数民族所在的社区对其传统文化是有一定的自觉保护意识的。

高黎贡山自然保护区（保山段）周边社区在 1999 年开始的中荷合作云南省森林保护与社区发展项目（FCCD）中，创造了“森林共管委员会”这种村民集体利益共管组织。“森林共管委员会”以自然村寨为单位，由本村寨村民大会选出，人员若干

（含1名妇女代表）。“森林共管委员会”结合本村庄的实际情况制定以森林资源管理和利用为主要内容的“村规民约”、“森林共管公约”。在FCCD项目实施过程中，“森林共管委员会”在FCCD项目专家组的指导下，制定社区环境行动计划（CEAP），同高黎贡山自然保护区相关管理所和所在乡的乡政府签订三方协议，接受一定数量的荷方资金（平均每户分配1000元人民币），实施社区发展活动；项目结束后，“森林共管委员会”承担着对本村已实施项目活动的监测和管理工作，监督村规民约及森林共管公约的执行。尽管“森林共管委员会”是为了实施具体的合作项目而设立的，只是依靠项目费用支持的临时组织，但这种非常有效的社区利益管理形式对于社区如何对传统资源主张权利无疑是一种启发。

根据龙文在2005年在云南省腾冲县界头乡新庄村进行的调查，在该村村委会牵头组织下，新庄村13个村组461户人家推选出49名共同利益代表，并经村委会授权，于2005年8月19日正式成立了传统资源共管会。新庄村传统资源共管会设理事会开展日常工作，第一届理事会成员9人，由共同利益代表大会选举产生，设会长1人，副会长1人。依据《传统资源共管公约》和《传统资源共管会章程》，传统资源被界定为——本村村民世世代代集体创造和维系着的，由村民个人传承和发展并赖之以生存的传统知识、民间文艺等文化传统，以及同这些文化传统密切联系在一起的生物多样性资源和物质产品。

新庄村传统资源共管会由各村民小组推选共同利益代表并经本村委会授权产生。传统资源共管会接受本村村民大会和村民委员会的监督，传统资源共管会成员接受所在村民小组的监督。传统资源共管会担负如下职责：

1. 主张本村传统资源的集体利益

（1）普查和调查本村传统资源并建立传统资源数据库，登记和同意非社区成员接触和获取本村传统资源并控制接触和获取的范围和程度。

（2）开展各项活动保护和促进传统资源的利用、传承和发展。对外宣传和推广传统资源并作为本社区唯一代表与非社区成员订立《传统资源利益分享合同》，对内鼓励对传统资源的继承和发扬并制止本村村民破坏传统资源、损害集体利益的行为。

（3）按照“集体共同利用、个人按劳取酬”的原则分配本村传统资源所获得的经济利益。

（4）在本村传统资源受到侵害时，代表社区维护正当权利，主张合法利益。

2. 代管本村传统资源传承人的个体利益

（1）掌握具体传统知识和民间文艺技能，或保存独特遗传资源或物质产品的村民可以向传统资源共管会申请，经审核后登记为传统资源传承人。

（2）传统资源共管会应当帮助传统资源传承人发展传统产业，为其商业开发牵线搭桥，同时监督和维护产品质量。

（3）传统资源传承人可以授权传统资源共管会代为管理和主张其个人针对传统资源的精神利益和经济利益，并提交所获经济利益的10%作为传统资源共管会的管理费用。

按照《传统资源共管会章程》的规定，传统资源共管会的运作经费来源于传统资源所获利益和传统资源保护基金的支持。传统资源所获利益在支付相关村民个人劳动报酬后，其50%投入村委会用于各项集体事业，40%投入本村传统资源保护基金开展各项保护和开发活动，10%作为传统资源共管会的日常开支。传统资源保护基金将成为传统资源保护的第一推动力，传统资源保护基金以村民集资或社会资助的方式设立，由传统资源所获利益的固定比例维持和积累，同时也接纳各种捐助。①

从前述新庄村的例子可以看出，由于非物质文化遗产的最重要的特性就是“人的传承性”，事实上保护非物质文化遗产就是保护非物质文化遗产的“传承人”，以及非物质文化遗产与特定地域密不可分，所以非物质文化遗产保护中的“人”和“地”两个因素成了非物质文化遗产保护的核心内容，而这两个因素又恰好在不同民族、不同地域有不同的情境和状况。因而，我们更要挖掘少数民族社区的民间智慧，像新庄村一样，探索出一条适合本地的非物质文化遗产保护模式。

① 龙文：《社区传统资源财产权利的理论探讨与实践》，载郑成思主编：《知识产权文丛》（第13卷），第54－55页，北京，中国方正出版社，2006年版。

第四章　现代化进程中少数民族文化权益保障的整体研究

由于少数民族的传统文化与少数民族的整个社会生活融为一体，有时我们很难区分它的哪些文化是物质的，哪些文化是非物质的，前面两章的探讨只是基于目前少数民族文化权益保护中的普遍现象而进行的分类研究。在前面分别探讨了少数民族的物质文化遗产和非物质文化遗产保护的现状之后，我们有必要从一个民族整体的视角来研究其少数民族文化权益保障的状况，以期全面考察其文化权益保障的各个方面。

第一节　少数民族文化权益保障现状整体研究——以赫哲族为例

世纪之交，中国人口较少民族的发展越来越引起人们的普遍重视与深切关注，作为22个人口较少民族之一的赫哲族，世代居住在黑龙江、松花江和乌苏里江的三江汇合处，北国边陲的赫哲族以其独特的捕鱼文化和灿烂辉煌的民间艺术引起了人们的无数期盼。出于对赫哲族民族发展的深切关注，我们于2006年的夏季赴黑龙江省同江市对其文化权益保障的情况进行了深入的调查研究，在调查过程中详细查阅了当地的传统文化保护方面的具体措施，对相关负责人进行了专访，并对同江市街津口赫哲族乡渔业村的部分村民进行了入户访谈，本书涉及其中部分调查结果。本书将结合对同江市赫哲族传统文化保护情况的调查，探讨一下赫哲族传统文化的法律保护问题，希望能起到“抛砖引玉”的作用，引起更多的人来关注这一问题。

一、赫哲族文化权益保护的现状

中国党和政府历来特别重视并采取了一系列措施帮助赫哲族的发展，尤其是党的兴边富民行动和人口较少民族的一次性脱贫计划。在文化方面，也投入了大量的人力、物力和财力帮助赫哲族来传承和发展其传统文化，近年来投资兴建了民族风情园、民俗博物馆等设施，并对相关的从业人员进行扶持。概括地讲，赫哲族传统文化保护的现状可以总结为如下几个方面。

（一）赫哲族传统文化的展示

赫哲族目前的旅游有多种形式，其中包括赫哲族风情园，赫哲族旅游节，开辟旅游线路，经营旅游船，赫哲族艺术团、民俗展览馆、旅游度假村、百货商店、山珍柜台、餐饮业、手技艺柜台、民族服装厂，等等。

1. 赫哲族风情园。民族风情园也叫“民族文化生态村”，就是在各少数民族聚居的自然村寨或生态环境区中，进行大面积的保护和建设。其中保护就是继承民族习俗，建设就是发扬优良传统。实践证明，这是保护少数民族传统文化同时进行旅游开发进而提高当地少数民族收入的一种有效形式，因而许多少数民族村寨都建设有本民族的民族文化生态村。

以同江市为例，从 1997 年开始，在国家和省有关部门的支持下，投资 1500 万元，在街津口乡建设了具有浓郁民族特色的赫哲族风情园，这也是“中国万里边疆文化长廊建设”的重要组成部分。该风情园中主要的展示项目就是民俗博物馆，以及具有赫哲族特色的餐饮业、民族艺术艺术团、经营旅游船等。在赫哲族中，有许多重要的非物质文化遗产，比如，民歌、舞蹈、民间文学、“依玛勘”等，目前这些非物质文化遗产的现实存在都主要由民族艺术艺术团的表演来体现，民族风情园的艺术团由10多名赫哲族男女青年以及四五个中年人共同组成，主要进行民族服饰、舞蹈、民歌、“依玛勘”等。为了促进当地旅游管理水平的提高，还组织了20多名赫哲族渔民赴云南、内蒙古等民族旅游业发达地区，考察当地的少数民族旅游。

2. 民族餐饮业。目前，整个同江市有关赫哲族的餐饮业经营者大约有40多家，在街津口乡大约有10多家，由于这些饭店政府扶持，前三年不收税，因而许多饭店没有进入稳定经营阶段，经常有饭店开业，也经常有饭店停业，因而，旅游管理部门及工商部门都没有准确的登记。街津口乡的10多家餐饮企业主要是赫哲山庄、赫哲渔家女大酒店、莫日根饭店、赫哲酒店、赫哲鱼馆、赫哲族饭庄、老把头饭店、恩都力酒店、赫哲酒家、津成小吃等。这些餐饮企业中，只有赫哲山庄、赫哲渔家女大酒店、莫日根饭店、赫哲酒店、赫哲族饭庄这四家饭店是由赫哲族人在经营。在民族风情园内，只有莫日根饭店和赫哲酒店两家是由赫哲族人经营。

3. 出售赫哲族手工艺品的柜台。这些出售赫哲族手工艺品的柜台位于赫哲族民族风情园的入口处、赫哲民俗艺苑内，主要经营赫哲族鱼皮、桦树皮、木制、布制手技艺品。目前在此经营这种技艺品的柜台由12户人家，只有3家是赫哲族，其余的都是本地或同江市内的汉族人在经营。2006年以来，旅游局对柜台进行招标，少的8000元，多的2万元，出租经营。对于3家赫哲族经营者，要求他们每家交2000元，他们认为赫哲族在民族风情园进行经营应该受到照顾，没有交纳柜台的租赁费。旅游局也没有继续追究，此事基本是不了了之。

4. 民族服装厂。赫哲族的民族服装厂有两种：一种是生产赫哲族特有的鱼皮衣服；另一种是生产普通的赫哲族传统服装。

赫哲族人认为民族服装同样是民族的象征，对待这个问题同样要严肃，不能为了经营民族服装的生意而去做民族服装。例如，有位在当地很有影响的老人就认为，在街津口乡，真正会做鱼皮衣服的大约有三四个人，其余的人熟的皮子不好，“伪造”的太多，外人不能随便乱做，把纯的文化搞坏了，尽量不要继续这样做。

（二）赫哲族参与文化活动的权益

近些年来，赫哲族参与文化活动的权益得到了进一步的加强和保护。以街津口乡为例，在该乡赫哲族风情园大门内侧右边，有一个令人瞩目的赫哲族民俗博物馆。在博物馆内，主要展示该乡历届党政领导任职情况，赫哲族优秀代表人物的事迹，赫哲族人的生产生活用具、鱼皮与鱼骨艺术品、鱼类标本、桦树皮画等。此外，在该乡还有一个赫哲族民间博物馆，由渔业村村民徐国于1992年创建。该馆主要收藏各种石器近200件，陶片50多片，各种桦树皮制品、鱼皮与鱼骨艺术品80多件，尤永贵的民族风俗画40多幅。在同江市也有一个赫哲族博物馆，展示的内容与此类似。即便如此，赫哲族有许多有重要价值的文物和反映渔猎生活的文物都存留在民间，对该类文物的收集与管理并大力宣传文物保护的具体途径与措施是目前的紧迫任务之一。

除了前面提到的赫哲族民俗博物馆和赫哲族民间博物馆外，在街津口乡还设有乡文化站和文化室。主要文化设施包括书刊阅览室、文体活动室、棋牌室、电视放映室、多功能教室、办公室各一个，图书14000多册，乐器10多种。乡里还成立了文体工作小组。这些设施和设备的建成并投入使用，使赫哲族村民以及乡里的其他村民有了游乐休闲的好去处。同时，赫哲族民族风情园的设立更是成为村民日常生活不可缺少的一个组成部分。

（三）赫哲族享受文化成果的权益

《同江市实施〈民族乡行政工作条例〉和〈黑龙江民族乡条

例〉办法》的第二十二条规定，加强民族乡文化站、广播电视站的建设和管理，配齐专职工作人员，市财政每年拨给民族乡文化站的活动经费不得挪用。第二十三条规定，全力抢救、挖掘、整理赫哲族文化遗产，包括《赫哲族辞典》、《赫哲族志》、《赫哲族教育史》等，创造条件筹建赫哲族档案馆。第二十四条规定，积极创编一批具有赫哲族传统风格又有时代气息的文化、文艺作品，支持三年一次的赫哲族“乌日贡”大会，市财政局在资金上要给予补贴。以上这些措施都为赫哲族享受文化成果创造了条件和基础。

2006年5月20日，国务院发出通知，公布了第一批国家级非物质文化遗产名录，分为民间文学、音乐、舞蹈、戏剧、曲艺、杂技与竞技、美术、手工技艺、传统医药和民俗共10大类518项。在这518项中，少数民族的非物质文化遗产占了相当的比重，其中包括两项赫哲族的非物质文化遗产，它们是赫哲族“依玛勘”说唱艺术和赫哲族鱼皮制作技艺。赫哲族有丰富多彩的民间文学，流传最普遍的“依玛勘”是一种口头相传的民间说唱文学，其故事内容大多能说唱许多天，大部分是歌颂英雄与复仇事迹、民族的兴衰，以及纯贞的爱情等，唱词押韵合辙。说唱时，需按故事的基本内容和词句背诵，不能随意添加。它确实是赫哲族传统文化中的精华。在民间还流传着“说胡力”，它是寓言、童话、神话、传说与民间文学的通称，内容丰富多彩，形式短小活泼，通常是老人对儿童讲述，对儿童有启发教育意义。赫哲族的音乐也很有特点，其特有乐器称为“空康吉”和“口弦琴”，前者已失传，后者至今仍有人能演奏。这就表明，赫哲族的传统文化保护已经列入了国家的整体文化保护战略之中，也将享受国家的一系列扶持措施，以促进这些传统文化的保护和开发。

二、赫哲族文化权益保护所面临的问题

毫无疑问，随着党和政府的各种具体的帮扶措施的落实，以及社会各界对赫哲族传统文化和民族发展的热切关注，赫哲族的传统文化保护取得了可喜的成绩，令人振奋。但同样存在着一些不容忽视的问题，如果处理不当，必将影响赫哲族传统文化甚至整个民族的长远发展。

（一）赫哲族传统文化的开发权

同其他任何少数民族一样，由于其传统文化及所处社会环境的复杂性，对传统文化的保护与开发必然“仁者见仁，智者见智”。赫哲族也同样如此，大家对“传统文化应如何发展”还没有完全达成共识，需要在实践中进一步探索。在同江市街津口乡渔业村，我入户访谈的第四个问题就是“您认为汉族人可以从事本民族文化方面的旅游活动吗?”接受访谈的 19 户中，有 11 户认为“不可以，并且他们心里非常不舒服”，有 1 户认为“不归我们管，显得很无奈，其实也是反对”，有 7 户认为“可以，为了民族团结、发展民族文化需要其他民族帮助、本民族有的人不喜欢等”。

对于以上及类似以上情况的现象，当地人认为是一种“假冒行为”，如果不是赫哲族人在经营，不应使用“赫哲”或“赫哲族”字样，侵犯了赫哲族的合法权益，应该制止。尤其是在民族风情园内，这种行为更应该制止，否则，为什么叫“赫哲族民族风情园”呢?赫哲族人认为，近 10 年来，国家对当地的投入有四五千万元，但没有使赫哲族人从中获得应得的利益，相反，其他人却使用赫哲族的传统文化去发财，赫哲族文化没有给本民族的人带来好处，使其他人从中获利，应出台保护赫哲族民族文化的民族政策。

目前，在中国的多数民族地区，都是动员社会一切积极因素

共同参与到少数民族传统文化保护的事业中来，允许其他民族的成员从事少数民族相关文化制品的经营与开发，而没有赋予少数民族以独占经营权。原因是多方面的，在目前的法律体系中，当少数民族的相关文化制品成为一项文化产业的时候，我们只能遵守市场经济中的“经济自由”原则，而不能在市场进入方面给予特别的保护。而且在赫哲族中也同样缺少善于经营以及有一定资本的人员。在民族法制快速发展并走向成熟的今天，“是否应该赋予少数民族对其传统文化的独占开发权”是一个值得深入探讨的问题。

（二）赫哲族的传统生活环境面临挑战

几百年来，赫哲族一直是个渔猎民族，对于赫哲族而言，其最重要的传统生活环境就是其生活所依托的三条江，特别是松花江。20 世纪 90 年代以来，赫哲族所进行的两次产业结构调整的主要原因都是因为松花江受污染，渔业产量大幅度下降，已经无法满足赫哲族的生产生活需要，使赫哲族群众的生活陷入贫困，因而当地政府主动进行了转产。

松花江全长 1900 公里，流经吉林、黑龙江两省大部分地区和内蒙古自治区的东部，流域面积有 55.68 万平方公里，人口 6200 多万，松花江就是赫哲族的母亲河。沿途有近万家企业，因为是老工业基地，有很多高耗能、高耗水和重污染产业，工业污染一直伤害着松花江。2007 年 5 月 10 日，国家环保总局在长春召开了松花江流域水污染防治工作会议，第一次提出了让松花江流域 10 年休养生息的要求，要采取多种措施治理松花江，这次国家环保总局在松花江休养生息所采取的措施当中，明确要求提高环境准入门槛，停批所有向松花江水体排放重金属和难降解有机物的项目，严格钢铁、焦化、冶炼等行业的准入条件，这对于控制新增污染必将起到很大作用。这一次松花江污染防治规划，黑龙江省一共是 116 个项目，投资大约 77 个亿左右，包括吉林，国家一共投入133个亿。要求在2007年年底以前，要在松花江流域全面淘汰或关闭生产能力达不到一定规模的化学制剂生产装置以及高耗能、高污染的生产企业。这对整个赫哲族来说是个天大的好消息，他们赖以生存和维系他们发展的母亲河终于可以恢复往日的生机了。

（三）赫哲族的传统文化后继乏人

和全国其他许多少数民族一样，赫哲族中同样缺乏民族文化传承人，民族文化传承人是指在民族歌舞、音乐、戏剧、技艺和民族宗教知识方面造诣高并在当地有较高知名度的人才。目前，赫哲族中会表演传统的民间说唱艺术“依玛勘”的寥寥无几，在街津口赫哲族乡只有吴宝贵能够用赫哲语表演其中的若干片段，已经是令人如醉如痴，流连忘返了。会跳民族舞蹈的也没有多少人了，幸好这些年轻人现在都集中在民族风情园的民族艺术团中，这使得拥有民间艺术表演才能的人成为大家羡慕的对象，对其传承有一定的积极的导向作用。

关于民族服装，正如尤文兰老人所讲，“在街津口乡真正会做鱼皮衣服的大约有三四个人”。会做普通的民族服装的人也不多，赫哲族的传统服装类似于满族和蒙古族的服饰，制作起来还是有一定的难度的，在街津口乡有一定规模的制作普通的民族服装的民间工厂只有两家。

关于传统的桦树皮制品的制作技艺，真正掌握的也不多，目前制作的这类技艺品多数是用胶进行粘贴，这样虽然看上去非常美观，但是会影响桦皮的使用寿命及其防腐功能的发挥，传统的制作手法是用针线进行缝制，也就因此避免了这一缺陷。

关于赫哲语，在义务教育阶段，赫哲族的几个民族乡的中小学每周都开设有民族课，教授赫哲族传统文化及语言。很多有识之士都对赫哲语的现状表示担忧，有一位赫哲语讲得非常流利的老人更是对赫哲族语言的前途忧心忡忡，她这样来形容：“再不说就要失传。”根据何俊芳先生的研究，从语言使用人口及所占比例、青少年使用者比例、语言使用能力、语言使用范围、语言结构变化、语言态度等几个指标来衡量，赫哲语属于濒危语言之列[①]。因此，我们必须加强对这些语言的记录和整理，以使它们所承载的文化信息能够保留下来为后人所了解。

三、赫哲族文化权益保护的特殊问题

每一种文化都根植于一定的生存环境，赫哲族的文化也不例外，整个渔猎文化的方方面面都与松花江紧紧地联系在一起。赫哲族未来应该如何发展？是他们自己做决定，还是政府为他们决定？但前提条件都应该是政府要提高或恢复给他们正常发展的自然环境和社会环境这些外部条件，他们只有先获得“环境权”，才能有“生存权”和“发展权”，才能加强对赫哲族传统文化的保护。否则，赫哲族将无法选择，别人也无法代他们选择。随着全社会对环境权的认识的逐渐提高，中国政府日益加强了对松花江及赫哲族居住地的环境的治理，确保赫哲族环境权的实现。

（一）关于松花江“休渔”

针对黑龙江、乌苏里江流域生态环境恶化、鱼类减少的实际，黑龙江省部分政协委员建议，在加强（松花江）全流域生态保护的同时，还应实行3年到5年的“休渔”制度，以加快“两江”流域的生态恢复。据中国水产科学研究院黑龙江研究所的调查：黑龙江、乌苏里江水域的捕捞产量不断下降，种群数量持续减少，捕捞群体趋向小型化、低龄化。其中抚远县鲟鱼、鳇鱼捕捞量20世纪90年代比80年代下降32.9%、大马哈鱼下降78.9%，乌苏里白鲑下降66%。捕捞上来的鱼个体体重、身长

---

① 何俊芳：《赫哲语的濒危状况及其成因》，载张海洋：《民族研究文集——学科建设与应用研究卷》，第431页，北京，中央民族大学出版社，2006年版。

锐减。眼见大鱼捕光了，一些渔民就缩紧网眼捕小鱼，结果形成灭绝性的恶性循环。如抚远县大马哈鱼产量最高年份曾达 100 多万尾，而 2004 年秋季尚不足 1 万尾，鱼类种群也由 105 种锐减到 50 余种。

基于前述状况，黑龙江省部分政协委员提出，渔业法规定，渔业捕捞量必须低于鱼类自然增长量。然而，目前抚远、同江两地的捕捞强度远远大于鱼类的自然增长量，个别渔民将许多达不到捕捞标准的鱼类也捕捞上市，极大地破坏了鱼类种群的繁衍生息。长此以往，黑龙江、乌苏里江将会出现无鱼可捕的局面，同时俄政府也多次提出休渔。为此政协委员们建议，对黑龙江、乌苏里江流域实行全流域“休渔”3 年到 5 年。鼓励渔民由捕转养，加强养鱼技术培训，提高生产技能；实行优惠的转业转产小额贷款政策，对从商从农的渔民在生产经营上给予一定的扶持；帮助渔民到外埠联系就业门路；对年老体弱或经医生诊断由于健康状况丧失劳动力的人员，给予办理低保①。

根据目前的环境状况，赫哲族也应该进行休渔，但应该对赫哲族渔民进行补偿。目前同江市两个赫哲族乡共有渔船 260 只，参照沿海地区休渔的有关政策和同江的具体实际，按休渔 3 年每条船补偿 2 万元计算，共需补偿 520 万元。这是我们应该为当地环境的恢复与整个流域的可持续发展所付出的代价，也是赫哲族环境权实现的必须的步骤。

（二）促进赫哲族群众对其传统文化保护的参与

联合国开发计划署的 2004 年人类发展报告《当今多样化世界中的文化自由》的核心论点是，国家必须支持而不是压制这种多元互补的身份。21 世纪的决策者们面临的挑战是如何扩大人们的选择，使人们不必放弃他们的身份就能够享有社会和经济方

① http：//news. xinhuanet. com/newscenter/2005 －01/30/content_ 2526184. htm。

面的所有机会[①]。因此，我们的任务是创造条件扩大各民族成员的选择自由，即增强他们在文化方面的自治。各级政府要尽快制定、出台相关的法律条例，在政策导向、宏观调控、资金投入、人才培养等方面加大力度，使民族的经济发展和文化遗产受到法律的保护。我们在调查中得知，同江市政府也建议国家设立“人口较少民族传统文化保护与发展专项资金”，对濒临灭绝的民族传统文化实施抢救和保护……重点发掘整理赫哲族语言、民族传统技艺和“伊玛堪”等说唱艺术，并结合时代精神加以发展[②]。

有一位街津口的赫哲族老人，讲着一口流利的赫哲语，她被认为是当地赫哲族语言掌握得最好的人，她对赫哲族语言是忧心忡忡，她这样来形容，“再不说就要失传。”她制作的鱼皮衣服也很受欢迎，很多博物馆都来购买，一般每套衣服能卖到6000元左右。她目前正在教其儿媳做鱼皮衣服。她最大的愿望是能为民族文化的保护做点事情，希望政府能办一个学校，有一块黑板和几个板凳即可，她愿意义务教授语言和鱼皮衣服的制作技艺。目前，当地政府正在积极地创造相关的条件，使老人的愿望能够尽快实现。

广大的赫哲族群众是其传统文化的主人，中国政府推动的民族民间文化保护工程必须得到广大人民群众的支持，尤其是获得作为文化主人的民族的群众的支持才能取得最终的成功。因而，少数民族群众的文化自觉是全社会都关注的重要问题，也只有这样，才能解决前述的赫哲族群众对赫哲族传统文化开发权的误解，进而促进民族地区的文化和谐。

---

① 联合国开发计划署：《2004年人类发展报告》，第28－29页，北京，中国财政经济出版社，2004年版。

② 参见2006年5月22日中共同江市委员会、同江市人民政府向司马义·艾买提副委员长等所做的工作汇报。

随着中国的经济发展和整个社会的全面进步，包括赫哲族在内的整个少数民族传统文化法律保护的具体措施终将融入整个权益保护法制的滚滚洪流之中。如果本书中的某些内容和观点能通过某种已知或未知的方式，为促进中国赫哲族的传统文化保护与民族发展事业尽一份力，相信赫哲族的生活将随着其权益保护水平的提高而“更上一层楼”。

第二节　少数民族文化权益保障的立法

自从党的十五大将“依法治国，建设社会主义法治国家”作为党和国家的指导思想和治国方略以来，中国的法制建设进入了一个新的历史发展阶段。《立法法》的颁布实施，使立法行为本身也纳入法制进程，进而带动各个方面、各个领域的立法都步入了一个良性发展的轨道，从中央立法到地方立法，少数民族文化权益保障方面的立法也逐步完善。

一、中央立法

（一）对少数民族文化权益进行原则性规定

中国现行《宪法》序言中规定，中华人民共和国是全国各族人民共同缔造的统一的多民族国家。平等、团结、互助的社会主义民族关系已经确立，并将继续加强。在维护民族团结的斗争中，要反对大民族主义，主要是大汉族主义，也要反对地方民族主义。国家尽一切努力，促进全国各民族共同繁荣。《宪法》第4条中规定，中华人民共和国各民族一律平等。国家保障各少数民族的合法的权利和利益，维护和发展各民族的平等、团结、互助关系。禁止对任何民族的歧视和压迫，禁止破坏民族团结和制造民族分裂的行为。国家根据各少数民族的特点和需要，帮助各少数民族地区加速经济和文化的发展……各民族都有使用和发展自己的语言文字的自由，都有保持或者改革自己的风俗习惯的自由。

新中国成立以来，少数民族文化权益保障的历史告诉我们，通过民族区域自治制度来保障民族自治地方的少数民族的合法权益包括文化权益，在民族区域自治的实践中得到证明。现行《宪法》将民族区域自治制度作为我们国家的一项政治制度，并在第119条中规定，民族自治地方的自治机关自主地管理本地方的教育、科学、文化、卫生、体育事业，保护和整理民族的文化遗产，发展和繁荣民族文化。

《民族区域自治法》是在宪法规定的基本原则基础上，使民族区域自治制度进一步系统化，从中可以看出，民族区域自治制度是保障少数民族合法权益的制度设计，民族区域自治是手段，保障少数民族的合法权益包括文化权益才是目的。该法序言中指出，民族区域自治是在国家统一领导下，各少数民族聚居的地方实行区域自治，设立自治机关，行使自治权。实行民族区域自治，体现了国家充分尊重和保障各少数民族管理本民族内部事务权利的精神，体现了国家坚持实行各民族平等、团结和共同繁荣的原则。

（二）对文化权益进行立法确认

少数民族的文化平等权受到了党和政府的高度重视，从前述的《中国人民政治协商会议共同纲领》到《民族区域自治实施纲要》，再到1954年《宪法》，都明确规定了少数民族平等地发展其文化的权利。同时，政府采取一切可能的措施，纠正民族文化关系中的歧视、敌意和隔阂状态，加强了各民族之间的文化联系，发展了少数民族优秀的传统文化，少数民族的风俗习惯得到尊重，各民族的传统节日得到尊重。少数民族文化平等权、参与文化生活的权利、享受文化成果的权利、开展文化创造的权利都获得法律保障，并逐步实现。

1952 年政务院发布《关于保障一切散居少数民族成分享有民族平等权利的决定》，在决定中规定了散居少数民族的各项权利，保障散居少数民族权益的各项原则也适用于散居在各少数民族自治区的其他少数民族成分和汉族成分。这其中也包括一些对少数民族文化权益保障的规定。

对国家与民族之间的关系进行调整无疑应是宪法的一个重要职能，中国现行《宪法》规定了国家处理民族关系的原则，少数民族在各方面的平等权利，少数民族的文化权益（尤其是文化发展权）、语言文字权、风俗习惯权等都已上升为一项宪法权利，日益受到重视。

尤其值得一提的是，《宪法》第 47 条中规定，中华人民共和国公民有进行科学研究、文学艺术创作和其他文化活动的自由。国家对于从事教育、科学、技术、文学、艺术和其他文化事业的公民的有益于人民的创造性工作，给予鼓励和帮助。该条第 1 款说的是公民进行文化活动的自由，这是自由权意义上的文化权益。第 2 款则是《宪法》对受益权意义上的文化权益的确认。简言之，该条确认了公民的文化权益这一基本的宪法权利。但这种意义上的文化权益的内容（也可称之为范围或外延）明显过于狭窄，与《经济、社会和文化权利国际公约》相比，它并不包括每个公民都有权享受科学技术及其应用所产生的利益这层含义，也包括对所有少数民族文化生活自由的尊重。虽然如此，但这毕竟是将文化权益定义为一项宪法的公民基本权利，极大地促进了文化权益的保护，少数民族的文化权益更是首当其冲。

（三）采取各种措施保障少数民族文化权益的实现

《民族区域自治法》以自治权的形式规定了保障少数民族文化权益的具体措施，特别是其关于文化管理自治权的规定。例如，第 38 条中规定，民族自治地方的自治机关自主地发展具有民族形式和民族特点的文学、艺术、新闻、出版、广播、电影、电视等民族文化事业，加大对文化事业的投入，加强文化设施建设，加快各项文化事业的发展。民族自治地方的自治机关组织、支持有关单位和部门收集、整理、翻译和出版民族历史文化书籍，保护民族的名胜古迹、珍贵文物和其他重要历史文化遗产，继承和发展优秀的民族传统文化。第42条中规定，民族自治地方的自治机关积极开展和其他地方的教育、科学技术、文化艺术、卫生、体育等方面的交流和协作。自治区、自治州的自治机关依照国家规定，可以和国外进行教育、科学技术、文化艺术、卫生、体育等方面的交流。同时，该法还以专章规定了上级国家机关的职责，以法律形式确认了对少数民族文化权益的保障已经成为政府工作的一个重要组成部分。这些规定，都为少数民族充分实现其文化权益提供了可能。

《国务院实施〈民族区域自治法〉若干规定》专门规定了民族自治地方自治机关的文化管理方面的自治权，这些权力规定的目的是赋予自治机关采取多种方式保障少数民族文化权益的职权。其中，第24条规定，上级人民政府从政策和资金上支持民族自治地方少数民族文化事业发展，加强文化基础设施建设，重点扶持具有民族形式和民族特点的公益性文化事业，加强民族自治地方的公共文化服务体系建设，培育和发展民族文化产业。国家重视少数民族优秀传统文化的继承和发展，定期举办少数民族传统体育运动会、少数民族文艺会演，繁荣民族文艺创作，丰富各民族群众的文化生活。第25条中规定，上级人民政府支持对少数民族非物质文化遗产和名胜古迹、文物等物质文化遗产的保护和抢救，支持对少数民族古籍的搜集、整理、出版。所有这些规定都进一步强调了政府在少数民族文化权益保障领域的职责，使中国少数民族文化权益的保护事业步入法制化轨道。

《文物保护法》第2条对文物的界定包括，具有历史、艺术、科学价值的古文化遗址、古墓葬、古建筑、石窟寺和石刻、壁画；与重大历史事件、革命运动或者著名人物有关的以及具有重要纪念意义、教育意义或者史料价值的近代现代重要史迹、实物、代表性建筑；历史上各时代珍贵的艺术品、工艺美术品；历史上各时代重要的文献资料以及具有历史、艺术、科学价值的手稿和图书资料等；反映历史上各时代、各民族社会制度、社会生产、社会生活的代表性实物。虽然该法主要是从国家对文物的管理方面进行的立法，但受该法保护的文物的一个重要组成部分就是少数民族文物。文物是少数民族传统文化的一个重要组成部分，是各少数民族给我们留下的珍贵的文化遗产。前述《文物保护法》对文物保护的范围都包含在联合国教科文组织 1970 年通过的《关于禁止和防止非法进出口文化财产和非法转让其所有权的方法的公约》[①] 对文化财产的界定中。云南省还曾经制定了该法的实施办法，其对少数民族文物的界定，比该法的界定更加全面、具体，而且设专章规定了少数民族文物。少数民族文物是少数民族文化权益的重要物质客体之一，加强对少数民族文物的保护无疑是少数民族实际享有的文化权益进一步扩大的一个体现。

1997 年 5 月，国务院发布了《传统工艺美术保护条例》，保护的范围包括：百年以上，历史悠久，技艺精湛，世代相传，有完整的工艺流程，采用天然原材料制作，具有鲜明的民族风格和地方特色，在国内外享有盛誉的手工艺品种和技艺。国家对传统工艺美术品种、技艺、珍品实行认定制度。具体保护措施包括：搜集、整理、建立档案；征集、收藏优秀代表作品；对其工艺技

① 中国已于 1989 年加入该公约，其主要宗旨就是保护缔约国的文化财产免受偷盗、秘密发掘和非法出口的危险。中国还于 1999 年加入了《关于发生武装冲突时保护文化财产的公约》及其《议定书》；1997 年加入了《国际统一私法协会关于被盗或者非法出口文物的公约》。

术秘密确定密级，依法实施保密；资助研究，培养人才。该条例的相关规定可以用于保护少数民族的传统工艺美术，传统工艺美术也是第一章中分析的“传统知识”的一个重要范畴。

2000年2月，文化部和国家民委共同下发了《关于进一步加强少数民族文化工作的意见》，该文件对做好少数民族文化工作做了全面要求，其中包括，加快中西部民族地区文化建设，加强民族地区文化基础设施建设，搞好重点文化工程建设，繁荣少数民族文艺创作，加强民族地区文化队伍建设，加强少数民族传统文化的保护和利用，扶持优秀的少数民族文化，落实和完善文化经济政策，增加民族地区文化建设的投入，加强少数民族文化工作，等等。

2005年12月22日，国务院下发的《关于加强文化遗产保护工作的通知》，其中规定了加强文化遗产保护工作的指导思想、方针、总体目标、非物质文化遗产名录、文化生态区等，这些都已经成为保护少数民族文化权益的有力措施。

2006年9月13日，中国发布了《国家“十一五”时期文化发展规划纲要》，其中第七部分专门规定了“民族文化保护”，从六个方面规定了民族文化保护的具体措施，使民族文化的保护成为全民的共识和政府的重要工作目标。

（四）对违反少数民族文化权益的行为进行惩处

《刑法》第249条规定了煽动民族仇恨、民族歧视罪，第250条规定了出版歧视、侮辱少数民族作品罪，第251条规定了非法剥夺公民宗教信仰自由罪和侵犯少数民族风俗习惯罪。这些都是从国家刑事立法的角度规定的对侵害少数民族文化权益的行为进行惩处，也是从事后惩罚与补救的角度规定对少数民族文化权益的保障。

此外，《出版管理条例》第26条中规定，任何出版物不得含有煽动民族仇恨、民族歧视，破坏民族团结，或者侵害民族风俗、习惯以及危害民族优秀文化传统的内容。第56、第57条中规定了对上述行为及其相关行为的具体惩罚措施。这也是从国家对出版行业的行政管理的角度规定对少数民族文化权益的保障。

二、地方立法

在中国少数民族传统文化的国家法保护紧锣密鼓地进行之时，正如上文提到的《云南省实施〈中华人民共和国文物保护法〉办法》一样，有一些地方立法已经在此领域进行了有益的探索，并取得了良好的效果。这些立法都在开篇就规定了本省民族民间传统文化的保护范围，大同小异，在此不一一列举。此外，这些地方立法还规定了专门的文化权益保障机关、传统文化的传承人和传承单位、传统文化之乡、传统文化保护区等特别措施来加强对少数民族文化权益的保障，在很多方面具有开拓性，也为该领域的国家立法提前进行了探索。

（一）概括性规定

对少数民族文化权益保障的概括性规定，主要指中国目前已经制定的134个自治条例中对少数民族文化权益保障的相关规定，具体表述不是很一致，但从内容上看，一般都是有专门的条款对该事项做出了原则性规定。例如，《三都水族自治县自治条例》的第45条中规定，自治县的自治机关加大资金投入，保护名胜古迹、文物、民族文化遗产和烈士陵园，加强文化生态博物馆、民族民间传统文化之乡和民族文化村寨的保护和建设；发掘民族民间文化资源，培养民族民间文化传承人，支持民族民间文化进校园。该条例利用一个条款专门规定了水族文化权益保障的多方面内容。

此外，中国部分省市所制定的少数民族权益保障条例或散居少数民族权益保障条例也对此做出了概括性的规定。例如，《浙江省少数民族权益保障条例》第18条中规定，各级人民政府及有关部门应当扶持发展少数民族文化、体育事业，保护、发掘、整理少数民族优秀文化遗产，培养少数民族文艺、体育人才。

（二）规定民族民间文化的范围

《云南省民族民间传统文化保护条例》、《福建省民族民间文化保护条例》和《贵州省民族民间文化保护条例》中规定的民族民间文化的范围大致相同，《青海省实施〈文物保护法〉办法》中特别以专章的形式规定了少数民族文物和宗教文物，《内蒙古自治区文物保护条例》也以专章的形式规定了民族文物。这些条例中规定的民族民间文化主要包括：少数民族的语言、文字；具有代表性的民族民间文学、戏剧、曲艺、诗歌、音乐、舞蹈、绘画、工艺美术等；民族民间文化传承人及其所掌握的传统工艺制作技术和技艺；集中反映各民族生产、生活习俗和历史发展的民居、服饰、器具、用具等；具有民族民间文化特色的代表性建筑物、设施、标识以及在节日和庆典活动中使用的特定自然场所；保存比较完整的民族民间文化生态区域；具有学术、史料、艺术价值的手稿、经卷、典籍、文献、契约、谱牒、碑碣、楹联等；具有民族民间代表性的传统节日、庆典活动、民族体育和民间游艺活动以及具有研究价值的民俗活动；民族民间文化的其他表现形式。广西、苏州、湖南省的湘西土家族苗族自治州、长阳土家族自治县等也都制定了各自的民族民间文化保护方面的地方立法。

正是由于我们目前没有能力也没有必要对所有的少数民族传统文化进行保护，这些规定科学地界定了少数民族文化权益保障的范围，对地方立法的实施以及整个法制运行环节都具有重要的指导意义。

（三）规定专门的文化权益保障机关

《云南省民族民间传统文化保护条例》、《福建省民族民间文化保护条例》和《贵州省民族民间文化保护条例》中，都规定县级以上人民政府的文化行政部门主管本行政区域内民族民间传统文化的保护工作。《云南省纳西族东巴文化保护条例》第5条规定，丽江市和有关县（市、区）人民政府文化行政部门是纳西族东巴文化保护工作的主管部门。这些部门的职责大致相同，主要是：宣传、贯彻国家有关保护民族民间传统文化的法律、法规和方针、政策；会同有关部门制定本行政区域内民族民间传统文化保护工作规划，并组织实施；对民族民间传统文化的保护工作进行指导和监督；管理民族民间传统文化保护经费；对违反本条例的行为进行处罚。民族事务、教育、旅游、规划、建设、新闻及其他有关部门应当在各自的职责范围内，协助文化行政部门共同做好民族民间传统文化保护工作。

虽然根据以上关于文化行政部门职责的规定以及其他相关条款的规定，这些地方性法规主要通过行政管理的手段对民族民间传统文化予以保护，而没有将其作为一种与财产权利相关的客体来进行保护，没有明确所有者与使用者的关系。但这些条例毕竟是在该领域的开拓性立法，具体制度设计非常合理也比较完善，照顾到了民族民间传统文化保护的许多因素，具有积极的实践意义。

（四）规定民族民间传统文化传承人和传承单位

《云南省民族民间传统文化保护条例》第15条规定了云南省民族民间传统文化传承人的认定条件：本地区、本民族群众公认为通晓民族民间传统文化活动内涵、形式、组织规程的代表人物；熟练掌握民族民间传统文化技艺的艺人；大量掌握和保存民族民间传统文化原始文献和其他实物、资料的公民。

《福建省民族民间文化保护条例》第11条规定了民族民间文化传承人的条件：在本行政区域或者一定地域范围内被公认为通晓某一民族民间文化形态；熟练掌握某一民族民间文化传统工艺或者制作技艺，在当地有较大影响；保存某一民族民间文化的原始资料、实物，并且有一定研究成果。第12条规定了民族民间文化传承单位的条件：以保护民族民间文化为宗旨，经常开展以民族民间文化为内容的活动；掌握某一民族民间文化表现形态、传统工艺或者制作技艺；保存某一民族民间文化的原始资料、实物，并且有一定研究成果。

该规定有利于动员一切积极因素，鼓励民间社会团体、非政府组织以及少数民族公民组织起来参与对少数民族传统文化以及民间文化的保护工作。由于"单位"的概念不明确，不是一个规范的法律术语，应使用"组织"一词，称为"民族民间文化传承组织"更科学、更规范。

《福建省民族民间文化保护条例》第14条和第15条规定，传承人和传承单位享有以下权利：开展传艺、讲学以及艺术创作、学术研究等活动并取得报酬；可以向他人有偿提供其掌握的知识和技艺以及有关的原始资料、实物、建筑物、场所；经济困难的传承人和传承单位，可以获得县级以上地方人民政府的资助。传承人和传承单位应当履行以下义务：完整地保存所掌握的知识和技艺以及有关的原始资料、实物、建筑物、场所；按照师承形式或者其他方式选择、培养新的传人；依照法律法规规定开展传播、展示等经常性活动。该两条对传承人和传承单位权利义务的规定更是有开创性的，《云南省民族民间传统文化保护条例》中没有规定该方面的内容。虽然该规定还不是特别具体，还没有涉及民族民间文化的所有者这一根本性问题，但规定了传承人和传承单位的权利义务，更具可操作性。

《贵州省民族民间文化保护条例》第15条规定了民族民间文化传承人的条件：熟练掌握某种民间传统技艺，在当地有较大影响或者被公认为技艺精湛的；在一定区域内被群众公认为通晓本民族或者本区域民族民间文化形式和内涵的；形成了只有本人和徒弟才有的特殊技艺的；大量掌握和保存本民族民间传统文化原始文献、资料和实物，并且有一定研究成果的。第 16 条规定了民族民间文化传承单位的条件：掌握某一民族民间文化表现形式的技能或者开展相关研究；以弘扬该民族民间文化表现形式为活动宗旨；坚持经常开展以民族民间文化为内容的活动；保存关于该民族民间文化表现形式的资料或者实物的。比较说来，云南省和贵州省对民族民间文化传承人和传承单位的规定比福建省的规定要宽松，这也是两省本着实事求是的精神，从本省少数民族众多，文化素质相对较低的现实出发做出的规定。

（五）规定民族民间传统文化之乡

《云南省民族民间传统文化保护条例》第 17 条规定了云南省民族民间传统文化之乡的命名、设立条件等方面的相关规定。其中包括：历史悠久，世代相传，技艺精湛，有较高艺术性、观赏性的；有鲜明的民族风格和地方特色，在国内外享有盛誉的；在当地有普遍群众基础或者有较高开发利用价值的。第 19 条规定，命名云南省民族民间传统文化之乡、设立云南省民族传统文化保护区，应当尊重当地各民族公民意愿。

该条例在全国范围内首次对民族民间传统文化传承人、民族民间传统文化之乡、民族传统文化保护区作了相应规定，在云南省这样一个多民族聚居的大省，使少数民族传统文化保护纳入法制轨道，取得了良好的社会效果，并为其他地区的立法提供了范例，推动了少数民族文化权益保障观念的深入人心。立法者在加强对民族民间传统文化保护的同时，注意到了应当尊重当地各民族公民意愿。这是对少数民族作为民族民间传统文化的权利主体意志的尊重，有利于调动当地各族公民的积极性，加入到保护行动中来。

《贵州省民族民间文化保护条例》第 19 条规定了民族民间文化之乡的条件：具有历史悠久、民族或者地方特色鲜明、世代传承的文化艺术，并且在国内外享有盛誉；形成独一的文化艺术种类，并且有广泛群众基础和较高的旅游、经济开发价值；有代表性的民族建筑和典型的民居建筑群。

（六）规定民族传统文化保护区

《云南省民族民间传统文化保护条例》第18条规定了设立云南省民族传统文化保护区的条件，主要包括：能够集中反映原生形态少数民族传统文化的；民居建筑民族风格特点突出并有一定规模的；民族生产生活习俗较有特色的。

《福建省民族民间文化保护条例》第16条规定，民族民间文化形态保存较完整，并具有特殊价值、特色鲜明的民族聚居村落和特定区域，可以命名为福建省文化生态保护区。具有历史悠久、地方特色的民族民间文化表现形态、传统工艺和制作技艺，并有广泛群众基础的区域，可以命名为福建省民间文化艺术之乡。该条规定文化生态保护区的做法，也是值得称道的，因为立法者有了“文化生态”的概念，已经意识到民族民间传统文化的保护不能离开其原生地，与其生长环境是一个整体。可以说，这是少数民族文化权益保障理念方面的一个进步。

《贵州省民族民间文化保护条例》第20条也规定了民族文化生态保护区的条件：居住相对集中，民族、语言相同；传统生产、生活方式相同或者相近；传统民居建筑风格以及民俗相同或者相近；传统文化艺术以及手工工艺技术一脉相承。

虽然对以设立类似民族文化保护区的方式来保护少数民族的传统文化的做法还存有一些争议，但三个条例都肯定了其积极作用，以地方立法的形式对设立条件做了具体规定。在“十一五”期间，中国将确定10个国家级民族民间文化生态保护区①。

（七）其他规定

前面几项内容是地方立法中保护少数民族文化权益的主要规

① 国家“十一五”文化发展纲要。

定，除此之外，还有一些规定也是非常重要并且具有地方特色的。例如，《贵州省民族民间文化保护条例》第 13 条和第 14 条规定，国外、境外团体、个人以研究或者营利为目的，到本省进行民族民间文化考察活动的，应当报省人民政府文化行政部门批准。经省人民政府文化行政部门认定的具有重要历史、艺术、科学价值的民族民间文化资料和实物，除经依法批准的以外，一律不得出境。该两条规定了对民族民间文化的出境保护，这也是针对前些年贵州传统的民族服饰、器具等大量流失的现状而做出的规定，同时也表明了立法者权利意识的增强。

《贵州省民族民间文化保护条例》第 18 条规定了建立民族文化生态博物馆或者民族文化村寨博物馆的条件：自然生态环境整体保存较好；具有民族文化典型特征；民族传统文化保存较好；历史悠久、建筑典型、民风古朴，具有代表性的民族村寨。该条规定是该法的一大特色，因为贵州在国内最早建立了梭嘎生态博物馆，并在国内外获得了良好的反响，该规定也是建立在这一成功实践的基础上。

《延边朝鲜族自治州朝鲜族文化工作条例》第四章还以专章的形式规定了群众文化，规定特别的措施保障群众参加文化生活的权利。第五章以专章的形式规定了图书和文物，特别强调对民族文物的保护，这些规定虽然还比较原则，但其在国内比较早地规定了政府在民族文化工作方面的义务，以及采取措施促进群众对文化生活的参与，是比较罕见的。

特别说明的是，《贵州省民族民间文化保护条例》第 28 条规定了民族民间文化保护经费的筹集和用途。主要由政府拨款、社会捐助和接受国内外捐赠等多渠道筹集，主要用于民族民间文化重大项目的保护、研究和开发；征集、搜集、整理、研究、保护和开发民族民间文化珍品、文献、典籍和实物；贫困地区民族民间优秀文化项目的保护和开发；民族文化生态博物馆和民族文化村寨博物馆的建设与管理；其他民族民间文化保护工作。《云南省纳西族东巴文化保护条例》第五条也规定了东巴文化保护经费的来源及主要用途。

第三节　保障少数民族文化权益的具体措施

目前，中国少数民族文化权益的实施涉及两个方面：一是促进民族语言、文化与教育的发展的专门体制安排，主要在《民族区域自治法》规定的民族自治地方的自治权设置上，通过地方自治权体制使少数民族语言文化教育得以发展。二是国家建立了一套支持发展少数民族语言、文化与教育的专门法律与政策系统，总称为“民族工作政策”。这些政策大多由中央政府专门根据发展少数民族事务的需要颁布并督促实施的，涉及地方财政、民族教育、民族文字出版、民族语言广播电视、民族语文报纸期刊、高等教育中的少数民族人才培养、民族文学语言专业学科研究、民族文化历史遗产保护等多方面①。同时，一个人人平等的社会文化机制要求政府履行以下三方面的义务：一是在文化方面，政府必须平等地对待每一民族（群体）；二是政府必须平等地关心和尊重每一个人；三是政府必须为每一个人提供检验和实现他的信仰所需的适当的自由和资源②。中国政府历来重视对少数民族文化权益的保障，积极采取包括各种措施并逐步纳入法制轨道，

① 德全英、阿里甫·司马义：《面向多元文化关系的法治理论》，载《法制与社会发展》2005 年第 3 期，第 102 页。

② Curtis cook, Juan D. Lindau. Aboriginal Rights and Self - Government, McGill - Queen’s University Press, 2000. 139.

从立法、司法、执法到法律监督的整个法制运行过程都体现了对少数民族文化权益的保障，具体可以包含如下一些方面。

一、在民主改革基础上进行了民族识别

新中国成立以后，根据大多数少数民族地区人民的意愿，中国政府采取不同方法先后在少数民族地区逐步实行民主改革，并在20世纪50年代末完成。这场改革废除了领主、贵族、头人等特权者的一切特权，消灭了人剥削人、人压迫人的旧制度，使千百万少数民族群众翻身解放，获得人身自由，成为国家和自己命运的主人。1959年在西藏进行的民主改革，彻底废除了长达700多年的政教合一、贵族僧侣专权的封建农奴制度，昔日百万农奴和奴隶获得了人身自由，成了新社会的主人。

在新中国成立以前，中国究竟有多少个少数民族，并不清楚。新中国成立后，为了全面贯彻实行民族平等政策，从1953年起，国家组织了大规模的民族识别考察工作，辨别民族成分和民族名称。识别考察从中国的历史和现实情况出发，按照科学认定与本民族意愿相结合的原则，只要具有构成单一民族条件的，不管其社会发展水平如何，不论其居住区域大小和人口多少，都认定为一个民族。经过认真的调查研究，到1954年，中国政府确认了38个民族；到1964年，中国政府又确认了15个民族。加上1965年确认的珞巴族、1979年确认的基诺族，全国共有55个少数民族被正式确认。

新中国的民族识别工作使许多不被旧中国的统治者承认的少数民族获得了应有的承认，并与中国其他民族一样享有平等权利。民族识别是对少数民族族籍身份的确定，同时也是对其文化身份的确认，这是保障少数民族文化权益以及其他各种权利的前提基础，也是政府平等地关心和尊重每一个民族的体现。

二、通过民族区域自治制度保障少数民族文化权益

在现阶段，中国对少数民族文化权益的保障主要是通过民族区域自治制度来实现的。民族区域自治是中国共产党运用马克思列宁主义解决中国民族问题的政策。民族区域自治制度是民族区域自治政策的制度化。而《民族区域自治法》的颁布实施则使这一制度法律化，并且规定民族区域自治制度是国家的一项政治制度。几十年来，民族区域自治制度对解决中国的民族问题发挥了巨大的作用。事实已经证明并将继续证明，民族区域自治制度也是保障中国少数民族的文化权益的有力措施。

（一）民族区域自治的制度化和法律化

民族区域自治是与中国的国家利益和各民族人民的根本利益相一致的。实行民族区域自治，保障了少数民族在政治上的平等地位和平等权利，极大地满足了各少数民族积极参与国家政治生活的愿望。实行民族区域自治，既保障了少数民族当家做主的自治权利，又维护了国家的统一；实行民族区域自治，有利于把国家的方针、政策和少数民族地区的具体实际结合起来，有利于把国家的发展和少数民族的发展结合起来，发挥各方面的优势。因而，新中国成立以来，中国的多项法律和政策从不同角度对该制度进行了确认。

1949 年 9 月，中国人民政治协商会议第一届全体会议通过了《中国人民政治协商会议共同纲领》，其中第六章专章规定了民族政策，第五十一条规定，各少数民族聚居的地区，应实行民族的区域自治，按照民族聚居的人口多少和区域大小，分别建立各种民族自治机关。第五十三条规定，各少数民族均有发展其语言文字、保持或改革其风俗习惯及宗教信仰的自由，人民政府应帮助各少数民族的人民大众发展其政治、经济、文化、教育的建

设事业[①]。

1952 年 2 月 22 日，政务院批准实施《民族区域自治实施纲要》，从而规范了民族区域自治的实施。其中规定了少数民族文化管理自治权，各民族自治区自治机关得采用各民族自己的语言文字，以发展各民族的文化教育事业。各民族自治机关得采取必要的和适当的办法，发展各民族的文化、教育、艺术和卫生事业，并要求教育自治区内各民族互相尊重其语言文字、风俗习惯及宗教信仰[②]。

1954 年《宪法》中对民族区域自治有了专门的规定，民族区域自治制度化程度提高，同时也更加规范，大大推动了少数民族的权益保障。根据民族区域自治的原则，一个民族可以在本民族聚居的地区内单独建立一个自治地方，也可以根据它分布的情况在全国其他地方建立不同行政单位的多个民族自治地方。1954 年《宪法》的规定使得前述少数民族的文化管理自治权第一次上升为宪法规范，更加有利于对其文化权益的保障。

《民族区域自治法》第 38 条和第 42 条规定了民族自治地方自治机关的文化管理自治权。“民族自治地方的自治机关自主地发展具有民族形式和民族特点的文学、艺术、新闻、出版、广播、电影、电视等民族文化事业，加大对文化事业的投入，加强文化设施建设，加快各项文化事业的发展。民族自治地方的自治机关组织、支持有关单位和部门收集、整理、翻译和出版民族历史文化书籍，保护民族的名胜古迹、珍贵文物和其他重要历史文化遗产，继承和发展优秀的民族传统文化。”“民族自治地方的

① 王培英：《中国宪法文献通编》，第 285 页，北京，中国民主法制出版社，2004 年版。

② 任一飞、周竞红：《中华人民共和国民族关系史研究》，第 151－152 页，沈阳，辽宁民族出版社，2003 年版。

自治机关积极开展和其他地方的教育、科学技术、文化艺术、卫生、体育等方面的交流和协作。自治区、自治州的自治机关依照国家规定，可以和国外进行教育、科学技术、文化艺术、卫生、体育等方面的交流。”毫无疑问，该项自治权也增加了自治机关的一项义务，即保护和合理开发民族文化资源，以促使民族文化资源能够可持续地发展，这也是保障少数民族文化权益的一个重要方面。

（二）民族区域自治制度对少数民族文化权益保障的推动

除了在法律和政策层面对民族区域自治制度进行确认之外，在民族区域自治制度与文化管理自治权的实施以及国家在保障少数民族的文化权益方面，我们也取得了巨大的成就①。

1. 组织、支持有关单位和部门收集、整理、翻译和出版民族历史文化书籍

20 世纪 50 年代至 80 年代，国家组织 3000 多名专家学者，完成了五种少数民族丛书的编辑出版工作，合计 403 册，达 9000 多万字，共计发行 50 多万册。现在，中国 55 个少数民族都各自有了一部文字记载的简史。在国家的帮助和民族自治地方的努力下，截至 2003 年，用少数民族文字出版的图书有 4787 种，印数 5034 万册；杂志 205 种，印数 781 万册；报纸 88 种，印数 13130 万份；民族自治地方建有艺术表演团体 513 个，图书馆 566 个，博物馆 163 个。2003 年，在民族自治地方有使用民族语言的广播机构 122 个，用 15 种少数民族语言播出节目；有使用民族语言的电视机构 111 个，用 11 种少数民族语言播出节目；有广播电台 73 座、广播发射台 523 座，电视台 94 座、电视发射台 830 座，广播电视卫星收转系统 25.49 万座。

这些少数民族丛书的编辑出版以及文化方面的基础设施的建

---

① 以下数据来源于《中国的民族区域自治》白皮书。

设，为少数民族参加文化生活、享受文化成果以及进行文化创造提供了前提和可能，是保障少数民族文化权益的基础性工作。

2. 组织、支持有关单位和部门保护民族历史文化遗产

截至 2004 年 8 月底，中国有世界文化遗产、自然遗产、文化与自然遗产 29 个，其中，在民族自治地方的文化遗产有拉萨布达拉宫、丽江古城 2 个；自然遗产有九寨沟、黄龙风景名胜区和“三江并流”自然景观 3 个。此外，纳西东巴古籍文献列入“世界记忆遗产名录”。

前述这些成果是具有开拓性的，中国民族地区拥有众多的文化遗产，入选世界文化遗产、自然遗产、文化与自然遗产、人类口头和非物质文化遗产代表作等都极大地促进了中国的民族文化遗产的保护，是一种行之有效的保护手段，这是对少数民族智慧与文化的肯定与赞扬，也是对中国少数民族享受文化成果的权利、参与文化活动的权利和开展文化创造的权利的保障。

3. 尊重少数民族使用和发展本民族语言文字

民族自治地方的自治机关在执行公务的时候，依照本民族自治地方自治条例的规定，使用当地通用的一种或者几种语言文字；同时使用几种通用的语言文字执行职务的，可以以实行区域自治的民族语言文字为主。内蒙古、新疆、西藏等民族自治地方，都制定和实施了使用和发展本民族语言文字的有关规定或实施细则。

新中国成立后，国家帮助 10 多个少数民族改进和创制了文字。到 2003 年底，中国有 22 个少数民族使用 28 种本民族文字。在中国，无论在司法、行政、教育等领域，还是在国家政治生活和社会生活中，少数民族语言文字都得到广泛使用。现在，中国共产党全国代表大会、全国人民代表大会和中国人民政治协商会议等重要会议上都提供蒙古、藏、维吾尔、哈萨克、朝鲜、彝、壮等民族语言文字的文件和同声传译。

4. 尊重和保障少数民族宗教信仰自由

中国少数民族群众大多宗教信仰，有的民族多数群众信仰某种宗教，如藏族群众信仰藏传佛教，回族、维吾尔族等民族信仰伊斯兰教。民族自治地方的自治机关根据宪法和法律的规定，尊重和保护少数民族的宗教信仰自由，保障少数民族公民一切合法的正常宗教活动。

截至2003年底，西藏自治区共有1700多处藏传佛教活动场所，住寺僧尼约4.6万人；新疆维吾尔自治区共有清真寺23788座，教职人员26000多人；宁夏回族自治区共有清真寺3500多座，教职人员5100人。各种宗教活动正常进行，少数民族群众的宗教信仰自由得到充分尊重和保障。

5. 尊重少数民族保持或者改革本民族风俗习惯

民族自治地方的自治机关保障各少数民族都有按照传统风俗习惯生活、进行社会活动的权利和自由。包括尊重少数民族生活习惯，尊重和照顾少数民族的节庆习俗，保障少数民族特殊食品的经营，扶持和保证少数民族特需用品的生产和供应以及尊重少数民族的婚姻、丧葬习俗等。同时，提倡少数民族在衣食住行、婚丧嫁娶各方面奉行科学、文明、健康的新习俗。

文化管理自治权虽然只是自治机关的权力，但在保障少数民族的文化权益方面发挥了巨大的作用。前述条款中的自治机关自主地发展具有民族形式和民族特点的文学、艺术、新闻、出版、广播、电影、电视等民族文化事业是对中国少数民族参与文化活动的权利和开展文化创造的权利的保障。积极开展文化交流和协作的自治权也是侧重对中国少数民族参与文化活动的权利和开展文化创造的权利的保障。事实证明，民族区域自治制度这一政治制度是保障少数民族文化权益的有效途径之一。

三、非物质文化遗产保护制度

非物质文化遗产的范围非常广泛，不仅限于文学和艺术的领域，它还包括各种社会风俗和仪式，比如与出生、结婚、丧葬相关的一些仪式，确定身份和长幼尊卑秩序的礼仪、仪式。还有各种各样的知识和实践，比如说时空的观念、药物、治疗方法，还有具有神秘色彩的寓言式的宗教方面的实践和信仰。从根本上说，它是表现在文化多样性当中的人的创造力。对它的保护，就是对不同文化形式和价值的尊重，是对文化多样性的保护①。由于少数民族的传统文化很多是以非物质文化遗产的方式表现出来的，少数民族的传统生活方式是非物质文化遗产的重要组成部分，因而，加强对非物质文化遗产的保护在很大程度上就是在加强对少数民族传统文化和其文化权益的保护。

非物质文化遗产保护工作一直得到国家和社会的高度重视。从20世纪50年代起，中国对各少数民族的民间文化进行了记录调查，出版了《国家民委民族问题五种丛书》和《中国少数民族社会历史调查资料丛刊》等。近年来，采取措施积极扶持传统工艺美术行业生产，命名了200余名“工艺美术大师”。成立了“振兴京剧指导委员会”、“振兴昆曲指导委员会”，使这些剧种从资料保存、剧目保留、人才培养等方面得到了加强。改革开放以来，文化部、国家民委、中国文联共同发起了“十部中国民族民间文艺集成志书”的编纂工作。目前，298部省卷已经全部完稿，并已出版224卷（近4亿字），曲艺卷等也将陆续出版，中国的非物质文化遗产保护取得了很大的成就。

---

① 该部分参考了梁治平：《谁来保护非物质文化遗产》，选自作者2005年6月26日在西南政法大学所做的演讲 http：//justice. fyfz. cn/blog/justice/index. aspx? blogid = 25846

2000 年，联合国教科文组织启动了“人类口头和非物质文化遗产代表作”项目。中国已有昆曲艺术、古琴艺术、新疆维吾尔木卡姆艺术和蒙古族长调民歌成功入选。中国于 2004 年 8 月加入了《保护非物质文化遗产公约》，目前该公约已经正式生效。中国的非物质文化遗产的保护将融入国际社会对文化的尊重与保护的洪流中。

2003 年 2 月 25 日，“中国民族民间文化保护工程国家中心”在中国艺术研究院正式挂牌成立。该中心是文化部授权中国艺术研究院成立的专门规划统筹和组织实施“中国民族民间文化保护工程”的工作机构，成立运行之后，全国各地的地方中心也陆续建立。该工程计划历时 18 年，分 3 期实施，主要内容包括三部分：建立中国非物质文化遗产代表作名录、建立民族文化生态保护区和中国民族民间传统技艺保护。几年来，“保护工程”采取试点先行、以点带面的工作方式，在全国范围内逐步推开，并取得了积极进展[①]。实施这项工程的主要工作任务：一是在普查、登记、编纂各类名录等的基础上，建立全面反映中国民族民间文化面貌的档案资料数据库，摸清中国各地各民族民间文化的历史家底。二是通过资助扶持等手段，加强对民间艺术传承人的培养和保护，建立比较完善的民族民间艺人传承保护机制。三是通过民族民间文化保护区、各级各类民族民间文化博物馆等手段，使具有重要历史、科学和文化价值且处于濒危状态的民族民间文化种类得以有效保护。四是建立一批民族民间文化产品的生产基地，科学开发、合理利用民族民间文化资源，积极发展民族文化产业。五是建立一支专业工作队伍，培养一批专业知识精湛、对民族民间文化具有深厚感情和热情的民族民间文化保护工作者。

---

① 文化部发布的《中国非物质文化遗产保护工作的情况》，中国网，2006 年 1 月 14 日。

六是建立起责任明确、运转协调的保护工作机制①。

此外，2005 年 12 月 22 日，国务院下发的《关于加强文化遗产保护工作的通知》决定，自 2006 年起，每年 6 月的第二个星期六为中国的“文化遗产日”。“文化遗产日”的设立借鉴了国外的成功经验，凸显了文化遗产保护事业在国民经济与社会发展中的重要地位和作用，政府对文化遗产保护的投入在逐步增加，各级政府和人民群众文物保护意识也将有很大提高。非物质文化遗产是文化遗产的重要组成部分，对其保护的迫切性超过了物质文化遗产，“文化遗产日”宣传活动的一个重要内容就是让全民都了解并参与到文化遗产特别是非物质文化遗产的保护活动中来。设立国家的“文化遗产日”，对于增强全社会文化遗产保护意识，引导民众广泛参与文化遗产保护工作，促进中国建立国家保护为主、社会共同参与的文化遗产保护新机制具有重要意义。

四、对少数民族文化权益保障模式的争论

如上所述，尽管政府和民间都在少数民族文化权益保障方面进行了不懈的努力，但我国少数民族的文化遗产保护的状况仍然不容乐观，造成这种状况的原因各地基本相似，概括起来，主要有以下几个方面②：

1. 民族地区的经济仍然比较落后。很多民族地区当前面临的主要问题仍然是经济发展问题，改善当地少数民族落后的经济状态。由于地方财力匮乏，被称为“吃饭财政”。于是，地方财

① 文化部发布的《中国非物质文化遗产保护工作的情况》，中国网，2006 年 1 月 14 日。

② 该部分参考了谢彬如等：《文化艺术生态保护与民族地区社会发展》，第 65－66 页，贵阳，贵州民族出版社，2004 年版。

政对文化少投资或不投资，似乎也就成为“正当”理由。少数民族地区与其他地区仍然存在着事实上的不平等，这种不平等主要体现在经济方面，这使得民族地区无暇顾及少数民族文化权益的保护。

2. 现代化进程中外来文化的冲击破坏了少数民族传统文化得以产生和生存发展的物质基础，被动地承受着强势文化的挤压，影响了少数民族对其民族文化价值的判断。

3. 少数民族传统文化传承方式落后和低效，使得大量传统文化产品在继承和发展上无法获得相应的社会支持，加之缺乏政府相关部门和机构的支持和保护措施，一旦老艺人去世，很多传统技艺便后继无人。

4. 年轻人大量外出打工，接受外界文化的影响和现代传媒及娱乐方式的熏染，以及我们在学校教育和社会教育方面缺少对少数民族传统文化的教育，使他们容易产生对民族文化的自卑心理，失去民族文化上的自信，不愿或不再下工夫去学习和传承少数民族传统文化，从而造成少数民族传统文化传承上的危机。

5. 经济方式的改变和单纯对经济利益的追求，使少数民族传统文化的相当部分形态从其历史和传统中剥离出来，成为纯粹的工艺或表演，已不再负载其原生形态所蕴涵的诸多历史文化信息，即本书所说的“文化贬低”，这种变异直接导致少数民族传统文化的断层和变异。

针对少数民族文化权益法律保护的现状，国内理论界提出了多种保护模式，概括起来，主要有①：

1. 综合保护模式。即民事保护（主要是知识产权法）和行政保护的结合。民事保护注重对传承人、维护人、记录人权益的

① 参见杨巧：《论民间文学艺术的法律保护》，载吴汉东主编：《知识产权年刊》（2007 年号），第 123－124 页，北京，北京大学出版社，2008 年版。

保护，能够有效地促进传承人积极性的发挥，以现有的知识产权制度为核心，采取多种知识产权的全方位多层次保护，其中又以著作权最为重要。行政保护如非物质文化遗产保护法、旅游管理及文化市场管理法等公法类的行政法规，将保护民间文学艺术作为一项国家的义务和责任，其优点是以国家扶持和资金支持作为后盾，由各级文化部门作为管理机构，保护效力强。

2. 特别法保护模式。参照自然资源的保护方式，将传统知识、民间文学艺术作为一种文化资源和财产，给予其类似知识产权的保护，这也是国际社会中大多数发展中国家坚持的特殊权利的专门立法保护模式。

本书赞同后一种保护模式，主要原因在于：一般认为，少数民族的传统文化包括有形文化财产和无形文化财产两大部分①，联合国教科文组织 1972 年通过的《保护世界文化和自然遗产保护公约》，使世界各国的文化遗产（文物、建筑群和遗址等）、自然遗产、文化与自然双重遗产得到了前所未有的重视、珍惜和保护，其保护范围相当于有形文化财产，包括少数民族的有形文化财产。

对非物质文化遗产进行法律保护是非常必要的，但本人认为，不能“毕其功于一役”，通过一部法律来解决非物质文化遗产保护的全部问题，而应根据不同的非物质文化遗产自身的不同特点以及在其保护方面所面临的问题进行分类保护。在非物质文化遗产中，出于法律保护研究的方便，可以粗略地分为这样三个大类：民间文学艺术表达（包括口头的传统和表现方式、表演技艺等）、传统知识（包括有关自然界和宇宙的知识和实践、传统手工艺等）和传统生活方式（包括社交习俗和仪式节庆事件

---

① 最新的对文化遗产的分类是三分法，即物质文化遗产、文化景观遗产和非物质文化遗产。

等）。非物质文化遗产的五个方面可以归到前面所提的三个大类中，同时适应目前的立法现状。这样的分类仅是为了研究的方便而做的粗略分类，事实上，少数民族传统文化的各个方面是交织在一起的，很难做出明确的区分和分类。对于民间文学艺术表达的法律保护问题，根据多数学者的观点，可以在著作权法的范围内解决，同时少数民族在这一问题上不具有特殊性，没有必要单独立法。

近年来，少数民族传统文化的一个更为重要的并逐渐为世界各国所重视的领域是少数民族的传统知识。世界知识产权组织对传统知识范围的探索经历了一个过程，最初认为传统知识既包括产业领域的技术性知识，又包括民间文学艺术。根据世界知识产权组织对于传统知识的定义，传统知识是指“基于传统的文学、艺术或科学作品；表演；发明；科学发现；外观设计；标记、名称和符号；未公开信息；所有其他在工业、科学、文学或艺术领域内产生的基于传统的发明和创造”[①]。即把传统社区的全部知识活动和知识生产的产物划入其界域，所有一切在工业、科学、文学和艺术领域内，以传统为基础的由智力活动产生的一切创新和创造，都属于传统知识的范畴。后来对二者进行了区分，把传统知识界定为产业领域内的技术性知识，即在狭义上使用这一概念[②]。（本文也是在狭义上使用传统知识这一概念）关于传统知识，由于中国各地区都有着丰富的传统知识，中国的少数民族在这个问题上不具有特殊性，应该进行一体的共同保护，而不必特别强调少数民族的传统知识，尤其是地理标志是有效的保护途径

---

① WIPO，Intellectual Property Needs and Expections of Traditional Knowledge Holders：WIPO Report on Fact – Finding Missions on Intellectual Property and Traditional Knowledge（1998 – 1999），Genera，April 2001，p. 25

② 严永和：《论传统知识的知识产权保护》，第 15 – 17 页，北京，法律出版社，2006 年版。

之一，因而，对于少数民族的传统知识也不必单独立法。

有鉴于此，我们认为应当对少数民族文化权益保护方面的特殊问题进行单独立法，来进行特殊的规制。本书将在后面的几章中从语言、宗教、文化（狭义）、教育等不同视角对少数民族文化权益保障的各个特殊方面进行全方位的透视，期望能为少数民族文化权益保障探索出一条可能的路径。

第五章 少数民族语言文字权益法律保障研究

语言文字不只是表达交流、思维和记忆的工具，而且还具有社会文化的功能。语言文字凝聚着民族情感和民族意识。语言文字是文化的载体，维持少数民族文化，推进文化多样性，维持和使用少数民族语言是最基础的环节。认识不到这一点，文化多样性将成为一句空话。因而，保障少数民族的语言文字权益就成为少数民族文化权益保障的非常重要的一个内容。

第一节 少数民族语言文字权益的内容和特征

少数民族语言文字权益，从法律权益的角度来说，是指国家为实现各民族语言文字的一律平等，保障各少数民族使用和发展本民族语言文字的自由而赋予少数民族的权益。从应有权益的角度来说，少数民族语言文字权益是依少数民族语言文字的性质，应赋予少数民族的权益。

一、少数民族语言文字权益的内容

根据《宪法》和《民族区域自治法》等法律的相关规定，以及少数民族语言文字本身的性质，少数民族语言文字权益应概括为以下几个方面：

（一）语言文字平等权

马克思主义民族政策的首要原则就是民族平等，落实到民族语言文字方面并用法律规范之，就是少数民族语言文字平等权。语言文字平等是马克思主义民族平等原则的重要标志和内容。任何一个民族的语言文字都和这个民族的历史命运联系在一起。民族的创造发明、英雄业绩和精神财富，都是通过民族的语言文字记载和流传下来的。每个民族都以自己特有的方式，通过自己的语言文字去观察世界、认识世界，并表达认知内容、情感和意愿。因此，每个民族都极为珍爱自己的语言文字，不能容忍对本民族语言文字的歧视，不能容忍对使用和发展本民族语言文字的干涉和限制。马克思主义从语言发展的规律，从语言对社会和民族发展的作用以及它在民族关系方面的影响出发，主张和坚持各民族语言文字平等，反对任何对各民族语言的歧视、限制和压迫。

语言文字平等权意味着：

1. 各个少数民族，不论其人口规模大小，聚居或是散居，在语言文字上的权益平等，都有创制、维持、使用和发展本民族语言文字等的权益。

2. 各个少数民族，不论其社会发展程度如何，也不论其文字的创制、使用历史如何，都有维持、使用和发展本民族语言文字的权益。

语言相对论（linguistic relativity）为少数民族语言文字平等权提供了比较科学的理论基础。语言相对论承认并重视语言的多样性，强调它们存在的必然性和合理性，认为多样性和相对性是语言的基本特征，语言之间并不存在客观的可比性，更不存在统一的、优劣好次的价值标准①。语言相对论是批判任何“语言优越论”的有力武器。

（二）语言文字使用权

语言文字使用权，是指少数民族公民在各私人生活和公共生活领域使用本民族语言文字的权益。

当人们面对操他种语言者的时候，多少总有“非我族类”的感觉。在少数民族成员社会互动过程中，若对方操持的他种语言处于强势甚至霸权的地位，他们将陷于非常不利的境地，在与国家公权力机关发生关系时尤其如此。此时，有关国家公权力机关应尊重少数民族成员使用本民族语言文字的权益，以适当的方式达到语言之间最大限度的转换和沟通。从大的方面说，只有本民族语言文字能够最精确地记录本民族的文化，民族文化和民族语言本身都只能在民族语言的使用中获得生命。剥夺少数民族公民使用本民族语言文字的自由，就是剥夺他们享有本民族文化的自由。

剥夺少数民族公民使用本民族语言文字的自由，意味着民族同化的开始。语言的同化是超过军事征服、异族通婚等更深层次的同化。在中国，满族语言文字的衰落是清朝建立后满族统治者不得已接受汉文化而非汉民族或汉族统治者施行民族同化政策的结果，但从目前发掘和发展满族语言文化所面临的极其严峻的形势，我们可以想象语言文字使用权被剥夺对少数民族意味着什么。

语言文字使用权，是少数民族在语言文字方面最基础、也是最核心的权益。说其最基础，是说语言文字方面的其他权益都应以它为依托。甚至语言文字权益之外的其他权益，如政治权益、

① 蔡永良：《语言·教育·同化：美国印第安语言政策研究》，第 363 - 364 页，北京，中国社会科学出版社，2003 年版。

经济权益、文化权益的动态过程等在事实上都仰赖之。说其最核心，是指它是语言文字权益方面最主要的权益，失去这个核心，语言文字权益就成为一个空壳。一些学者所说的少数民族语言文字自由权，事实上就是指语言文字使用权。

语言文字使用权广泛存在于公共生活和私人生活的各个领域，如命名、社区生活、宗教生活、经济生活以及国家公权力运行过程等。

（三）学习和使用他种语言文字的权益

少数民族成员学习和使用他种语言文字的权益，即少数民族成员学习和使用除母语之外的其他语言文字的权益。

这是和少数民族成员的族属选择权相似类的一种语言文字权益。一个人的民族族属并非绝对地定于其出生。一个人出生以后，由于习得了不同于其父母所属民族的文化并产生对这种文化的认同，在此种情况下若其选择归属于该种文化所对应的民族，在理论上并非全无根据。这就是族属选择权的问题。通过他族语言文字习得他族文化，是选择该族属的实质条件。

赋予少数民族学习和使用他种语言文字的权益还有重大现实意义。自历史以来，人类地域群体之间的接触和融合就没有停止过，最近500年来这种接触和融合的速度加快了，当代交通、通讯、信息技术的革命把各个地域群体和文化群体纳入了全球化的轨道，地域文化唯大众文化马首是瞻，大众文化又向全球文化看齐。无可否认的是，在这个过程中伴随着语言文化的竞争，过去如此，现在如此，将来也会如此。在一个竞争和开放的世界中少数民族成员如不学习和使用他民族尤其是主体民族的语言文字，就不能很好地与外界沟通，跟不上时代的步伐。赋予少数民族成员学习和使用母语之外的他种语言的权益，对其个人的生存和发展，意义不言而喻。

（四）语言文字发展权

从语言学的角度看，语言的发展，应该是指由于语言所处社会的发展变化和语言内部诸要素的相互作用而引起的语言系统的发展变化，如语音、语法、词汇和词义的发展变化以及语言的分化和统一[①]。就我们所阅读过的有关少数民族语言文字权益的文献来看，几乎没有人从法学的角度专门阐述过这个概念。从这些文献来看，“语言文字发展”已经远离了这个语言学上的含义，可以是指文字的创制、改革和改进[②]。吴宗金、张晓辉界定过“语言文字发展权”，认为它是指“各民族都有自主改革、发展或请求国家帮助改革、发展本民族语言文字的权益”[③]。在这个界定中，何谓“语言文字发展”仍然不明。从其下文的语境中，它似乎包括民族语言文字教育、文字创制、改进和规范、媒体推广、文学艺术等的发展甚至民族文字的古籍整理[④]。

我们认为，法律用语虽然与其他学科的用语和日常用语有所不同，但它不能完全忽视其他学科和日常用语中同一个词语的意义。少数民族的语言文字发展问题，不管是语音、词汇和词义、语法的演化，还是语言的分化和统一，是一个事实问题，是自在的。作为法律问题，关键是国家对这样的事实持什么样的态度？法律赋予这样的事实什么样的法律后果？有意识地对少数民族语言文字采取措施，这才是可以纳入法律考量的问题，是自觉的。

为统一法律用语，我们认为应把少数民族语言文字发展权界

---

① 参见汪大昌主编：《普通语言学纲要》，第172－204页，北京，北京大学出版社，2004年版。

② 杨侯第主编：《中国少数民族人权述要》，第128页，北京，北京大学出版社，1997年版。

③ 吴宗金、张晓辉主编：《中国民族法学》（第2版），第273页，北京，法律出版社，2004年版。

④ 吴宗金、张晓辉主编：《中国民族法学》（第2版），第273－274页，北京，法律出版社，2004年版。

定为："少数民族创制、改造、改革、改进本民族（语言）文字或请求国家帮助创制、改造、改革、改进本民族（语言）文字，或采取其他措施，使其更便于使用和传播的权益。"对这个界定，作如下解释：

1. 创制文字。即没有文字的少数民族创制或请求国家帮助创制一套记录本民族语言的符号系统。这是对还没有文字的少数民族而言。

2. 改造。改变旧的，建立新的，即用新的记录语言的符号系统取代旧的符号系统。1991 年《国务院批转国家民族事务委员会关于进一步做好少数民族语言文字工作报告的通知》中没有再用这个词。

3. 改革。改掉语言文字系统中陈旧的、不合理的部分，使其合理、完善。

4. 改进。改变语言文字旧的状况，使其有所进步和提高。

5. "其他措施"。除了上述四种情况之外的，对语言文字本身采取的便利其使用的措施。如现在所说的民族文字的标准化、规范化和信息化。如此界定，就能够把语言文字发展权和其他权项区别开来。

随着历史车轮的前进和时代的发展，少数民族的语言文字也处于变化和发展的过程中。语言在不断的发展变化，但文字作为一定历史时期、一定历史条件下人的创造物，一经创造出来，便具有高度的稳定性和规范性，个人的言语具有个人的个性特征，但一个社会中不可能每个人使用一种文字。这样，语言的发展变化性和文字的稳定性、规范性之间就产生了矛盾。在这对矛盾中，语言的发展变化性始终是主要方面。于是文字的改革、改进甚或创制成为必然。文字在其使用的过程中，在不同群体之间可能发生变异，为便利不同群体之间的文字交流，需要对文字进行标准化和规范化。在当今信息时代，产生了对文字信息化的要求，即通过一定的技术使文字在互联网输入和输出。

赋予少数民族语言文字发展权，是使少数民族跟上时代潮流，在融入全球化的过程共享世界文明成果的同时又不至丧失其民族性的内在要求。

（五）语言文字媒体权

语言文字媒体权，是指少数民族及其成员创办和维持使用本民族语言文字的媒体的权益。

一般的说，在一个多民族的主权国家，主体民族语言（官方语言）所拥有的信息量（即传统文化遗产和现代科学财富的多少）优于少数民族语言，使用人口较多，分布地域较广。主体民族使用母语（官方语言）普及教育的程度和文化水平较少数民族使用本民族语普及教育的程度和文化水平为高。传播媒体也主要使用主体民族语言（官方语言）。因此，主体民族语言（官方语言）的表达功能彰显。而少数民族语言由于在信息拥有量、语言覆盖面、人均占有信息量指数和语言传播渠道等方面的劣势，其表达功能有萎缩的趋势，面临着丧失的危险。这就是所谓的"母语危机"。

赋予少数民族及其成员创办和维持使用本民族语言文字的媒体的权益，是解决其母语危机的一个重要途径。通过本族语的广播、电影、电视、网络、书刊、报纸等媒体，不但可以弘扬本民族独特的优秀文化，还可以巩固本族语的阵地，避免其边缘化。在法律上如何设计和规范少数民族语言文字媒体权，还是一个有待进一步探讨的问题。加拿大、澳大利亚等国家多元文化主义方面的实践，有一定的借鉴价值。

（六）语言文字教育权

语言文字教育权，是指少数民族成员获得和接受本民族语言文字的教育，创办和维持本族语言文字教育机构的权益。

在教育领域，少数民族有权在国家法律框架内，兴办自己的民族学校，教授本民族语言文字并用本民族的语言讲课；少数民族儿童享有学习本民族语言的权益。少数民族学校并不因其民族性质而受国家公权力机关的歧视；相反，为维护和推进文化多样性，也为了补偿少数民族在历史上遭遇的不平等，国家在发展少数民族教育方面负有特别的义务，国家财政应对少数民族教育给予适当的支持。

赋予少数民族语言文字教育权，是解决母语危机的又一个有效措施。在世界历史上，殖民者或统治民族欲同化其他民族，语言、文字的同化也许是最经常采用的手段，也是最有效的手段。它可以不流血地、静悄悄地进行，因此它的同化效果要超过军事手段。南北战争结束后，格兰特政府时期至20世纪20年代末柯立芝政府时期，美国对印第安人推行的政策主要体现为“唯英语教育”的印第安语言政策，美国的印第安政策从武力镇压转变到文化围剿，印第安教育成为美国政府解决印第安人问题的主要途径。在美国政府看来，英语取代印第安语是印第安教育的关键，也是解决印第安人问题的关键。政府推行强制性的“唯英语教育”政策，集中体现这一政策执行过程和情况的是19世纪70年代兴起的印第安寄宿学校（包括走读学校和公立学校）的封闭式教育[①]。20世纪至今美国印第安语言政策多有反复，其中也不乏开明的举措（如1968年《双语教育法》、1990年《美国土著语言法》），但印第安学校的封闭式“唯英语教育”直接破坏了印第安语言的心理基础，构成了语言传承断层，致使作为印第安传统文化传承和民族生存的基础的印第安语言走上了衰亡的不归

① 蔡永良：《语言·教育·同化：美国印第安语言政策研究》，第354－355页，北京，中国社会科学出版社，2003年版。

之路[①]。根据印第安语研究专家的估计，欧洲白人来到北美洲之前，分布在那里的印第安语不下300种，有的甚至认为有500种左右，但是到了20世纪下半叶，幸存者大约也只有一半，而且这一半也会在不远的将来灭亡[②]。

母语教育是普及教育，发展教育事业，繁荣民族文化的关键。之所以如此，是因为母语表达的思维习惯及母语存在的文化环境，是人们所熟悉的，这对于少数民族接受本民族传统文化，学习新的科学文化知识，都是最适宜的。它对少数民族的智力开发有着不可替代的作用[③]。多年来，许多民族地区通过试验证明，使用民族文字能更好地开发民族智力，较快地提高民族文化素质[④]。当然，少数民族语言文字的局限性也绝不可忽视。从目前来看，少数民族学生达到一定的母语水平之后，要接受双语教育，这是少数民族走向现代化的必由之路。

（七）语言文字自治权

语言文字自治权，是指民族自治地方自治机关依法决定其执行职务的工作语言文字的权益。

根据中国宪法和《民族区域自治法》，民族自治地方的自治机关既是国家的一级地方政权机关，行使《宪法》第三章第五节规定的地方国家机关的职权，同时又是民族的区域自治机关，依照《宪法》和《民族区域自治法》以及其他法律规定的权限

① 蔡永良：《语言·教育·同化：美国印第安语言政策研究》，第357页，北京，中国社会科学出版社，2003年版。

② 蔡永良：《语言·教育·同化：美国印第安语言政策研究》，第279页，北京，中国社会科学出版社，2003年版。

③ 张公瑾、丁石庆主编：《文化语言学教程》，第35页，北京，教育科学出版社，2004年版。

④ 国家民族委员会文化司、中国社会科学院民族研究所主编：《中国少数民族语言文字使用和发展问题》，第2页，北京，中国藏学出版社，1993年版。

行使自治权，根据本地方实际情况贯彻执行国家的法律、政策。少数民族语言文字自治权是自治机关自治权的重要组成部分，其法律依据是《宪法》第121条和《民族区域自治法》第21条。

《宪法》第121条："民族自治地方的自治机关在执行职务的时候，依照本民族自治地方自治条例的规定，使用当地通用的一种或者几种语言文字。"

《民族区域自治法》第21条的规定更具体："民族自治地方的自治机关在执行职务的时候，依照本民族自治地方自治条例的规定，使用当地通用的一种或者几种语言文字。同时使用几种通用的语言文字执行职务的，可以以实行区域自治的民族的语言文字为主。"

欲准确把握语言文字自治权的内涵，如下几方面应予明确：

一是语言文字自治权的主体是民族自治地方的自治机关。民族自治地方的自治机关是民族自治地方的人民代表大会和人民政府。人民政府工作部门，如民政、公安、工商行政、税务、司法行政等隶属于人民政府，从法理上解释，其公务语言应和人民政府相同。

二是自治机关使用何种语言作为执行职务的工作语言由该自治地方自治条例规定。本地方自治条例是自治机关确定职务语言的直接法律依据。

三是自治条例所规定的自治机关工作语言文字可以是当地通用的一种语言文字，也可以是当地通用的几种语言文字。自治机关根据自治条例同时使用几种通用的语言文字执行职务的，可以以实行区域自治的民族的语言文字为主。如本书开头部分所述，各个民族自治地方语言文字使用状况不同，其权力机关在制定自治条例时只能因地制宜作出选择。

四是语言文字自治权的行使只限于自治机关执行职务时，从事非执行职务的活动和行为时其不享有语言文字自治权。

对自治机关的语言文字自治权的性质，我们有以下两点看法：

第一，自治机关以其作为国家的地方一级政权机关的身份和资格，是当地的公权力机关和治理主体。由于当地具有较高的民族聚居度，职务活动如果不用当地通用的语言，作为治理对象的民众将不明国家的意志，谈何服从该意志？从这个角度来说，自治机关的语言文字自治权是一种职责。

第二，自治机关作为民族的区域自治机关，也体现自治民族的情感和意志。使用当地通用的语言（大多为自治民族语言）体现了对自治民族的语言、文化的尊重，自治民族对自己的语言、文化更加有了自豪感，也为自治民族的文化提供了一个弘扬的空间。从这个角度来说，自治机关的语言文字自治权又是自治民族的一种权益。当然，这种权益要通过自治机关来行使。

在当代，“宪政”、“民主”已成为国家政治生活中主导性话语。中央和地方关系的民主是国家民主政治建设的不可分割的内容。民族区域自治作为当代中国基本政治制度之一，其蕴涵的理念和价值对世界其他多民族国家具有普适的意义①。语言文字自治权的制度设计，在其他多民族国家实行涉及一定民族因素的地方自治时，有相当的参考和借鉴价值。

二、少数民族语言文字权益的特征

少数民族语言文字权益的特征可作如下概括：

1. 少数民族语言文字权益既是少数民族成员个人的权益，又是少数民族群体的集体权益。

现代法学深受传统政治哲学自由主义和个人主义的影响，在价值理念上，强调个人的权益和自由；在法学方法上，也是以个

---

① 陈云生：《宪法人类学》，第792页，北京，北京大学出版社，2005年版。

人为本位的，即赋予个人（社会组织也比拟做“人”，即“法人”）以权益，并让其承担义务，在其违背义务的条件下课之以法律责任。这种法律方法暗含着一个前提，那就是主权国家居民的同质性。但在一个多民族、多文化的国家，这样的前提显然不存在。这是需要对不同于主体居民的其他居民群体及其成员的地位加以特别的法律规范的重要原因。当代国家在调整民族关系上所采取的立法措施是这种努力的一部分，不但赋予个人，而且也赋予民族群体特别的权益。少数民族根据其特征和认同区别于主体民族，其权益既是少数民族成员的个人权益，又是少数民族群体的群体权益。少数民族语言文字权益的这种性质尤其突出。作为少数民族的成员，当然有使用本民族语言的权益，但是，语言文字本身就具有群体性质，如果少数民族群体没有使用本民族语言文字的权益，赋予这个群体中的个人以这种权益没有任何实际意义。皮之不存，毛将焉附？当然，关于少数民族作为权益主体是一个有待深入思考的问题。依循传统法学的思路，法律上的主体是自然人和组织（包括法人和其他组织），少数民族欲作为权益主体必须经过组织化的过程。本书对此不作深入讨论①。

2. 国家是少数民族语言文字权益的第一义务人，即少数民族语言文字权益主要是对国家的权益。

传统的民主政治忽视社会群体差异和认同，国家政权的组织和实现未能摆脱民族性的羁绊，因而难以达到文化上的中立②。一个国家政权在其组织和运行的过程中不可能不受到某种程度的占社会主宰性地位的民族文化的影响，国家的民族性构成了现存

① 关于该问题，周勇关于实现少数人群体的代表权益的困难的讨论可资参考，参见周勇：《少数人权利的法理》，第32—33页，北京，社会科学文献出版社，2002年版。

② 周勇：《少数人权利的法理》，第21页，北京，社会科学文献出版社，2002年版。

民主模式的新挑战①。国家若要把少数民族真正地整合进政治结构当中，就应对其特性和认同加以承认和保护。国家理所当然地成为民族权益的第一义务人，是民族权益最为重要的义务人。国家有义务利用立法和行政手段，动用适当的资源去实现少数民族的权益。就少数民族语言文字权益来说，上面所列权项主要是针对国家的。

第二节 保障少数民族语言文字权益的意义

一、世界和中国民族语言文字概况及所面临的形势

当前，由于调查资料的不完整和调查范围的局限以及分类标准的不统一，关于世界上有多少种民族和多少种语言文字都是见仁见智的问题。对于前一个问题，我们见到的最保守的数字是世界有2200多个民族。对于后一个问题，据有关资料介绍，世界上被承认为独立的语言有4200多种，非独立的语言有1400多种。伦敦应用科学公司出版的《语言与语言学词典》在“使用者在100万人以上的语言一览表”中，列了2000多种，这应当是一个比较可靠的数字。使用者在100万人以下的语言依我们的常识和经验，应该更多。依此推算，世界语言至少在4000种以上。多数人估计在6000种以上。

在中国，经过20世纪50年代的语言普查、民族社会历史调查和民族识别工作，到1979年6月，才确定了当今以汉族为主体的56个民族的民族结构。根据《中国大百科全书》民族卷，

① 周勇：《少数人权利的法理》，第25页，北京，社会科学文献出版社，2002年版。

中国少数民族语言有63种。中国少数民族的语言使用情况十分复杂。主要有以下几种情况：1. 有的全民族通用汉语，如回族。2. 有的民族在不同地区使用两种或两种以上的语言。如藏族除了使用藏语外，四川的10多万藏族使用本民族的另一种语言——嘉戎语。在裕固族中，东部裕固族人使用恩格尔语，西部裕固族人使用尧呼尔语。景颇族、瑶族、高山族也属于这种情况。3. 有的少数民族有自己的语言，但其绝大多数成员皆操汉语。如满族、畲族、赫哲族。4. 有的少数民族本民族语仍在本民族大部分成员中使用，但已有一部分人改用另一种语言。大部分少数民族中都有一部分人因与汉族杂居或生活在汉族地区，只会汉语而不会讲本民族语言。也有改用其他民族语的，如部分德昂族改用傣语。

在文字方面，解放前有蒙古族、藏族、维吾尔族、朝鲜族、景颇族等17个民族有自己的文字。解放后，根据少数民族的意愿和要求，国家帮助12个民族创制了16种拉丁字母的新文字。现行的少数民族文字共有27种①。

在人类历史的长河中，语言文字的历程如同民族本身一样，随着民族的接触和交流，一些民族的语言文字因民族同化和民族融合而悄无声息地消亡。在当代，由于交通、通讯的发达和全球一体化，越来越多的民族语言文字使用人数越来越少，使用范围越来越小，步入了濒危语言的行列。联合国前秘书长加利曾感慨道："也许大家并不都知道，每两个星期就会有一种语言从世界上消失。随着这一语言的消失，与之相关的传统、创造、思维、历史和文化也都不复存在。"② 一种语言的消亡意味着一个民族

① 《国家法规数据库》，国家信息中心2002年。

② 转引自罗扬：《民族民间文化的处境和决策》，载《文化论坛》，2004年第4期，第56页。

文化的消亡，也意味着人类失去了一种适应环境的经验和能力。犹如生物多样性一样，人类语言、文化的多样性是人类的宝贵财富。如何在法律上保障少数民族语言文字权益，发展其文化，推进语言、文化的多样性，是每一个多民族国家面临的重要课题。

本章试图探讨少数民族语言文字权益保障问题，也是我们把法律的精确调整方法引入民族法的初步尝试。

二、保护少数民族语言文字权益的重大意义

目前，世界各个多民族构成的国家，大多要明确国内各民族的语言文字在宪法上的地位。一些国际法文件也对少数民族在语言文字方面的权益做出了规定。语言文字权益涉及民族生活的各个领域，从物质生活到精神生活，从逻辑思维到社会交往，从文化的历史记忆到文化的现实创造，都离不开语言。就一个社会中的绝大部分人口来说，语言并非是可以随意选择的，一个人对他的母语的熟练程度超过其他后来习得的语言。而且，一定的语言和一定的民族相联系，语言构成民族的特征之一，因此，民族认同感驱使人们对本民族语言文字倍加珍惜。具体地说，保护少数民族语言文字的重大意义主要表现在以下几个方面：

第一，语言文字是社会交往、表达思维和沟通情感的最基本的工具。社会交往是人们之间的相互作用、相互影响的活动。从实质内容上看，有合作、竞争、冲突、顺应等多种类型。无论何种类型的社会交往，都必须以语言文字作为交往的媒介和主体表达思维、沟通情感的工具。没有语言文字，交往也就无法进行，物质文化、规范文化、精神文化都无法创造，社会也无由构成。在现代国家，由于经济生活、政治（行政）生活、文化生活的一体化，主体民族的语言文字处于强势的地位，若不保障少数民族使用和发展本民族语言文字的权益，他们必然在社会交往活动中处于不利的地位。在语言文字是社会交往、表达思维和沟通情

感的最基本的工具这个意义上，语言文字权益具有基本权益的性质，对于少数民族成员来说，使用他们自己的语言文字对于他们享有基本权和自由至关重要。

第二，语言是民族认同的重要因素。语言是构成民族的第一特征，是区别民族的最显著的标志之一。一般说来，一种语言是与操该语言的人联系在一起的，不同的民族有不同的语言。语言是民族的重要分界。因此，在一定意义上，语言代表着民族。语言关乎民族的集体意识和集体无意识。随着现代交通手段和通讯技术的发达，少数民族散居化趋势加快，循着语言发展变化的客观规律，少数民族语言的使用范围和使用频率总体上缩小和弱化了。少数民族同胞，尤其是他们的上层人士对此表现了相当的忧虑。在法律上保障少数民族语言文字权益，是保障少数民族权益工作不可或缺的组成部分。现在我们要建设和谐社会，就要更强调建设和谐的民族关系。这就要求我们进一步重视作为少数民族认同要素的少数民族语言，保障少数民族语言文字权益。

第三，语言文字是记录文化的特殊系统，是文化的载体，并对文化的构建、传播和传承起着至关重要的作用。语言虽是文化的组成部分，但与文化的其他部分相比，具有其特殊性。文化的其他部分，如服饰、饮食等，首先是反映该生活领域本身，而语言则贯穿和渗透于所有的生活领域，离开语言就无文化。人们不可能生活在一个“万众齐喑”的世界里。文化的构建、传播和传承都离不开语言。语言使人们的信息联络日益发达，使知识积累变得日益容易，使记忆力和思维能力日益发达。因之，人类的文化呈现出加速度式的发展。德国语言学家魏斯格贝尔（Weisgerber）曾说：“应该把语言作为形成文化的力量来研究。因为正是语言，是创造人类文化的必要条件，并且是形成文化成果的参与者。"[①] 民族文化在空间维度上的传播和在时间维度上的传承，离开语言文字不可想象。

在当今世界，文化多样化业已成为人们的共识。提倡民族平等，实现各民族共同繁荣，就应尊重少数民族文化，推进文化多样化。为此，也应保障少数民族的语言文字权益。

三、侵害少数民族语言文字权益的行为

社会生活须臾离不开语言（文字），它的使用领域的无限广阔性决定了对侵害少数民族语言文字权益的各种行为穷尽列举，并进行互相排斥性的类型化的尝试几乎是不可能成功的。唯其如此，做这方面的努力才显得有意义。我们无意去穷尽各种侵害少数民族语言文字权益的行为，在此只能举其要者。

（一）基于少数民族语言的各种歧视

1966 年联合国《消除一切形式种族歧视国际公约》第 1 条对"种族歧视"的界定是："基于种族、肤色、世系或原属国或民族本源之任何区别、排斥、限制或优惠，其目的或效果为取消或损害政治、经济、社会、文化或公共生活任何其他方面人权及基本自由在平等地位上之承认、享有或行使。"根据该国际权威性定义，我们可把"少数民族语言歧视"界定为"基于少数民族语言之任何区别、排斥、限制或优惠，其目的或效果为取消或损害政治、经济、社会、文化或公共生活任何其他方面人权及基本自由在平等地位上之承认、享有或行使"。少数民族语言歧视主要存在于就业、教育、公共服务和商业服务等领域。政府机构和私人都可以成为这种侵权行为的主体。

（二）少数民族语言文字同化

① 转引自邢福义主编：《文化语言学》，第 216 页，武汉，武汉教育出版社，1990 年版。

少数民族语言文字的同化即有计划地用本民族（主体民族）语言文字代替少数民族语言文字，在少数民族中有意识地推广本民族的语言文字，其目的或效果是使少数民族语言文字在该少数民族中失去职能，而使该少数民族的成员改用同化民族（主体民族）的语言文字的行为。通常，语言文字同化行为的主体是政府，不过，社会中的一些机构和个人可能配合政府的行动直接实施同化行为。客观上表现为采取各种措施，致使少数民族语言的使用受到限制或排斥，少数民族成员被迫改用非母语语言。在主观要素方面，虽然历史上发生的同化行为往往是有目的的，但为免除受害方（少数民族及其成员）的举证负担，应认为任何政策和做法只要有排斥或限制少数民族语言文字使用的实际效果或产生这种效果的可能构成语言同化。

此外，在教育方面，如禁止学校教授少数民族语言文字，强制性规定少数民族的儿童到教授官方语言（主体民族语言）的学校就读，在公共财政上给予官方语言（国语或主体民族语言）学校特别优惠待遇，而忽视同等性质的少数民族语言学校等等。这种行为的主体通常是政府和公共机构。

（三）国家机关及其工作人员执行职务时语言文字侵权行为

1. 应使用而未使用少数民族语言

如根据中国民族区域自治法，当民族自治地方的自治机关工作人员根据自治条例的规定，执行职务时应使用自治民族的语言而未使用的，具有违法性。

2. 相对人使用而不予承认或不提供翻译服务

在行政管理或司法活动中，当作为少数民族成员的相对人不通晓汉语或其他公共机关用语时，应为其提供翻译，否则构成对相对人（少数民族成员）语言文字权益的侵害。

（四）限制或取缔少数民族语言文字媒体

如基于少数民族文字本身的原因，不予批准成立少数民族语言文字传媒机构的申请，公共财政对该类媒体的歧视，不合理地限制少数民族语言文字在媒体中使用的时间和空间等。这类行为的主体主要是政府。

需要指出的是，以上各种侵害少数民族语言文字权益的行为可能是交叉和包含的关系，如语言同化行为一般就包含唯国语或官方语言教育。

第三节 少数民族语言文字权益的保障

一、有关少数民族语言文字权益的国际文件

第二次世界大战给人类带来了空前的灾难，也给予了人类惨痛的教训。战后，包括少数民族权益在内的人权保障普遍受到关注，许多国际法文献都涉及少数民族语言文字权益问题。

在全球性国际法文献方面，联合国自成立之始，就关注语言方面的平等权。1945 年《联合国宪章》第 1 条第 3 款规定："……不分种族、性别、语言或宗教，增进并激励对于全体人类之人权及基本自由的尊重。"《联合国宪章》第 55 条（寅）款也规定："全体人类之人权和基本自由之普遍尊重与遵守，不分种族、性别、语言或宗教。"这是全球性国际法文献首次关注语言平等权问题。

1948 年 12 月 10 日联合国大会通过的《世界人权宣言》第 21 条第 1 款规定："基于此宣言的发表，任何人都有完全的权益与自由，且不因任何因素而有所区别，包括种族、肤色、性别、语言、宗教、政治或其他主张、民族或社会出身、财产和其他地位。"

1966 年 12 月 10 日通过的《公民权益与政治权益国际公约》

第2条第1款规定："本公约每一缔约国承担尊重和保证在其领土内和受管辖的一切个人享有本公约所承认的权益，不分种族、肤色、性别、语言、宗教、政治或其他见解、国籍或社会出身、财产、出生或其他身份等任何区别。"第14条第3款："在判定对他提出的任何刑事指控时，人人完全平等地有资格享受以下的最低限度的保证：（甲）迅速以一种他懂得的语言详细地告知对他提出的指控的性质和原因……（己）如他不懂或不会说法庭上所用的语言，能免费获得译员的援助……"第26条规定："所有的人在法律面前平等，并有权受法律的平等保护，无所歧视。在这方面，法律应禁止任何歧视并保证所有的人得到平等的和有效的保护，以免受基于种族、肤色、性别、语言、宗教、政治或其他见解、国籍或社会出身、财产，出生或其他身份等任何理由的歧视。"第27条规定："在那些存在着人种的、宗教的或语言的少数人的国家中，不得否认这种少数人同他们的集团中的其他成员共同享有自己的文化，信奉和实行自己的宗教或使用自己的语言的权益。"

1957年6月16日签署的《国际劳工组织第107号协定》主张保障原住民与部落及半部落人口在独立国家中的地位。其第23条第1款："隶属于原住民的儿童应被教育读与写其母语；该目标如果不可行，这个语言必须要能普遍地应用于其所属社群。"第2款："应规定必须采取积极措施使母语或是方言转换成国家语言或是官方语言。"第3款："必须尽可能采取适当的措施去保存母语或方言。"第26条第1款："在原住民人口所一致关怀的社会文化方面，政府必须采取措施使其能了解应负担的权益与义务，特别是在劳工与社会福利方面。"第2款："如有必要，得经由书写、翻译和使用该原住民人口语言之大众传播媒体的方式公告周知。"《国际劳工组织第107号协定》于1991年9月5日终止效力，由《国际劳工组织第169号协定》（1989年6月27日通过）取代之。

《国际劳工组织第169号协定》第28条第1款："属于原住民的儿童，在尽可能的情形下，应被教育读与写母语……"第2款："应采取适当的措施确保这些原住民能有机会流利地使用这些国家的国家语言或官方语言。"第3款："应采取措施保存和发展原住民的语言。"

1960年12月14日通过，1962年5月22日生效的《联合国教科文组织反歧视教育协定》，是国际上第一个明确规定关于少数民族权益条款的公约。第2条："在国家允许的情况下，下列情形不应被视为构成本协定第1条意义上的歧视……（第1项）因宗教或语言原因，建立和维持隔离教育系统或机构提供教育，其目的是符合小学生家长或法定监护人的期许，如果参加这样的机构是自由选择的，并且所提供的教育符合主管当局规定或批准的标准，尤其是同一层次的教育的标准。"第5（1）条："协定各当事国一致同意……承认少数民族成员从事其教育活动的权益的重要性，包括保有学校，根据国家教育政策在教学中使用他们自己的语言，但是A. 该权益并非是去阻止少数民族成员了解这个社会的文化和语言，或是参与其活动，或对国家主权存有偏见。B. 这些机构的教育标准不得低于主管当局规定或批准的一般学校的标准。C. 到这样的学校就读可以任意选择。"

联合国大会于1992年12月18日通过了《关于民族或种族、宗教或语言上属于少数的人的权益宣言》。根据一般的理解，"少数人"首先就是指少数民族。

其第1条规定："各国应在各自的领土内保护少数人的存在及其民族或种族、文化、宗教和语言上的特性并鼓励有助于该特性的条件"，"为实现这些目的，各国应采取适当的立法和其他措施。"第4条规定："各国应采取措施创造有利条件，使属于少数的人能够表达其特征，发扬其文化、语言、宗教、传统和风俗，但违反国家法律和不适合国际标准的特殊习俗除外"，"各国应采取适当措施，在可能的情况下使属于少数的人有充分的机会学习其母语或以其母语接受教育"，"各国应根据情况，在教育领域采取措施，鼓励对其领土内的少数人的历史传统、语言和文化的了解。属于少数的人应有充分机会获得对整个社会的了解。"

在地区性文件方面，有《欧洲区域性或少数人语言宪章》，1992 年 11 月 5 日于斯特拉斯堡通过。为当时欧洲理事会之签字国之间的国际法文件。前言部分声明：保护欧洲地区性或少数族群语言，有助于维持和发展欧洲的文化财富和传统；在私人和公共生活中使用地区性或少数族群语言是一项不可剥夺的权益；对于地区性或少数族群语言的保护和鼓励不应为了学习官方语言的需要而受到破坏。该宪章第二部分规定了保护欧洲区域性或少数人语言的各种措施，即各方在教育、司法当局、行政当局和公共服务、媒体、文化活动和设施、经济和社会生活、跨境交流等方面采取各种措施促进欧洲区域性或少数人语言的使用。

《欧洲保护少数民族框架公约》，1994 年 11 月 10 日经部长会议通过，1995 年 2 月 1 日开放签署，1998 年 2 月 1 日生效。截至 1999 年 3 月 30 日，已有 24 个会员国和一个非会员国（阿尔巴尼亚）批准。其中有关语言的条款是第 5 条第 1 款、第 6 条第 1、第 2 款，第 9 条第 1 款，第 10 条第 1、第 2、第 3 款，第 11 条第 1、第 2、第 3 款，第 12 条第 1 款，第 14 条第 1、第 2、第 3 款，第 17 条第 1 款。在此不列出其具体内容。

1998 年族群关系基金会发起制定了《关于少数民族语言权益的奥斯陆建议书》。该基金会是 1993 年建立的非政府组织，从事支持下文提到的 HCNM 的专门活动。在 1992 年 7 月《赫尔辛基决议》中，欧洲安全与合作组织（OSCE）设立了少数族群高级特派员（Higher Commissioner of National Minority，HCNM）职位，作为事先预防冲突的机制。作此委任是为了因应前南斯拉夫的局势，一些人害怕它会在欧洲其他地区，尤其是正向民主体制过渡的国家重演，破坏1990年各国政府和领导人之间达成的《新欧洲巴黎宪章》所设想的和平与繁荣前景。该建议书试图以质朴的语言说明适用于HCNM介入的情形下少数民族语言权益的内容。

国际非政府组织通过的文件虽无法律约束力，但对有关国际政府间组织（如联合国）和有关国家施加了相当的压力。在少数民族语言文字权益方面，《世界语言权宣言》影响也比较大。该宣言的成立是由数个组织（国际笔会的翻译及语言权委员会和爱斯卡雷国际少数民族中心）委托50位专家所组成的协会的努力结果，并在1996年6月6日于西班牙巴塞罗那，经来自90个不同国家、数百个非政府组织及国际笔会中心的220位代表共同认可。该宣言同时可在爱斯卡雷国际少数民族中心的网站找到西班牙语、法语和加泰隆尼亚语的版本。

综观有关少数民族语言文字权益的全球性和地区性国际法文献，对少数民族语言文字权益的保护主要有两种模式：一是在保护其他基本权和自由的条款中规定这些基本权和自由的享有不因语言而受到影响，即通过基本权和自由的平等、不歧视原则间接地保护少数民族语言文字权益，如上述《联合国宪章》第1条第3款、第55条（寅）款，《世界人权宣言》第21条第1款、《公民权益与政治权益国际公约》第2条第1款属于这种情况。二是在少数民族语言权益的国际法专门文献中直接规定少数民族在语言文字方面享有的权益，采用直接保护的方式。如上述《国际劳工组织第169号协定》第28条，《欧洲区域性或少数人语言宪章》就属于这种模式。

二、国家对少数民族语言文字权益的保障措施

如上文所述，国家是少数民族权益的第一义务人，因此国家对少数民族语言文字权益的保障首先表现为对自己的约束，以弥补国家的民族性对少数民族的特性和认同的有意或无意的忽视所产生的弊害。在中国《民族区域自治法》以及国务院《实施〈民族区域自治法〉若干规定》等法律、法规中，我们看到的规范多是国家（或公权力机关）对自己的约束或对少数民族的承诺，原因就在于此。学者多苛责这些民族法文件立法语言太原则甚或粗糙，这是以传统法律理论和方法看民族法的缘故，未完全意识到传统部门法如《民法》、《刑法》、《诉讼法》等直接规制国民，而调整民族之间关系的法律直接规制国家的实质。循着这样的思路，学者们还要求在调整民族关系的法律中规定具体的法律责任。试问：在调整民族关系的法律首先规制国家的情况下，对国家规定刑事责任、行政责任还是民事责任？国家最可能的法律责任是违宪责任。当然，国家为了履行自己的保护少数民族的职责，必要时可通过法律课国民以义务，这时刑事责任、行政责任或民事责任就可以派上用场了。不但中国《民族区域自治法》以及国务院《实施〈民族区域自治法〉若干规定》等民族法文件是如此，俄罗斯联邦《民族文化自治法》（1996 年）和《加拿大多元文化主义法》（即 1988 年 C－93 法案）也有这样的倾向。少数民族作为特殊群体所具有的权益首先都是针对国家的。

国家保障少数民族语言文字权益的首要措施是在宪法和法律中明确少数民族语言文字的地位。当代世界各国宪法中大都有关于语言的条款。各国宪法对语言问题的关怀角度各不相同，有明定国语，于平等条款中涵盖语言平等，少数族群与原住民保障条款，特殊语言保障条款（含母语），母语教育，传播媒体使用语

言等各种立法例[①]。其核心是何种民族语言（或前宗主国语言）为官方语言（国语），国内各民族语言文字的地位如何。语言文字单行法或其他有关法律还会根据宪法的原则规定进行具体的规范，如中国《国家通用语言文字法》、《民族区域自治法》和几部诉讼法。采取立法措施保障少数民族语言文字权益主要有两方面的作用：一是限制国家在语言文字方面不利于少数民族的行为；二是确立并赋予少数民族在该领域的相关权益。二者一体两面，相辅相成。

国家保障少数民族语言文字权益的第二个环节是法律的执行，即行政措施，如财政资金的投入和倾斜，有关机构的建立和少数民族语言人才的培养；有关政府机关直接以少数民族语言为职务语言等。

最后，在司法方面，不但要确保少数民族公民用本民族语言文字进行诉讼的权益，还要以司法制裁侵害少数民族语言文字权益的行为，给予少数民族以语言文字权益方面的司法救济权。如根据中国《刑事诉讼法》第9条，各民族公民都有用本民族语言文字进行诉讼的权益。人民法院、人民检察院和公安机关对于不通晓当地通用的语言文字的诉讼参与人，应当为他们翻译。如果一审法院审判中不为不通晓当地通用语言文字的被告人提供翻译，应当属于第191条第5项“其他违反法律规定的诉讼程序，可能影响公正审判的”的情形，二审法院应当裁定撤销原判，发回一审法院重审。

一些涉及少数民族权益的国际法文件要求有关国家设立专员（ombudsman）或者人权委员会（human right commission）作为国家的独立机构，作为普通司法救济途径之外解决少数民族权益纠

① ［台］施正锋：《语言文字法典》，第8－10页，台北，前卫出版社，2002年版。

纷的国内手段。

总之，少数民族语言文字权益问题在国际法和国际社会也是一个重要的问题，不仅联合国及其相关机构予以重视，区域国家集团也予以关注，有关国际非政府组织更是为它摇旗呐喊。目前，联合国和国际社会还未通过一个对各国有普遍约束力的关于少数民族语言文字权益问题的专门性规约。但随着全球化的推进，人们在物质生活趋同化的同时，精神生活更加多样化，文化多样性的价值获得越来越广泛的共识，语言文字权益问题也将会获得越来越广泛的关注。

三、中国对少数民族语言文字权益的法律保障

在中国现阶段，少数民族语言文字权益受到了国家切实的保障，国家在立法、行政和司法方面皆采取了保障少数民族语言文字权益的措施，成效显著。

（一）立法措施

中国除了参加有关国际公约（如 1966 年联合国《公民权益和政治权益国际公约》、《经济、社会和文化权益国际公约》）承担保障少数民族语言文字权益外，国内法上也初步建立了少数民族语言文字权益保障制度。

现行《宪法》于总纲第 4 条第 4 款原则性地规定：“各民族都有使用和发展自己的语言文字的自由……”第 121 条规定：“民族自治地方的自治机关在执行职务的时候，依照本民族自治地方自治条例的规定，使用当地通用的一种或几种语言文字。”

《全国人民代表大会组织法》第 19 条：全国人民代表大会举行会议的时候，应当为少数民族代表准备必要的翻译。

《全国人民代表大会和地方各级人民代表大会代表法》（1992 年）第 38 条：为了便于代表执行代表职务，有关部门应当在语言文字、生活习惯等方面给予必要的帮助和照顾。

《人民法院组织法》第6条："各民族公民都有用本民族语言文字进行诉讼的权益。人民法院对于不通晓当地通用的语言文字的当事人，应当为他们翻译。在少数民族聚居或者多民族杂居的地区，人民法院应当用当地通用的语言文字进行审讯，用当地通用的文字发布判决书、布告或其他文件。"《刑事诉讼法》（1996年）第6条、《民事诉讼法》（1991年）第11条、《民事诉讼法》（1990年）第8条都重申或贯彻了《人民法院组织法》第6条的精神。

《民族区域自治法》（2001年修订）第21条，第36条，第37条第3、第4款，第38条，第47条，第49条和第53条也是有关少数民族语言文字问题的。根据这些条文，民族自治地方的自治机关在执行职务的时候，依照本民族自治地方自治条例的规定，使用当地通用的一种或几种语言文字，同时使用几种通用的语言文字执行职务的，可以以实行区域自治的民族的语言文字为主。根据国家的教育方针，自治机关可以依照法律的规定决定本地方的教学内容和教学用语；招收少数民族为主的学校（班级）和其他教育机构，有条件的应当采用少数民族语言文字的课本，并用少数民族语言讲课，根据情况从小学低年级或者高年级起开设汉语文课程，推广全国通用的普通话和规范汉字；各级人民政府在财政方面扶持少数民族文字的教材和出版物的编译和出版工作。自治机关自主地发展具有民族形式和民族特点的文学、艺术、新闻、出版、广播、电影、电视等民族文化事业，加大对文化事业的投入，加强文化设施建设，加快各项文化事业的发展；自治机关组织、支持有关单位和部门收集、整理、翻译和出版民族历史文化书籍，保护民族的名胜古迹、珍贵文物和其他重要历史文化遗产，继承和发展优秀的民族传统文化。民族自治地方的自治机关教育各民族的干部和群众互相信任，互相学习，互相帮助，互相尊重语言文字、风俗习惯和宗教信仰，共同维护国家的统一和各民族的团结。

根据《著作权法》（2001 年修正）第 22 条第 1 款第 11 项，将中国公民、法人或者其他组织已经发表的以汉语言文字创作的作品翻译成少数民族语言文字作品在国内出版发行的，可以不经著作权人许可，不向其支付报酬，但应当指明作者姓名、作品名称，并且不得侵犯著作权人依法享有的其他权益。

此外，行政法规和部门规章、地方性法规也规定了少数民族语言权益。

国务院《实施〈民族区域自治法〉若干规定》（2005 年）第 22 条规定，国家扶持少数民族语言文字的规范化、标准化和信息处理工作。

1987 年，西藏自治区制定了《西藏自治区学习、使用和发展藏语文的若干规定（试行）》。2002 年 5 月该规定被《西藏自治区学习、使用和发展藏语文的规定》取代。1993 年，新疆维吾尔自治区通过了《新疆维吾尔自治区语言文字工作条例》，2002 年修订。2004 年，内蒙古自治区通过了《内蒙古自治区语言文字工作条例》。其他许多自治地方也都制定了语言文字方面的单行条例，如四川凉山、青海果洛、海西、海北、海南，甘肃的天祝，吉林的延边等。

（二）行政执法

在行政方面，国家也为保障少数民族语言文字权益采取了一系列卓有成效的措施。

1. 民族语言文字普查

这是一项基础性的工作。1956 年，中央民族事务委员会和中国科学院联合组织少数民族语言文字调查工作队，开始对少数民族分布在 16 个省、自治区的少数民族语言文字进行调查，到 1959 年共调查了 42 个民族的语言。这次调查详细记录并分析了少数民族语言的特点和语言文字的历史渊源、使用情况、语言关系以及相关的人文背景，为后来对少数民族各个语言的结构系统描写和谱系分类打下了基础，为民族识别提供了重要依据，也为创制、改革、改进少数民族文字提供了科学依据。

2. 为少数民族创制、改革、改进文字

根据少数民族的意愿和要求，从20世纪50年代开始，政府先后帮助壮、布依、苗、彝、黎、纳西等12个少数民族创制了16种民族文字，改进了傣文、景颇文、拉祜文，改革维吾尔文和哈萨克文 。虽然后来一些少数民族改变了原来的选择，不再使用新创制的本民族文字，但政府的努力还是值得充分肯定的。

3. 建立健全机构，培养专业人才

国家建立了相当数量的民族出版社、民族电影制片厂、民族语文研究等机构，承担弘扬少数民族文化、发展少数民族语言的职能。此外，各个高等民族院校中设立的少数民族语言学院（系）对培养少数民族语言文字专门人才、发展少数民族语言文字也发挥了重大作用。

4. 民族语言传播媒体建设

经过近20年的研究，中国少数民族语言文字的信息化处理工作有了一定的发展，已有多种少数民族文字信息技术建立了国家标准，开发出应用软件，其中一部分民族语文软件已经实现产业化。几乎所有的少数民族文字都能进入电脑，而且大多数都能在Windows系统下运行。少数民族用户在网上免费下载部分系统软件即可浏览维吾尔文、朝鲜文、蒙古文网页，甚至在网上聊天，这些都可以使用民族文字操作。

在新闻、出版、广播、影视等领域，目前中国用17种少数民族文字出版近百种报纸，用11种少数民族文字出版73种杂志。中央人民广播电台和地方电台用21种少数民族语言进行广播，地、州、县电台或广播站使用当地语言广播的达20多种。用少数民族语言摄制的故事片达3410部（集）、译制各类影片达

10430 部（集）。到 1998 年，全国 36 家民族类出版社用 23 种民族文字出版各类图书 4100 多种，印数达 5300 多万册。

各民族自治地区都设有民族出版社或民族文字出版室，主要的新闻媒体，包括广播、电视、报纸、杂志等都有当地主要民族语言的版本、频道。边远地区的少数民族人民通过卫星转播节目，很容易收看到使用本民族语言播出的各种电视节目，而在内地学习、工作的边疆少数民族同胞也可以通过卫星频道收看家乡电视台的民族语言频道。

蒙古、藏、维吾尔、朝鲜、彝等少数民族文字已有编码字符集、字型、键盘的国家标准。蒙古、藏、维吾尔、朝鲜等少数民族文字软件已实现 Windows 系统上的运行和激光照排，出现了一批少数民族语种的网站。

5. 民族语文教育

国家从初等教育到高等教育都给予了民族语文足够的空间，使用民族文字的各个少数民族自治地区都开设有使用民族文字的民族小学、民族中学，或是在普通学校设有使用民族语授课的班级。使用民族文字的各民族自治地区都为民族学校编译出版大量的民族文字课本及参考书，保证教学之需。民族语文的高层次教育也得到了极大的重视，新中国建立以来是民族语文高层次人才培养和研究达到鼎盛的时期。全国数十所高等院校开设了本、专科民族语文专业，十几所院校还设有民族语文硕士点，中央民族大学、南开大学、内蒙古大学、延边大学、新疆大学、西北民族大学还设立了少数民族语言文学博士点，特别是中央民族大学的少数民族语言文学专业被确定为国家级重点学科以及“211 工程”重点建设学科、“985 工程”研究基地，建设目标是成为在国际上具有重要影响的少数民族语言文学人才培养和研究基地。民族语文高等教育的大发展为民族语文工作培养了大量高素质的人才，满足了社会各相关部门对民族语文专业人才的需求。

目前，全国共有1万多所学校开展双语教学，同时，还积极探索少数民族语文、汉语文、外语“三语”教学。国家设立了专门的民族文字教材专项补助经费，每年编译出版的少数民族文字教材多达3500多种①。

6. 民族语文在行政领域的运用

全国人民代表大会、中国人民政治协商会议全国委员会等历次重要会议，国家提供蒙古、藏、维吾尔、哈萨克、朝鲜、彝、壮等民族文字的文件，并为与会代表提供同声传译。在少数民族聚居区，各种重大会议和活动，一般都使用当地通用的一种或几种语言文字。民族自治地方自治机关执行职务、发布公文，都使用当地通用的民族文字。

中国人民币，除汉文外，还印有蒙古、藏、维吾尔、壮四种少数民族文字。

目前，设有中国民族语文翻译中心，负责翻译各种重要法律、文件和著作，包括蒙古、藏、维吾尔、哈萨克、朝鲜、彝、壮7个语种。不少民族地区也设立民族语文翻译机构，翻译中央和地方有关重要法规和政策文件。

7. 民族语文在社会公共场所和其他领域中的运用

在少数民族文字通行的少数民族聚居的地区，牌匾、路标、广告、标语一般使用汉语和当地通用的民族文字书写。在蒙古、藏、维吾尔、哈萨克、朝鲜等民族聚居区，少数民族使用的各种证件（如居民身份证）、证书，一般用汉文和本民族文字书写，而且是把少数民族文字写在前面或上面。

在少数民族聚居的地方，少数民族群众常用少数民族文字通讯、记事，医生用少数民族文字给懂得少数民族文字的患者开处方，等等。

① 《人权》，2003年第5期，第5页。

（三）司法措施

在少数民族地区，少数民族群众使用本民族语言文字进行诉讼，司法部门用当地通用的民族文字发布判决书、布告和其他文件。《民族区域自治法》中规定，民族自治地方的人民法院和人民检察院应当用当地通用的语言审理和检查案件，并合理配备通晓当地通用的少数民族语言文字的人员。对于不通晓当地通用的语言文字的诉讼参与人，应当为他们提供翻译。法律文书应当根据实际需要，使用当地通用的一种或几种文字。保障各民族公民都有使用本民族语言文字进行诉讼的权益。民族自治地方的自治机关教育和鼓励各民族的干部互相学习语言文字。汉族干部要学习当地少数民族的语言文字，少数民族干部在学习、使用本民族语言文字的同时，也要学习全国通用的普通话和规范汉字。民族自治地方的国家工作人员，能够熟练使用两种以上当地通用的语言文字的，应当予以奖励。

四、对中国少数民族语言文字权益保障的思考

西双版纳傣族自治区于 1953 年 1 月 23 日正式成立，当年 8 月，根据广大傣族群众的要求，决定成立“西双版纳傣族自治区傣族文字改进委员会”，对原有傣文进行改进。1954 年，中国科学院语言研究所和云南省民族事务委员会特派专业人员到西双版纳协助傣文工作，提出“西双版纳傣文改进方案”。1955 年，经中央批准试验推行。

这一文字方案经试验推行后，被社会广泛接受。直到 1985 年的 30 年间，除佛寺仍沿用老傣文，自治机关执行职务、学校教育和社会生活通行新傣文。在新傣文应用的这段时间里，曾发生过一些争论，这些争论成为 1986 年恢复老傣文的依据。1986 年 5 月 15 日，西双版纳傣族自治州人民政府向州人民代表大会提交了《关于使用老傣文的报告》。1986 年 5 月 25 日西双版纳

傣族自治州人民代表大会第五次会议正式通过决议——《关于使用老傣文的决议》，在州内恢复使用老傣文。随后，州人民政府还制定了《关于使用老傣文标志的规定》。

由于能够使用老傣文的人数太少，以致《西双版纳报》改用老傣文出版发行后，其订数急剧下降。从1997年10月起，又全部使用新傣文出版，发行量因此有所回升。从1989年起，陆续编译出版老傣文教材，在学校形成了新、老傣文教学共存的局面。从教学的效果看，老傣文的学习不太理想，普及进度较慢。与《西双版纳报》使用新老傣文的反复情况相同，学校课本的编写也因“事实证明，旧傣文对学生学习负担过重，教学效果很不理想”，教学碰到了困难，教不下去，于20世纪90年代后期以来不得不回过头来用新傣文编课本①。

（一）存在的问题

如前所述，中国在保障少数民族语言文字权益方面，认识明确，指导思想正确，并通过立法、行政和司法措施来保障少数民族语言文字权益，成效显著。尤其是各级政府的工作值得充分肯定。但是，保障少数民族语言文字权益的措施还是存在一些问题。

首先，在立法方面，我们发现，最高权力机关尚未制定专门法律保障少数民族语言文字权益。这方面的法律规范散见于宪法、民族区域自治法、三部诉讼法等法律之中，数量也非常有限。从规范的内容看，都是实体性规范，重实体、轻程序的倾向特别严重。如三部诉讼法中有关诉讼语言使用的问题都只有总则或一般规定中的原则性规定，分则或具体规定以及最高人民法院对这三部诉讼法的解释中都没有涉及少数民族用本民族语言文字

① 张锡盛主编：《市场经济与民族法制——来自中国云南的研究报告》，第134－144页，昆明，云南大学出版社，2004年版。

进行诉讼的任何程序性问题。

其次，在具体的行政执法中，行政执法人员对保障作为行政相对人的少数民族成员的语言文字权益问题缺乏足够的认识。随着城市化的推进和劳动力的流动，非民族地区会有越来越多的少数民族成员谋生，在行政执法中因语言不通而产生的问题和纠纷时有发生并见诸报端。

最后，在严格的意义上，少数民族语言文字权益的司法救济措施处于空白状态。这里所谓严格意义上的司法救济措施，是指权益受到侵害时通过司法（诉讼）实现权益救济。在中国的三部诉讼法和最高人民法院的有关司法解释中，都没有在少数民族用本民族语言文字进行诉讼的权益未受到保障的情况下如何救济的问题。无救济则无权益，而司法救济是所有救济手段中最权威的。由于受到侵害时救济手段的缺失，少数民族语言文字权益不再具有法律权益的本来意义。

（二）完善措施

针对中国在保障少数民族语言文字权益方面存在的以上问题，我们提出以下完善措施：

1. 由国家最高权力机关制定完备的《少数民族语言文字权益保障法》，系统规定少数民族语言文字权益。尤其要明确权益主体和义务主体，即明确谁享有语言文字权益，对这个权益谁负有义务。还要明确规定侵害少数民族语言文字权益的行为及其法律责任。由于调整民族关系的法律与调整社会个体之间关系的法律不同，这样做有相当的难度。但要为少数民族语言文字权益配置有效的救济手段，遵循这样的思路似乎是必然选择。据说，国家民族事务委员会正在组织起草《少数民族语言文字权益保障法》且数易其稿，这个立法动向令人鼓舞。

2. 非民族地区行政执法要面对城市化和民族散居化趋势，保障少数民族语言文字权益。行政执法人员对保障少数民族语言文字权益要提高认识。当行政相对人是不通晓当地通用语言的少数民族人员时，应对其语言文字权益给予应有的关护。

3. 建立健全司法保障少数民族语言文字权益的制度和措施。在少数民族当事人使用本民族语言文字进行诉讼之权益的司法保障方面，应借鉴国外（境外）的成功经验，建立法务翻译制度，并在法律援助制度下建立少数民族和其他少数人语言法务翻译人才库[①]。适应司法保障少数民族语言文字权益的要求，司法应做好理论、组织和制度等的准备。

① 窦梅、林蕾、田应斌：《论少数民族当事人使用本民族语言进行诉讼之权益的司法保障》，载《中南民族大学学报》（人文社会科学版），第26卷第1期，第87－90页。

第六章　少数民族宗教权利保障研究

宗教是一种社会意识形态，是人类社会发展到一定阶段的历史现象，是现实世界在人们头脑中的虚幻的、歪曲的反映，是感到不能掌握自己命运的人们面对自然、社会与人生时的自我意识或自我感觉。恩格斯说："一切宗教都不过是支配着人们日常生活的外部力量在人们头脑中的幻想的反映，在这种反映中，人间的力量采取了超人间的力量的形式。"宗教的最大的特点是让人有信仰崇拜一种根本不存在的、纯属虚构的、超自然的、超人间的神秘境界与主宰着自然和社会的神秘力量，"由于人们反映这种超自然、超人间的神秘境界和神秘力量的形式不同，就出现了不同的宗教"①。

在以无神论为基本特征的唯物主义指导下的社会主义中国，仍然要坚持保护少数民族宗教权利，从理论上讲：一是因为宗教有着深刻的社会根源和认识根源，只要这些根源不消失，人们就不可能从宗教的束缚中解脱出来。二是因为宗教信仰属于思想认识问题。毛泽东同志早就说过："对待人民内部的思想问题，对待精神世界的问题，用简单的办法去处理，不但不会收效，而且非常有害"，"我们不能用行政命令去消灭宗教，不能强制人们不信教，不能强制人们放弃唯心主义，也不能强制人们相信马克

---

① 转引自杨新宇：《宗教与少数民族自我发展》，载《内蒙古民族大学学报》（社会科学版），2005 年第 3 期，第 21 页。

思主义”①。宗教作为少数民族传统文化的一个特殊表现形式，在当今世界仍然发挥着特别重要的作用。因而，我们在研究少数民族文化权益保障时也要重点阐述少数民族宗教权利的保障。

第一节 少数民族宗教权利概述

一、宗教的概念和性质

宗教（Religion）在西方语言中，为“联结”、“结合”之意，指人与神的结合。而各种宗教对“宗教”一词更是都有各自的解释，但各种宗教以不同的语言表达的同一种内容是：以加强个人的道德自律求得内心安宁与和平；以善行去谋求人与人、人与社会、人与自然的安宁与和平。而中国国内对宗教一般意义上的定义是：作为一种社会意识形态和社会文化现象，其特点是相信超自然的神灵或神秘力量的存在，从而使人对这一神秘境界产生敬畏和崇拜，并由此引申出相关的信仰认知和礼仪活动。其最大特点是以虚幻的形式反映宗教信徒对客观世界的认识。它从本质上说是不科学的，反映了人在支配自身的异己力量面前试图努力解读而又不得其详的困顿，所以又不同于一般的迷信活动。宗教作为一种世界观和人生观，它的意义、理论体系、组织等均构成了人类思想文化和社会形态的重要组成部分②。

作为宗教，都应该含有三个元素：一是宗教的信条即个人内心信仰的内容。二是教义的实践和仪式即修炼（道教）、证悟（佛教）、礼拜（基督教和伊斯兰教）、祭拜（原始宗教）等。三

① 《毛泽东著作选读》，第762－787页，北京，人民出版社，1986年版。

② 《宗教知识及政策讲座（一）：宗教的本质及宗教的起源》http://www.xxtz.cn/NewsDetail.asp?NewsID=455.2006年11月5日。

是一定的组织形式即宗教团体。宗教权利相应包括三种权利或自由：一是内心信仰的自由，即个人有信仰或不信仰任何宗教信条的自由，内心信仰的自由又包括信仰特定宗教的自由、改变特定信仰的自由和不信仰任何宗教的自由。内心的信仰纯粹属于内心的精神作用，是宗教信仰的起点与指归。人们的思想和精神是内在的东西，任何强力、外力都不能强制。因而，在宪政主义国家内心信仰均被确认为绝对的自由。二是修炼、证悟、礼拜、祭拜等形式实践的自由，即一方面个人有进行宗教活动，履行本教教义的自由；另一方面也意味着国家不得强迫个人履行任何宗教仪节。宗教上的行为自由主要是指礼拜、祷告以及举行或者参加宗教典礼、宗教仪式等形形色色宗教上的行为的自由。三是组织宗教团体，创立教义教规，并传教或者布教的自由，也就是教主或宗教领袖通过设立宗教活动场所，组织宗教活动，吸收教徒，并依据教义和教规设定教徒的种类的权利和自由。

宗教，一方面作为人类超越精神的一种表现，内在于社会文化，作为一种原创精神以无形的方式塑造着社会文化；另一方面，既然它的信仰体现为外在的观念学说、行为活动和组织制度，从而与一定社会文化中的其他观念学说、行为活动和组织制度相互并列，它也以一种社会文化形式的面貌呈现在人们眼前。尽管我们不应当把作为一种世界观、人生观或生活态度的宗教等同于文化本身，尽管我们不能忽略作为一种精神气质的宗教对文化的渗透作用，以及它同哲学、伦理、文学、艺术等各种文化形式的相互影响，同政治、经济、法律等方面的社会生活的相互影响，但是，随着社会文化和人类生活各个领域的分门别类及相关的专业化程度的加强，宗教作为一种社会文化形式的这个侧面就越来越明显了。

二、中国少数民族宗教信仰概况

从总体上来说，中国是个多宗教的国家。中国宗教徒信奉的主要有本民族的原始宗教、佛教、道教、伊斯兰教、天主教和基督教。中国公民可以自由选择、表达自己的信仰和表明宗教身份。据不完全统计，中国现有各种宗教信徒1亿多人，宗教活动场所8.5万余处，宗教教职人员约30万人，宗教团体3000多个。宗教团体还开办培养宗教教职人员的宗教院校74所。佛教在中国已有2000年历史。中国现有佛教寺院1.3万余座，出家僧尼约20万人，其中藏语系佛教的喇嘛、尼姑约12万人，活佛1700余人，寺院3000余座；巴利语系佛教的比丘、长老近万人，寺院1600余座。道教发源于中国，已有1700多年历史。中国现有道教宫观1500余座，乾道、坤道2.5万余人。伊斯兰教于7世纪传入中国。伊斯兰教为中国回、维吾尔等10个少数民族的群众所信仰。这些少数民族总人口约1800万，现有清真寺3万余座，伊玛目、阿訇4万余人。天主教自7世纪起几度传入中国，1840年鸦片战争后大规模传入。中国现有天主教徒约400万人，教职人员约4000人，教堂、会所4600余座。基督教（新教）于19世纪初传入中国，并在鸦片战争后大规模传入。中国现有基督徒约1000万人，教牧传道人员1.8万余人，教堂1.2万余座，简易活动场所2.5万余处[①]。

中国少数民族的宗教信仰，历史悠久、内容繁杂、形式多样，呈现出多元化格局，有较单纯的信仰一种宗教，也有改造外来宗教与本民族原始宗教相结合的情形。概括起来可以分为以下五种情况：

（一）原始宗教

① 《中国的宗教信仰自由状况》白皮书。

原始宗教是处于人类初期状态的宗教，它产生和存在于尚不具有成文历史的原始社会中，但在近现代一些地区和民族中仍保留着不少原始宗教的残余现象和影响，这在中国少数民族中是比较普遍的。新中国成立以来，政府虽然逐渐废止了一些有碍于生产发展和人民身心健康的原始宗教活动，但许多属于思想意识或已沿为俗规的活动仍在不少民族和地区有较广泛的影响和存留。原始宗教的主要形式有万物有灵、多神崇拜、祖先崇拜、自然崇拜、图腾崇拜、鬼魂崇拜、各种原始宗教禁忌、各种占卜活动和巫术等，如北方的萨满教残余影响着赫哲族、鄂伦春族、鄂温克族、达斡尔族及满族等少数民族群众的思想意识。原始信仰在中国南方的壮族、苗族、土家族、侗族、瑶族、布依族、佤族、黎族、高山族、傈僳族、怒族等民族中还有较大的影响。彝族、纳西族等少数民族还保留着毕摩信仰和东巴教等民族传统信仰。除信仰伊斯兰教的10个民族外，可以说，在中国其他几十个民族中，原始宗教和其他神学宗教几乎同时并存，形成多重宗教信仰的情况。例如，在白族中佛教、基督教、道教、原始宗教（信奉"本主"）等同时并存，彝、景颇、傈僳等民族的一部分同时信仰基督教和原始宗教。

（二）佛教

佛教自东汉（约公元1世纪）传入中国，至今已有2000多年的历史。中国佛教是由汉传佛教亦称大乘佛教、巴利语系佛教亦称南传佛教或者上座部佛教（在汉传佛教地区亦称之为小乘佛教）、藏传佛教亦称喇嘛教三部派组成的。其中汉传佛教亦称大乘佛教，在白、壮、仫佬、朝鲜、满、锡伯、纳西、羌、怒等少数民族中有不同程度的佛教信仰。南传佛教，据有关文献记载，于隋唐时由缅甸传入云南西双版纳。隋大业十一年（615）在今天景洪市建立了第一座该派佛寺——袜坝姐佛寺，后改名为"八吉寺"。唐开元十二年（724），缅甸景栋土司派比丘西维苏坦麻书那到景洪宣扬佛法，自此，南传佛教在西双版纳得到发展。南传佛教主要分布在云南的西双版纳、德宏、思茅、临沧和保山，信教的民族有傣族、布朗族、德昂族、阿昌族等族和部分佤族。信教人数约70多万人。南传佛教的佛寺主要是举行佛事活动的场所，同时，住寺僧人还承担传授民族文化的义务。所以，傣族男孩到一定年龄都要出家当一个时期的小沙弥，少则7天，多则数月。而后，多数人还俗回家，少数人留下来继续修行，成为宗教职业人士。云南南传佛教传播地区的民族通常全民信教。南传佛教对这些民族的日常生活等各个方面都有较大的影响。比如傣族地区，当南传佛教传入后，逐渐与封建领主统治相结合，形成政教合一，对傣族社会生活、文化等各个方面都产生了深远的影响。傣文、傣历及傣族的许多宗教节日都是南传佛教与当地民族文化结合后演变而成的。傣族民间文学、雕塑、绘画等艺术无论是题材、内容，还是艺术风格都受到南传佛教思想文化的影响①。藏传佛教，或称藏语系佛教（俗称喇嘛教），10世纪后半期形成。佛教初传入西藏时，苯教曾与之进行了长期的斗争，在吐蕃王朝与佛抑苯的情况下，苯教势力逐渐衰弱。后来苯教为了生存，为了适应它所依附的社会的需要，它按照佛教的模式来适应形势的发展，一部分佛教经典被改造成苯教经典；苯教原来的巫师，也变成了僧侣。佛教在同苯教的长期斗争中，亦为了顺应民心，立足本土，吸收了苯教的一些神祇和仪式，教义上以大乘为主；大乘中显密俱备，尤重密宗，并以无上瑜伽密法为最高修行次第，崇信“喇嘛”（上师），形成藏密。这样，佛教与苯教经过了长期斗争、融合成当代的藏传佛教，它吸收了佛教的基本内容，同时亦兼采了苯教的部分形式，形成当地人更愿意接受的

① 《南传佛教》http：//www. heipulu. com/lywh/mzzj/mzzj03. htm. 2006－11－05.

一种新的宗教派别，这就是人们通常所说的“藏传佛教”[①]。13世纪中叶开始藏传佛教流传于蒙古地区。至今，蒙古族、土族、裕固族、锡伯族、门巴族、珞巴族、羌族、怒族、纳西族、普米族等民族，仍多信奉藏传佛教，主要分布在西藏、四川、青海、甘肃、内蒙古和云南等省（自治区）。

中国佛教协会，1953年在北京成立，会址设在广济寺。该会的宗旨是：以协助人民政府贯彻宗教信仰自由政策、团结全国各民族佛教徒发扬佛教优良传统、积极参加社会主义现代化建设和促进祖国统一、维护世界和平事业为宗旨。佛教协会成立以后在全国各地维修大批寺院，积极开展佛教教育和学术研究，出版一批佛教典籍，和国外佛教组织进行宗教文化交流与友好往来。出版月刊《法音》和《法音·学术版》。

（三）伊斯兰教

伊斯兰教在其创立不久即传入中国（约7世纪中叶的唐朝时期），至今已有1300多年的历史，在中国也曾被称为回教、回回教、清真教、天方教。中国伊斯兰教主要属于逊尼派的哈乃斐派，其中又有“老教”、“新教”之分。信仰这一宗教的全是少数民族，有回族、维吾尔族、哈萨克族、柯尔克孜族、塔塔尔族、东乡族、保安族、撒拉族、乌孜别克族、塔吉克族10个民族，且几乎全民信仰伊斯兰教，中国穆斯林大多数聚居在新疆维吾尔自治区、宁夏回族自治区，以及甘肃、青海、云南等省，其他各省、市也有分布。

1953年5月11日，中国伊斯兰教协会在北京成立。中国伊斯兰教协会是中国穆斯林全国性的宗教团体。其宗旨和任务是：协助人民政府贯彻宗教信仰自由政策，发扬伊斯兰教优良传统，爱护祖国，团结伊斯兰教人士和各民族穆斯林群众积极参加祖国

① 李志武:《藏传佛教源流概说》http://zcfj. fjnet. com/fjsl/t20050608_11021. htm.

社会主义建设，发展同各国穆斯林的友好联系和友好往来，维护世界和平，搜集整理伊斯兰教史料等。最高机构为全国代表会议。2001 年 4 月 23 日，中国伊斯兰教教务指导委员会在北京成立。该委员会为中国伊斯兰教协会的专门委员会，由爱国爱教、德高望重、代表中国伊斯兰教最高宗教学识和经学水平的大阿訇、大毛拉组成。其宗旨和任务是：在法律和政策范围内，依据伊斯兰教经典，对伊斯兰教教义教规做出权威性的符合时代发展要求的准确解释，编写讲经范本，提高伊斯兰教教职人员水平，规范讲经内容，反对利用伊斯兰教搞宗教极端主义，积极引导伊斯兰教与社会主义社会相适应①。

（四）基督教

基督教几乎与伊斯兰教同时传入中国，鸦片战争以后获得了较大的发展。天主教和新教（中国称基督教或耶稣教）在彝族、傈僳族、苗族、朝鲜族、景颇族、哈尼族、拉祜族、独龙族、纳西族、怒族、阿昌族、白族、羌族、京族、佤族、黎族、壮族、土家族、布依族等民族中都有不同程度的传播。东正教主要是俄罗斯族信仰，在蒙古族、达斡尔族、鄂伦春族等一些民族中也有一定传播。全国现已开放堂点近 5 万座，其中 70% 是新建的。信徒总数已逾 1600 万人，其中农村信徒占 70% 强。全国目前有 18 所神学院、圣经学校，其中金陵协和神学院为全国性的神学院。迄今各院校有近 5000 名神学院学生毕业，分布在全国各地教会或神学院侍奉。

中国基督教（新教）教徒的爱国组织，主要是中国基督教协会和中国基督教三自爱国运动委员会，中国基督教协会是中国基督教（新教）全国性教务机构，成立于 1980 年 10 月。宗旨为

---

① 《中国的伊斯兰教》http：//news. xinhuanet. com/ziliao/2003 －01/23/content_704531. htm.

团结全国基督教徒，根据自治、自养、自传原则，办好中国基督教会。其主要工作为：为全国各地教会及教徒在教务工作上提供服务，如出版《圣经》、赞美诗、宗教书刊；对中国基督教将来采用的制度、礼仪等进行探讨；教育全国教徒在基督教信仰上互相尊重，加强团结。协会最高机构为中国基督教全国会议，会议代表由各省、市、自治区协会产生，每4年由该会同中国基督教三自爱国运动委员会联合召开。中国基督教三自爱国运动委员会，成立于1954年8月，其宗旨是：团结、教育全国基督教徒，热爱祖国，遵守国家法令，参加社会主义建设，坚持自治、自养、自传的原则，办好独立自主的中国基督教会。

中国天主教徒爱国会，成立于1957年7月，其宗旨为：团结全国神长教友，发扬爱国主义精神，遵守国家政策法令，积极参加祖国社会主义现代化建设，促进国际天主教人士的友好往来，反对帝国主义、霸权主义，保卫世界和平，并协助政府贯彻宗教信仰自由政策。中华人民共和国建立以后，中国天主教界的爱国人士为纯洁教会，清除长期控制中国天主教会的帝国主义势力，自下而上地发动了中国天主教反帝爱国运动。中国天主教主教团由中国天主教各教区正权主教组成的教务机构，1980年根据《中国天主教教务委员会章程》建立。其任务为研究、阐明当信当行的教义教规，交流传教经验，开展对外友好活动。

（五）道教

道教是中国土生土长的宗教，自东汉时期产生以来已经有1800多年的历史。道教的清规戒律和仪式活动比较复杂，其宗派也比较繁多，历史上先后出现过的主要有正一道、全真道、真大道、太一道等，各宗派还有众多分支。道教虽然是汉族的传统宗教，但在长期的传播历程中也影响到一些少数民族，尤其在白族、瑶族、阿昌族、壮族、土族、仫佬族、土家族、侗族、苗族、黎族、京族、羌族、布依族、毛南族、纳西族等民族中有较广泛的信仰。由于社会历史等多种因素的影响，一些少数民族的道教信仰无论从内容到形式都产生了一些变异，带有较明显的地域文化和民族文化的特点。

中国道教协会，成立于1957年4月，是全国道教徒的爱国宗教团体和教务组织。中国道教协会的宗旨是：遵守宪法、法律、法规和规章，维护宗教和睦、社会和谐；协助人民政府贯彻执行宗教信仰自由政策，维护道教界合法权益；兴办道教事业，弘扬道教教义，传扬道教文化，遵守社会道德风尚；继承发扬道教优良传统，加强道教自身建设，促进道教与社会主义社会相适应；高举爱国爱教旗帜，团结全国道教徒，为构建和谐社会、促进祖国统一、维护世界和平贡献力量①。

三、宗教与民族的关系

民族与宗教不属于同一范畴。民族是以一定文化传统为特征，有共同的语言、文字、行为模式和族群认同的社会人群，表现为一种社会文化共同体；宗教则是特定人群在思想上对超自然力量的一种信仰，表现为一种社会文化形式。因此，两者必然在“社会文化”这一共同基础上发生密切的相互关系。由于宗教是对人们的深层意识和总体情感发挥巨大影响的精神力量，民族则是具有一定共同性的最大人群，所以，宗教与民族的相互关联，比起其他的社会文化形式与其他的较小的社会文化共同体之间的相互关联来，几乎可以说“是一切社会文化形式与一切社会文化群体之关系中最深刻、最全面、最复杂、至少是最重要的一种”②。宗教不是形成民族的先决条件，也不是构成民族的基本

---

① 《中国道教协会》http://www.taoist.org.cn/zuzhi/zhongguodj/zhongguodj.htm.

② 何光沪：《试论宗教与民族的关系》，载《世界宗教研究》，1996年第1期，第11页。

特征。在中国20多个信仰或基本信仰同一宗教的少数民族中，宗教与民族构成的基本要素为：共同语言、共同地域、共同经济生活和表现于共同民族文化特点上的共同心理素质，息息相关。宗教感情与民族感情，宗教心理与民族心理，宗教习俗与民族习俗，宗教文化与民族文化，宗教意识与民族意识，互相交错，互相渗透。宗教在民族的形成过程中起到了强化的作用。

然而，从世界上宗教形成以后的情况和现代的情况来看，存在一个民族有多种宗教和多个民族信仰同一种宗教甚至全民族可以改信另一种宗教的情形，作为“共同文化”要素之一的宗教，随着其与民族关联的减弱，就更不能作为民族的主要要素或辨识标志了。宗教信仰不是民族形成的主要条件，也不是民族的主要特征。这正如藏族信仰藏传佛教，然而藏传佛教的信仰者不一定都是藏族。再者，宗教中包含的某些超越性因素及其复杂的社会背景，使许多民族的宗教信仰在历史上是变化着的。如藏族原本不是信仰藏传佛教，7世纪佛教传入藏族地区后，经过漫长的发展，才与藏族原始宗教——苯教相结合，逐步演化为藏传佛教。伊斯兰教传入新疆地区也是10世纪以后的事，在与佛教的较量中获胜并最终确立了自己的主导地位，维吾尔族等几个民族从此确立了对伊斯兰教的信仰①。另外，许多少数民族的风俗习惯是在特定的传统文化中逐步形成的，不可避免地具有浓厚的宗教色彩。然而不能因此就认为少数民族的风俗习惯与宗教是一回事。一般来说，一个民族的风俗习惯主要是指一个民族在物质文化、精神文明等社会生活方面的传统，是各族人民相沿已久而形成的风俗习惯。具体反映在各民族的服饰、饮食、居住、婚姻、丧葬、节庆礼仪等方面，可见“风俗本身是一种生活方式，又是一

---

① 宝贵贞：《少数民族宗教信仰的特点及需要处理好的几个关系》，载《中国宗教》，2003年第4期，第30-31页。

种文化样式”（钟敬文语）[①]。风俗习惯比宗教包含的内容要广泛得多。有些民族的婚丧嫁娶、节庆礼仪、生活禁忌等风俗习惯，虽有宗教教义、教规的规定或受宗教信仰的影响，也仍然是该民族风俗习惯的一部分，应当给予尊重并区别对待。

从晚近的发展来看，宗教不仅仅是在促进民族特征的发展，也常常是在为不同的民族带入共同的特征，从而不仅仅是在促使各民族划清界限，而且常常是在模糊或力求取消各民族之间的界限。更具体些说，在文明发展史上，固然有某些宗教（尤其是民族宗教）在加强民族的独特性及民族内部凝聚力方面发挥作用，从而对一民族特性的保存和发展发挥促进作用，但是也有某些宗教（尤其是世界宗教）在起着相反的作用，即减弱民族的独特性及内部凝聚力从而在促进着民族的消亡。

由于宗教信仰与少数民族关系密切，由此产生的民族问题与宗教问题往往交织在一起。宗教一直同复杂的社会政治斗争和民族关系交织在一起，往往被斗争的一方或双方极力争取并加以利用。因为，宗教往往使一个民族具有特殊的凝聚力，而民族又往往使某种宗教具有旺盛的生命力。“民族借助宗教张扬其个性，宗教利用民族扩大其影响。”[②] 当一种宗教被某一个或某几个民族基本上全民族信仰时，一方面强化民族的凝聚力，成为民族的神圣旗帜，另一方面强化狭隘民族主义和排他性，容易被黑暗势力所利用。当狭隘民族主义与宗教极端主义相结合时，会爆发很大的破坏力量。因“9·11”事件爆发而举世瞩目的恐怖主义，正是以原教旨主义、宗教极端势力为支撑，以“圣战”为旗帜，

---

① 宝贵贞：《少数民族宗教信仰的特点及需要处理好的几个关系》，载《中国宗教》，2003 年第 4 期，第 30 – 31 页。

② 叶小文：《社会主义与宗教的历史新篇》，载《中国宗教》，2002 年第 1 期，第 12 – 19 页。

以宗教狂热为煽动和组织群众的手段而迅速发展壮大的。西方国家则一直把民族、宗教问题，作为遏制或颠覆社会主义国家和打压他们不喜欢的国家的重要手段。

另外，西方国家将宗教——基督教作为其同化种族，实现西化的工具，比如美国对印第安土著和外来移民实行美国化。实行所谓的宗教民族主义（Religious nationalism），就是民族宗教与民族主义结合在一起，使本民族神圣化，使宗教为本民族或本国家的一切利益服务①。美国学者奇德斯特认为，在民族认同、民族目标和政治政策上，民族主义本身就变成了一种特殊的宗教，国家通过向自己的公民昭示本民族的原则来教育他们，说明本民族的神圣，使公民适应本民族并为国家服务。在宗教民族主义看来，国家不仅仅是一个总体上的、集体的共有文化，而且变成了一个为宗教献身的终极神圣的集合点。美国宗教民族主义就曾经为美国社会政治制度的确立和美国民族在世界上履行自己的神圣职责提供了强有力的力量之源②。美国历来被称为“民族熔炉”。这个熔炉把来自世界各地、各国、各族的人们锻铸成“美国人”的过程中，宗教皈依是最重要的一环。美国人一直试图使印第安人白人化，其中最重要的是试图改变他们的宗教信仰。主张确立政教分离的麦迪逊和杰斐逊任总统期间都曾同意政府拨款给传教士，以使他们能去印第安人中间传教③。美国白人基督徒另一个重要的宗教任务是对黑人的皈依。传统黑人宗教信仰创造神、祖宗崇拜和祭礼仪式等。很多非洲群体，特别是非洲西海岸国家，

---

① 董小川：《美国宗教民族主义的历史省察》，载《史学集刊》，2002 年第 2 期，第 61 – 70 页。

② Chidester, D. Patterns of Power, Religion and Politics in American Culture [M]. New Jersey Prentice – Hall, Inc., 1988. P94.

③ J. Bruce Nichols. The uneasy Alliance – Religion, Refugee Work, and U. S. Foreign Policy [M]. New York, Oxford Press, 1988. P25.

曾在伊斯兰教的影响之下，也有些人相信基督教。但总体来看，黑人还不信仰基督教。为了“使他们在基督教的影响之下做一个好奴隶”，早在18世纪，美国白人就十分重视对黑人的皈依活动。到18世纪末叶，多数入教的黑人为循道宗和浸礼宗。当时，黑人与白人在同一教堂参加宗教活动，只不过是分开坐，后来才在不同的教堂进行宗教活动。

四、中国宗教管理制度现状

中国在中央政府一级设立国家宗教事务管理局，作为国务院负责宗教事务方面的职能部门。地方政府一般都设有管理宗教事务的职能部门，有独立设置宗教事务局的，或者设立民族与宗教事务局的。国家宗教事务管理局的主要职责是依法保护公民宗教信仰自由，保护宗教团体和宗教活动场所的合法权利，保护宗教教职人员履行正常的教务活动，保护信教群众正常的宗教活动。该局负责调查国内外宗教现状，研究宗教理论问题。支持宗教界人士进行爱国主义、社会主义、拥护祖国统一和民族团结的自我教育，团结和动员广大信教群众为改革开放和经济建设服务。帮助宗教团体培养、教育宗教教职人员，办好宗教院校，搞好自身建设；办理宗教团体需由政府协助或协调的事务。国家宗教事务局负责草拟宗教方面的法律、法规；研究制定部门规章和有关宗教工作的具体政策；并对有关宗教的法律、法规和政策的贯彻实施进行行政管理和监督；引导、促进宗教在法律、法规和政策范围内活动，防止和制止不法分子利用宗教进行非法、违法活动。国家宗教事务局还负责组织、指导全国的宗教政策和宗教法制的宣传教育工作①。

在中国，各种宗教地位平等，和谐共处，未发生过宗教纷

① 《国家宗教事务局简介》http：//www.sara.gov.cn/GB/jqgy/zs/.

争：信教的与不信教的公民之间也彼此尊重，团结和睦；各种宗教之间，以及同一宗教各教派之间也能彼此尊重，团结和睦。这既是由于源远流长的中国传统思想文化中兼容、宽容等精神的影响，更是因为中华人民共和国成立后，我国政府制定和实施了宗教信仰自由政策，建立起了符合国情的政教关系。中国坚持独立自主自办宗教事业，中国的宗教事业由中国各宗教团体、教职人员和信教群众来办，中国的宗教事务和宗教团体不受外国势力支配。

目前在中国，主要的五大宗教都有自己的全国性协会，这些宗教协会对全国性的本教事务进行协调。全国性的宗教团体有中国佛教协会、中国道教协会、中国伊斯兰教协会、中国天主教爱国会、中国天主教主教团、中国基督教三自爱国运动委员会、中国基督教协会等。各宗教团体都制定有各自的章程，并按照各自的章程选举、产生领导人和领导机构。中国各宗教团体自主地办理教务，并根据需要开办宗教院校，印刷发行宗教经典，出版宗教刊物，兴办社会公益服务事业。中国与世界许多国家一样，实行宗教与教育分离的原则，在国民教育中，不对学生进行宗教教育。部分高等院校及研究机构开展宗教的教学和研究。在各宗教组织开办的宗教院校中，根据各教需要进行宗教专业教育。宗教教职人员履行的正常教务活动，在宗教活动场所以及按宗教习惯在教徒自己家里进行的一切正常的宗教活动，如拜佛、诵经、礼拜、祈祷、讲经、讲道、弥撒、受洗、受戒、封斋、过宗教节日、终傅、追思等，都由宗教组织和教徒自理，受法律保护，任何人不得干涉①。

① 《中国的宗教信仰自由状况》白皮书。

五、少数民族宗教权利的基本权利属性

宗教权利在本质上属于个人内心信仰自由，思想者可以被扼住咽喉，而思想的精灵仍可以挣脱强权与横暴之手，漫游于无垠的天地之间；思想者可以被投进监狱，而思想的精灵仍可以穿透囚室，飞越高墙，站在阳光下的枝头上傲视邪恶；思想者可以被处以极刑，而无法处死的思想精灵，则仍会令思想的敌人颤栗不安。

在理论上，宗教权利可以分为立教权、传教权和信教权。

立教权，即创立新的宗教或者教派的权利。这类宗教权与各国的结社法紧密相关，创立宗教的手段必然吸收一定教徒并向其宣传教义，进而形成一定的宗教团体组织。传统宗教如基督教、伊斯兰教、佛教和道教等在不同的历史阶段都产生不同的教派，随着社会的不断变化，这些宗教也在不断改革以适应时代变化，西方很多国家也出现了许多新的教派。新的宗教，在近现代，尤其是在自由化浪潮席卷世界的今天，在世界各国都存在并发展。由于传统宗教已经经历了较长历史的考验，对社会的危害性已经为各国政府所掌握，因此，各国对其一般不加限制。但是创立新的宗教，则存在很大风险，尤其是近年来邪教组织猖獗，导致各国开始关注新兴宗教的动向和宗教活动。各国对新宗教可能会采取登记、备案等方式，对其活动进行关注。立教权对于中国少数民族法律和政策，最主要涉及对少数民族现在信仰的宗教的承认，以及对少数民族群众创立新宗教和新的教派的认可。

传教权，就是向特定或不特定的对象宣传某一宗教或者教派教义，吸引其加入本宗教或者教派，指导他们按照该宗教或教派的教义或仪式进行修炼、证悟、礼拜、祭拜等宗教活动的权利。传教权的内容包括，宗教界人士的策划、组织、指导宗教活动的行为，以及向普通群众宣讲教义、执行教规的行为。传教权是现

在宗教权利中规制最集中的权利，因为，传教权涉及特定思想和行为的传播，同时，宗教传播往往伴随着一定人群的集会，这就可能涉及集会人员的安全和公共秩序的维持。随着世界邪教的发展，各国对传教权的态度由自由资本主义时代的自由传播逐渐转向适度规范和干预。

信教权，就是我们平常所说的宗教信仰自由的权利，即有信仰或者不信仰宗教的权利；有信仰这种宗教的自由，也有信仰那种宗教的自由；在同一宗教里，有信仰这个教派的自由，也有信仰那个教派的自由；有过去不信教而现在信教的自由，也有过去信教而现在不信教的自由。信教权，作为内心信仰的自由是绝对的，也是法律无法限制的，对信教权利的限制只能通过禁止或者限制立教或传教来达到；作为参与宗教活动、实践宗教教义的行为自由则是相对的，限于不危害公共利益和他人自由和权利。

宗教信仰自由作为一项基本人权已经为国际人权公约所肯定。1948 年联合国大会通过的《世界人权宣言》第 18 条规定："人人有思想、良心和宗教自由的权利；此项权利包括改变他的宗教或信仰的自由，以及单独或集体、公开或秘密地以教义、实践、礼拜和戒律表示他的宗教或信仰自由。"

1966 年 12 月 16 日联合国大会通过的《公民权利和政治权利国际公约》第 18 条作了如下规定：（一）人人有权享受思想、良心和宗教自由，此项权利包括维持或改变他的宗教或信仰的自由，以及单独或集体、公开或秘密地以礼拜、戒律、实践和教义来表明他的宗教或信仰自由；（二）任何人不得遭受足以损害他维持或改变他的宗教或信仰自由的强迫；（三）表示自己的宗教或信仰自由仅只受法律所规定的以及保护公共安全、秩序、卫生或道德或他人的基本权利和自由所必需的限制；（四）本公约缔约各国承担，尊重父母和（如适用时）法定监护人保证他们的孩子能按照他们自己的信仰接受宗教和道德教育的自由①。

从国际人权公约的规定我们可以看出，它不仅规定了宗教信仰自由原则，而且对宗教信仰自由的行使方式和基本要求都作了具体规定：首先，保障公民按自己的个人意愿选择宗教信仰，不得遭受足以损害他维持或改变他的宗教或信仰自由的强迫。其次，保障公民通过正常的宗教活动（包括礼拜、戒律等）来表明和实现自己的宗教信仰。再次，规定了宗教自由的限制性原则，即宗教自由是相对的，受法律所规定的以及保护公共安全、秩序、卫生或道德或他人基本权利和自由所必需的限制。最后，宗教信仰自由受法律保护，国际人权公约和各国法律保障公民享有宗教信仰自由。“宗教信仰自由作为国际人权公约规定的一项基本人权，反映了它在国际社会和人们生活中的重要性”。因而各国都以最高法律——宪法来肯定宗教信仰自由是公民的基本权利，并制定相关法律法规来保障公民充分享有宗教信仰自由②。

中国是一个统一的多民族国家。中国政府执行各民族平等、团结、互助的民族政策，尊重和保护少数民族宗教信仰自由的权利和风俗习惯。《宪法》第 4 条规定：“中华人民共和国各民族一律平等。国家保障各少数民族的合法的权利和利益，维护和发展各民族的平等、团结、互助关系。禁止对任何民族的歧视和压迫，禁止破坏民族团结和制造民族分裂的行为。国家根据各少数民族的特点和需要，帮助各少数民族地区加速经济和文化的发展。各少数民族聚居的地方实行区域自治，设立自治机关，行使自治权。各民族自治地方都是中华人民共和国不可分离的部分。

---

① 董云虎：《世界人权公约法总览》，第 977 页，成都，四川人民出版社，1991 年版。

② 蔡高强：《论中国对宗教信仰自由的法律保护》，载《湘潭大学社会科学学报》，2005 年第 5 期。

各民族都有使用和发展自己的语言文字的自由，都有保持或者改革自己的风俗习惯的自由。”《宪法》第36条规定：“中华人民共和国公民有宗教信仰自由。任何国家机关、社会团体和个人不得强制公民信仰宗教或者不信仰宗教，不得歧视信仰宗教的公民和不信仰宗教的公民。国家保护正常的宗教活动。任何人不得利用宗教进行破坏社会秩序、损害公民身体健康、妨碍国家教育制度的活动。宗教团体和宗教事务不受外国势力的支配。”“国家保护正常的宗教活动。”同时也规定：“任何人不得利用宗教进行破坏社会秩序、损害公民身体健康、妨碍国家教育制度的活动。”“宗教团体和宗教事务不受外国势力的支配。”《民族区域自治法》规定：“民族自治地方的自治机关保障各民族公民有宗教信仰自由。”

中国政府承认并尊重国际社会在宗教信仰领域公认的原则，切实保障少数民族宗教权利，同时，认为这些原则必须与各国具体情况相结合，并通过各国的国内法律来实施。中国政府反对在少数民族宗教领域搞对抗，反对利用少数民族宗教干涉别国内政，甚至破坏他国稳定团结。事实充分证明，新中国成立以来，特别是改革开放30年来，少数民族宗教信仰自由的权利也得到充分的尊重和保护。

中国政府在致力于促进少数民族地区经济、文化、教育等各项事业的进步，提高包括信教群众在内的广大少数民族群众物质文化生活水平的同时，特别注意尊重少数民族的宗教信仰，保护少数民族文化遗产。对各民族包括宗教文化在内的文化遗产和民间艺术进行普查、收集、整理、研究和出版。国家投入大量资金用于维修少数民族地区具有重要历史、文化价值的寺庙和宗教设施。

中国政府坚决反对利用宗教狂热来分裂人民、分裂国家、破坏各民族之间团结的民族分裂主义，坚决反对利用宗教进行的非法活动和恐怖主义活动，坚决维护国家统一和少数民族地区的社会稳定，保护少数民族信教群众正常的宗教活动。

第二节 切实保护少数民族宗教权利的重要意义

民族、宗教是人类社会普遍存在的两种社会现象，它们分别以不同的形式把人类社会分成彼此相互区别的群体。这种不同群体的客观存在，一方面反映了人类社会发展的多样性和文化的异质性，另一方面又表现为人类社会共同发展的同质性与不同群体之间的异质性的经常性竞争和冲突。这种竞争和冲突既表现为世界民族、宗教问题的普遍性，又表现为特殊历史时期民族、宗教问题的上升和迅速蔓延的突发性。20世纪八九十年代以来，民族、宗教问题成为影响世界政治发展走向的热点问题，集中反映了冷战后国际关系的急剧变化和一些国家经济社会矛盾不可调和，举凡世界热点地区，民族、宗教问题都很敏感且尖锐，牵一发而动全身，所以各国政府在处理时慎之又慎。尤其是涉及少数民族的宗教问题，稍有不慎，就容易引发国内冲突。而外国敌对势力往往利用国内少数民族的宗教情绪进行破坏、颠覆等，以图分裂瓦解一个国家。

中国是一个多民族、多宗教共存的国家，民族、宗教问题是中国任何政府都无法回避的，中国共产党自从建立时起就注意到了民族和宗教问题的重要性，在战争年代就十分谨慎而务实地探索、解决少数民族宗教问题。在1958年12月至1959年1月召开的第十一次全国统战工作会议上，汪锋同志在《关于民族工作及少数民族地区宗教工作方面若干问题的意见》的讲话中，论述当时少数民族地区的宗教信仰状况，曾作过科学的概括，即中国少数民族的宗教信仰和宗教问题具有群众性、民族性、国际性、长期性和复杂性。这一论断对于中国今天的少数民族宗教问题仍然具有科学性。中国共产党向来十分重视民族、宗教问题的处理，党和国家的第三代领导人江泽民同志多次强调“民族、宗教无小事”。

一、有利于维护国家统一和安全

民族和宗教问题是当今世界各国都十分重视而倍感棘手的热点、难点问题。纵观全球一些热点地区发生的冲突和战争，大都与民族、宗教问题处理不当或外国势力插手民族、宗教纠纷有关系。阿富汗、索马里、伊拉克、卢旺达、车臣、科索沃等国家和地区，都因民族或者宗教派别问题而陷入长期的动乱。在东欧剧变和苏联解体的过程中，某些民族、宗教分裂势力成了西方敌对势力搞垮社会主义的工具。即使像英国、西班牙、法国、加拿大等一些西方国家，也长期受一些民族问题的困扰，不时出现各种事端甚至流血冲突。

中国是一个拥有 55 个少数民族的多民族社会主义国家，少数民族人口近一亿。中国各民族基本上都有自己的宗教信仰，除了原始宗教和本土的道教之外，佛教、伊斯兰教、天主教、基督教、东正教等世界性宗教，在中国少数民族中都有信众，信仰各种宗教的群众已超过少数民族总人口的 50%，有近 20 个民族几乎全民信仰同一种宗教，因此，中国的宗教问题具有明显的民族性和广泛的群众性。中国陆地边疆绝大部分地区是少数民族聚居区，包括内蒙古自治区、新疆维吾尔自治区、西藏自治区和广西壮族自治区，各民族自治地方地广物博，面积占全国总面积的 64% 以上。另外共有 32 个少数民族跨境而居，与境外民族有广泛的社会联系。他们具有与周边诸国民族在宗教信仰上相同、文化上相近乃至相袭的特点，国际上宗教的影响极易波及中国，处理好少数民族宗教问题即关系到边疆的安定。

中国是一个多民族和多宗教的国家，西方敌对势力亡我之心不死，串通一气，积极反华、反社会主义。国外敌对宗教组织勾结国内民族分裂分子，以宗教为幌子，借口民族问题，不断对我边疆地区进行渗透、颠覆和分裂活动。西方敌对势力，利用泛伊斯兰主义和伊斯兰教原教旨主义对中国西北地区进行政治渗透。他们资助国内的民族分裂分子和极端宗教势力，鼓动国内民族分裂分子和宗教极端势力干涉中国的政策、法律的落实，阻止中国西部大开发战略的实施。他们还利用讲经的机会向信仰伊斯兰教的群众宣传泛回教主义和泛突厥主义，抨击共产党的政策；利用宗教干涉政治，甚至宣传圣战。另外，为了达到把西藏从中国分裂出去的可耻目的，以美国为首的西方国家经常无端诬蔑中国的少数民族宗教政策，无端指责中国政府没有保障藏民的宗教权利，美国通过支持国际反动宗教组织，向达赖集团提供经费，制造中国“西藏问题”。

西方敌对势力为了破坏中国民族团结、社会稳定的大好局面，煽动民族情绪，从思想上积极支持国内的民族分裂恐怖活动。国际极端宗教组织打着宗教旗号，利用各种机会，在中国部分民族地区进行反对社会主义、反对中国共产党的反动宣传，攻击党和政府的领导，攻击改革开放政策，蓄意制造分裂舆论，并勾结国内的分裂主义分子结成反动分裂组织，伺机在部分少数民族地区制造恐怖事件。罗马教皇多次会见达赖喇嘛，支持其分裂祖国活动。敌对伊斯兰教组织号召中国内部的民族分裂分子和宗教极端组织“信仰安拉独一，不能相信共产党”，鼓动反对所谓异教徒，挑起民族纷争，煽动开展“圣战”，以建立政教合一的国家。如1991年，在“世界回教统一者”组织会议上，国际上的泛回教主义的组织提出了“一定要帮助和支持中国新疆在90年代实现独立”的口号。有些国外敌对宗教组织还帮助“东突”

分子制定“圣战法规”和“圣战战略”。特别是以土耳其为首的西亚敌对宗教势力，大力向中国新疆等地宣传“泛民族主义”、“泛伊斯兰主义”。1993年，西亚伊斯兰极端组织帮助我境内的伊斯兰宗教极端势力成立了“东突厥斯坦伊斯兰真主党”，在其反动政治纲领中就明确提出：以宗教为掩护，在院校、厂矿企业进行宣传，扩大组织；筹集经费，购买武器弹药；开展爆炸、暗杀等恐怖活动；开展“游击战”，成立以《古兰经》为宪法的“伊斯兰共和国”等。2000年7月份他们又在乌鲁木齐市成立跨国伊斯兰宗教极端组织“耶扎布特”，在和田、喀什、伊犁、阿克苏、巴州、吐鲁番、克拉玛依等地区设有分部，成员达2000余人。2000年4月份，中亚地区宗教极端势力为境外“东突”势力走私了338箱各类武器弹药①。

中国面临着非常复杂的国际、国内环境，少数民族宗教问题是各种问题中非常敏感而不稳定的因素。中国主要的分裂势力都是利用少数民族的宗教问题进行煽动的，包括西北的“东突”主义和西藏的“藏独”分子。为了维护国家统一和领土安全，必须做好西北信仰伊斯兰教的主要少数民族群众和西藏的藏民的宗教信仰问题的工作，只有切实保障了他们的各种权利，包括宗教权利，才能够争取这部分群众不会受到民族分裂分子的煽动。分裂祖国的行为得不到广大群众的支持，无论在开始时如何猖獗，到头来终将被党和国家瓦解。

各级政府切实保护少数民族宗教权利，积极贯彻党和国家的宗教政策，使普通信教群众能够清楚地认识到党和国家的少数民族宗教政策，避免受到敌对分子或其代言人的蛊惑。由于宗教权利保障的内容是内心信仰自由，因此，只有其宗教权利获得了切

① 闫文虎：《论国外敌对宗教组织对中国安全的影响》，载《世界经济与政治论坛》，2002年第6期，第61－62页。

实的保护，信教群众才能真正感受到个人获得了尊重，这样才能让他真正认同社会主义和党的领导，从内心深处打消其民族分裂情结。

从维护国家安全和民族统一的立场出发，在处理与民族、宗教问题有关事件的时候，应该遵循如下四个基本原则：第一，防止民族群众和普通信众对党和政府产生对立情绪和离心倾向：要有效保护普通信众和民族群众的宗教权利，对于被敌对恶势力或者分裂主义者欺骗、蒙蔽的信众和群众要积极进行说服教育，劝说其改邪归正，依法从事宗教活动，切忌一刀切，粗暴对待。第二，防止一般性群体事件演变成民族事件或宗教事件：涉及少数民族宗教的群体事件在处理时比较容易被认定为民族事件或宗教事件，但是这种认识上的偏差容易导致民族情绪和宗教情绪的激烈表现，原本的一般性群体事件会逐步演化为民族事件或宗教事件。第三，要有利于防止刑事犯罪事件升级为政治事件或意识形态事件，对犯罪案件及时侦破，对受害人以及受害人家属要及时做好思想工作。第四，要有利于防止国际恐怖主义染指中国的民族、宗教事务①。

二、有利于民族和睦、地区稳定

少数民族宗教界人士作为我党患难与共的朋友，一直协助政府贯彻执行党的宗教政策，为四化建设、祖国统一、对外友好往来做了许多有益的工作。“只有团结这部分力量，才能巩固和扩大各民族爱国宗教人士统一战线”，特别是一些全民信仰同一宗教的地区，做好宗教职业人员和宗教界人士的工作，对维护祖国统一，促进民族团结，更具有重大意义。

---

① 杨克兴、刘兴辉、张文献：《第三次民族宗教问题与国家安全研讨会综述》，载《西安政治学院学报》，2003 年第 3 期，第 93－94 页。

宗教在民族的形成和发展过程中起了重要的作用，特别是对于同一宗教群体内部的团结和整合作用。正如功能主义学派的代表人物之一马林诺夫斯基所言："宗教使人类的生活和行为神圣化，于是变成最强有力的社会控制"，"增强了人类团结中的维系力。"但是，宗教的整合作用是建立在宗教信仰能在信徒中唤起共同的思想信念的基础上的，并且通过宗教组织、宗教礼仪、宗教领袖来发挥其强大的凝聚作用。而各种不同的宗教甚至同一宗教内的不同教派间，由于所信奉的神的神性和教义的差异，导致了不同宗教之间存在不可调和的深层矛盾。所以，宗教信仰所具有的排他性往往会成为引发社会动荡的原因之一。因此，要对宗教界人士特别是上层人士进行爱国、爱教、爱民的宣传教育，疏导不同宗教、同一宗教的不同教派间不和的隐患，以维护社会团结、稳定的大局①。

对于正信的宗教，其教义绝大部分与社会主义公德倡导的内容相一致，或者更严格。如，佛教以五戒来净化自己（不杀生、不偷盗、不邪淫、不妄语、不饮酒）；基督教要求信徒做到爱人如己、谦恭温和、宽恕多忍；伊斯兰教禁酒、烟、赌、贪、淫、诬陷，崇尚劳动，主张勤劳致富，重视商业；道教主张劫富济贫，济世利人，平等同甘苦。信徒们通过对各神灵敬奉的严格要求标尺，净化自己的言行以与自然、社会和谐一致，从而起到了与社会主义公德所能起到的一致作用，只要稍加重视并予以引导就可使它们成为当地社会精神文明建设的有益补充。

中国的宗教问题存在明显的民族性。宗教信仰的冲突性容易导致民族冲突。同时加上国外敌对势力对中国进行大肆挑拨，培养各自的代言人，煽动民族情绪和宗教情绪，导致部分民族聚居

---

① 汪春燕：《宗教问题：民族地区社会稳定的一个重要因素》，载《改革、求实、创新》，第170－179页，西宁，青海人民出版社，1998年版。

区域内不同信仰的民族之间存在潜在冲突的威胁。我们只有切实保护少数民族的宗教权利，积极引导民族宗教朝有利于民族团结、民族和睦的方向发展，使各民族能够在拥有各自不同的宗教信仰的情况下，相互尊重、相互协调，共促发展、共谋福利。

三、有利于调动少数民族群众积极建设有中国特色的社会主义

实行宗教信仰自由政策的根本出发点和落脚点，就是要大力加强广大信教和不信教的群众的团结，把最大多数的群众的力量凝聚到建设中国特色社会主义这个共同目标上来。看待少数民族宗教问题，必须重视宗教的群众性，否则就容易出现判断失误。宗教是重要的社会力量，在社会上产生重大影响，就是因为宗教影响着广大的人民群众，尤其是少数民族群众，有将近一半左右的少数民族群众是不同的宗教的信众，因此做好少数民族群众的宗教工作，对于团结少数民族群众积极投身中国特色社会主义具有非常重要的意义。如果对少数民族的宗教信仰不尊重，甚至采取压制的手段，广大信教群众就不会靠拢我们，就会对党和政府离心离德。江泽民同志明确指出："中国信仰各种宗教的群众也是建设有中国特色社会主义的积极力量，我们必须团结、教育和引导他们，把他们在生产和工作中的积极性、创造性充分调动起来，以利依靠和团结全体人民共同推进社会主义物质文明和精神文明建设。"①

要充分调动少数民族群众投身中国特色社会主义，关键是要引导宗教与社会主义社会相适应。对积极引导宗教与社会主义社会相适应的主要内涵，江泽民总书记做出了"两个基础、两个要求、两个支持"的新概括。"两个基础"是指，包括信教群众在

① 司马义·艾买提：《正确贯彻党的宗教政策 努力开拓宗教工作新局面》，载《中国宗教》，2002年第2期，第3－5页。

内的广大人民群众根本利益的一致性和中国各宗教自身的改革和进步。对宗教界人士和广大信教群众来说，关键是“两个要求”，在尊重他们的基本信仰的前提下，要求他们热爱祖国，拥护社会主义制度，拥护中国共产党的领导，遵守国家的法律、法规和方针政策；要求他们从事的宗教活动要服从和服务于国家的最高利益和民族的整体利益。“积极引导”的主体是党和政府，要做到“两个支持”，即支持宗教界人士努力对宗教教义做出符合社会进步要求的阐释；支持宗教界人士和信教群众与各族人民一道反对一切利用宗教进行危害社会主义祖国和人民利益的非法活动，为民族团结、社会发展和祖国统一多作贡献。这一概括集中地体现了中国的宗教政策，也是中国现在对少数民族实行的宗教政策。

少数民族宗教，除了能够起到团结广大少数民族民众的作用之外，并对民族精神起到凝聚和净化的作用。另外，宗教文化对少数民族的建筑、服饰、体育等方方面面都产生了非常重大的影响，这些方面都可以在积极的方面影响中国建设中国特色社会主义，发展具有民族、宗教特色的文化、旅游等产业，促进民族地区经济发展。“这是中国经济发展的重要保障，也是推进少数民族地区经济加速发展的重要保障。”少数民族宗教文化是一种资源，它是人类文化的一种特殊形式，在振兴民族地区经济过程中，开发利用现存的宗教文化资源有着重要作用。

另外，比如伊斯兰文化非常重视商业活动，重视市场经济和市场规范，主张自由贸易和公平竞争，反对垄断，提倡商业道德，这些都是非常好的民族传统，也是受宗教文化的影响形成的。中国西北穆斯林聚居区的维吾尔族、回族等民族均有经商传统，是西北地区从事商业活动的主要力量。在这些地区搞市场建设，可以充分利用伊斯兰文化的传统，避免市场经济中尔虞我诈、不择手段牟取暴利等市场缺陷的爆发。

在中国某些少数民族地区，以宗教为基础的寺院、寺庙经济已经成为具有一定经济功能的独立和庞大的经济部门，在民族地区的经济发展中起着独特的作用，如，西藏日喀则的扎什伦布寺出资注册6000多万元人民币的西藏刚坚发展公司，成立几年来利用扎什伦布寺特殊的社会影响和宗教地位，同国内外商贸往来频繁，经济效益日益增长，发展成为拥有地毯厂、木材加工厂等若干经济实体和旅游公司、行业公司及若干专业分公司的庞大的集团公司体系。青海湟中塔尔寺目前拥有旅游商店、藏医门诊、印刷厂等经营部门，每年收入数十万元，仅每年的门票收入就达20多万元，成立不久的寺属古建队，不仅每年能赚十几万元的利润，而且还就地招工，解决了部分当地富余劳动力的就业问题。在这些地区，寺院、寺庙经济以其独特的功能在民族地区发挥着越来越重要的作用。

少数民族宗教问题是非常复杂的问题，对于合法、正当的宗教权利，应该给予切实保护，同时，对于利用借宗教之名行违法犯罪、分裂祖国、破坏民族团结之实的不法之徒要坚决予以打击。另外，宗教中掺杂着迷信等不健康的成分，我们应当坚持无神论的马克思主义宗教观，对其加强引导，使其发挥有益的一面，控制、限制有害的一面。这种引导是以非常深入的了解和极细致的教育工作为基础的，而且必须有非常坚实的群众基础才能顺利进行，尤其是涉及少数民族的宗教问题。

民族、宗教问题是既有区分又紧密联系的两个非常重要的工作，做好少数民族群众的宗教工作，是处理好民族问题和宗教问题的关键所在。做好少数民族宗教工作，关系到加强党同人民群众的血肉联系，关系到推进两个文明建设，关系到加强民族团结、保持社会稳定、维护国家安全和祖国统一，关系到中国的对外关系。

第三节　中国关于少数民族宗教权利保障的政策

一、中国共产党少数民族宗教权利保障政策历史演变

(一) 解放前的宗教权利保障政策

1930年1月5日,《中共中央关于内蒙古工作计划大纲》中规定:"没收一切王公地主垦牧公司寺庙教会的土地归农民分配使用,没收王公寺庙的牲畜归牧民分配等。"① 1930年8月14日,《中国共产党对目前时局的宣言》中提出中国革命的总要求29条,其中第16条规定"没收一切教堂、庙宇及各种公地"②。中国共产党把上述的有关宗教团体土地的政策贯彻到民族地区,提出了相关的政策措施,成为我党对少数民族宗教政策的一部分。

1931年11月和1934年1月,第一、第二次全国苏维埃代表大会通过的《中华苏维埃共和国宪法大纲》都规定:"中华苏维埃政权保证工农劳苦民众有真正的信教自由为目的,绝对实行政教分离的原则,一切宗教不能得到苏维埃国家的任何保护和供给费用,一切苏维埃公民有反宗教宣传之自由,帝国主义的教会只有在服从苏维埃法律才能许其存在。"③ 从苏维埃共和国宪法大纲的规定反映出,我党从一开始就实行非常明确而坚定的宗教政

① 中共中央统战部:《民族问题文献汇编》,第138页,北京,中共中央党校出版社,1991年版。

② 中共中央统战部:《民族问题文献汇编》,第129页,北京,中共中央党校出版社,1991年版。

③ 中共中央统战部:《民族问题文献汇编》,第208-209页,北京,中共中央党校出版社,1991年版。

策，并一直到现在并没有十分剧烈的变化。这些规定反映了两个宗教政策的原则，即信教自由、政教分离，在现在中国仍然继续实行。另外对于外国教会的做法则是要求其服从中国法律，也可以看做是新中国成立后实行宗教自主自办原则的雏形。

红军长征开始后，中国共产党运用马克思主义的宗教理论和已提出的我党的宗教政策，结合当时各少数民族群众宗教信仰的实际情况，先后发布了一系列有关指示、决议和布告，制定了比较完整的对少数民族的宗教政策。这些少数民族宗教政策包括：(1) 宗教与政治分离，宗教不得干涉政治。1935 年 6 月，《中国共产党中央委员会告康藏西番民众书》中提出：宗教与政治必须分立，又重申："政教必须分立，喇嘛寺绝不能干涉政权机关。"(2) 宗教信仰自由，当喇嘛听其自愿，不愿当喇嘛的准许还俗。(3) 不再没收寺庙等的土地。

1936 年 5 月 29 日，《中国工农红军第四方面军总政治部对番民的策略路线的提纲》中提出了对于番民中几个实际问题的策略，其中关于宗教问题，我党和红军提出了比较全面系统的对少数民族的宗教政策："……（2）喇嘛寺土地不没收，可以出租；(3) 信教自由，不得强迫信教，已当喇嘛的，有还俗的自由，并可分得土地；（4）政教分离，喇嘛寺不得干涉政府行政，但喇嘛个人有参加政权的权利；（5）在法律上，僧俗一律平等，喇嘛犯法一样依法处理；（6）改进喇嘛教；（7）宣传无神论（但不要伤害番民的宗教感情）。"从该提纲可以看出，中国在长征中对少数民族宗教采取了既容忍，又试图改造的政策，但是一切都以自愿为原则进行，同时政策与措施配套，措施开始细化。

在抗日战争时期，我党的少数民族宗教政策为了团结最大多数宗教界人士及信教群众，采取了较以往更加宽松的政策。1939 年 4 月 4 日，《陕甘宁边区抗战时期施政纲领》提出"尊重蒙回民族之信仰、宗教、文化、风俗、习惯，并扶助其文化的发展"。

1942年1月28日，《中共中央关于抗日根据地土地政策决定的附件》规定：宗教土地（基督教、佛教、回教、道教及其他教派的土地），均不变动[①]。

（二）新中国建立初期的宗教政策

新中国成立初期，为了能够顺利解放边区，团结最大多数的群众，我党的少数宗教政策灵活适应，以应对纷繁复杂的格局，对于民族宗教和节日给予大力支持。为了和平解放西藏，中央政府同意西藏暂时不改变政教合一的体制，逐步改造。

1949年中国人民政治协商会议通过的起临时宪法作用的《共同纲领》，把党的一贯主张和已在解放区付诸实施的宗教信仰自由政策，明确规定为新中国的一项基本政策，即“中华人民共和国公民有宗教信仰自由权”。1954年第一届全国人民代表大会通过的《宪法》规定：“中华人民共和国公民有宗教信仰的自由。”这样，宗教信仰自由便以国家根本大法的形式确定下来，成为中国的一项重要的法律制度。解放初期，中国政府切实实行了少数民族宗教信仰自由的政策，不仅体现在政策，而且体现在国家采取了各种措施保护少数民族群众的宗教权利。

1950年10月1日，周恩来同志在庆祝建国一周年大会上的讲话中强调，对于各民族的宗教信仰和其他群众性的风俗习惯，人民政府和人民解放军坚持不干涉的原则。同年12月2日，政务院发布通令：信仰伊斯兰教的各族人民三大节日（尔代节、古尔邦节、圣纪节）食用的牛羊免征屠宰税，并放宽检验标准。

1951年5月23日，在西藏代表团与中央政府签订的《关于和平解放西藏的办法的协议》中规定，对西藏现行的政治制度暂时不予变更；对达赖喇嘛和班禅额尔德尼的固有地位和职权，应

---

① 中共中央统战部：《民族问题文献汇编》，第694页，北京，中共中央党校出版社，1991年版。

予维持。1952年11月22日，毛泽东在接见西藏致敬团代表时重申，共产党对宗教采取保护政策，信教的和不信教的，信这种教的或信别种教的，一律加以保护，尊重其宗教信仰，今天对宗教采取保护政策，将来也仍然采取保护政策。

20世纪50年代初，李维汉同志主持起草的《关于过去几年党在少数民族中进行工作的主要经验总结》指出：若干地方的若干同志，就是因为不了解上述的少数民族宗教的长期性、民族性、国际性，因而发生了急躁冒进的错误。这段话实际上已提出了“五性说”的雏形。在1958年召开的第五次全国宗教工作会议上，党中央正式提出了宗教的“五性”，即中国宗教具有长期性、群众性、民族性、国际性、复杂性的重要思想。“宗教五性论”是我党运用马克思主义宗教观对中国宗教问题所得出的科学结论，是认识和处理社会主义时期宗教问题的出发点，也是制定正确的宗教方针政策的重要依据，指出正确区分和处理宗教方面两类不同性质的矛盾。在社会主义革命和建设的实践中，针对中国宗教方面存在的两类不同性质的矛盾，毛泽东同志提出了如何正确认识和处理这些矛盾的重要思想。对于宗教界替国外敌对势力和国民党反动派效力的反革命分子、分裂主义分子，必须采取专政的方法加以解决；对于宗教界爱国人士和广大信教群众因信仰不同而引起的与其他劳动者之间的矛盾，属于人民内部矛盾，只能采取民主的方法，以讨论、说理的办法解决。

另一点值得提出的是要求宗教要服务于人民，宗教活动要有益于社会。新中国的成立使中国的社会制度发生了根本变革，宗教信徒特别是宗教教职人员和宗教团体面临着如何适应这一历史变革的考验。1950年，周恩来同志要求宗教界研究“怎样服务于人民”、“怎样辅助社会进步”，使宗教活动“有益于新民主主义社会”的问题①。这一要求可以说是引导宗教与社会主义社会相适应思想的雏形，为宗教界指明了正确的政治方向。

另外，我党引导各大宗教进行宗教制度民主改革，实现了教会的“三自”。1950 年 7 月，吴耀宗等中国基督教代表人物联名发表了《中国基督教在新中国建设中努力的途径》的宣言，提出中国基督教的总任务是“拥护共同纲领，在政府领导下反对帝国主义、封建主义和官僚资本主义，为建设一个独立、民主、和平、统一和富强的新中国而奋斗”。1950 年 11 月，天主教王良佐神甫和 500 余名教徒联合发表了《天主教自立革新宣言》，主张中国天主教“与帝国主义者割断各方面的关系”，“建立自治、自养、自传的新教会”。1958 年开始，各地结合少数民族地区的政治、经济制度改革，开展了宗教制度民主改革，废除了宗教封建特权和宗教压迫剥削制度。自此，确立了独立自主、自办教会和“自治、自养、自传”的方针。新中国成立初期，针对基督教、天主教受帝国主义控制与影响的情况，周恩来同志提出，中国宗教应该由中国人来办，让宗教还其本来面目。他还强调：“宗教团体本身要独立自主，自力更生，要建立自治、自养、自传的教会。”独立自主、自办教会和“自治、自养、自传”的方针是党和国家宗教政策中的一条重要原则。

总之，新中国一成立，中国共产党和政府就明确宣布了充分尊重各民族宗教信仰的政策，这不仅表现在党和国家主要领导人的言论之中，而且载入有关处理民族问题的重要文献之中。将尊重和保护宗教信仰自由明确为党和国家对待宗教的一项长期的基本政策，并在宪法及有关法律、法规中加以明确规定。

① 夏畦：《中国共产党 80 年宗教》，载《中州统战》，2002 年第 11 期。

二、中国共产党保护少数民族宗教权利的现行政策解读

第一，坚持无神论教育。我党是无产阶级政党，坚持唯物主义，因此，中国要坚定地坚持以科学的无神论教育，当然，在向少数民族推行无神论教育时，我党坚持实事求是，注重方法策略。1958年5月，中共中央批转中央统战部和中央民委党组《关于在回族党员中进行无神论教育》的报告指出：无神论教育，首先，要在共产党员、共青团员和干部中进行；其次，为了巩固宗教制度改革取得的胜利，解放思想，破除迷信，向群众适当地进行无神论的教育是必要的。

第二，强调保证信教自由的同时，也应当强调不信宗教的自由。同时，要求宗教活动必须在法律规定的范围内。中国实行政教分离，要求宗教界绝不允许宗教干预国家行政、司法、学校教育和社会公共教育，不允许强迫18岁以下的少年儿童入教；绝不允许恢复已被废除的宗教封建特权和宗教压迫剥削制度；绝不允许利用宗教反对党的领导和社会主义制度，破坏国家统一和国内各民族之间的团结。争取、团结和教育宗教人士是贯彻执行宗教政策的极其重要的前提条件；合理安排宗教活动场所，是落实宗教政策、使宗教活动正常化的重要物质条件；充分发挥爱国宗教组织的作用，是落实宗教政策、使宗教活动正常化的重要组织保证；正确区分和处理正常的宗教活动和在宗教外衣掩盖下的违法活动，以及不属于宗教范围内的迷信活动。

第三，依法对宗教事务进行管理。1982年以来，随着建设有中国特色的社会主义实践不断推进，处理宗教问题的实践也进一步深入，特别是进入20世纪90年代，以江泽民为核心的党中央第三代领导集体又提出了关于宗教问题的一些新观点、新论断。这也是1990年12月5日李鹏总理在全国宗教工作会议上首先明确提出来的：“依法对宗教事务进行管理，是不违背宗教信

仰自由政策的，而是全面贯彻宗教信仰自由政策的需要，是维护安定团结和各民族人民利益的需要。”20世纪90年代以来，国务院制定了《宗教活动场所管理条例》，各地也纷纷制定了相应的实施细则、办法或者管理条例。

第四，积极引导宗教与社会主义社会相适，科学地表述了宗教与社会主义的关系。1991年，中央曾指出，要动员全党、各级政府和社会各方面进一步重视、关心和做好宗教工作，使宗教同社会主义社会相适应。1993年11月7日，江泽民同志在全国统战工作会议上的讲话，明确提出了积极引导宗教与社会主义社会相适应的新论断，提出了“两个基础、两个要求、两个支持”的新概括。这一科学论断的提出，是建立在“两个基础”之上的，即包括信教群众在内的广大人民群众根本利益的一致性，中国各宗教自身的改革和进步。对宗教界人士和广大信教群众来说，关键是“两个要求”，在尊重他们的基本信仰的前提下，要求他们热爱祖国，拥护社会主义制度，拥护中国共产党的领导，遵守国家的法律、法规和方针政策；要求他们从事的宗教活动要服从和服务于国家的最高利益和民族的整体利益。“积极引导”的主体是党和政府，要做到“两个支持”，即支持宗教界人士努力对宗教教义做出符合社会进步要求的阐释；支持宗教界人士和信教群众与各族人民一道反对一切利用宗教进行危害社会主义祖国和人民利益的非法活动，为民族团结、社会发展和祖国统一多作贡献。

第五，坚持独立自主自办原则。中国宗教实行独立自主自办的方针，是中国人民在反抗殖民主义、帝国主义侵略和奴役的斗争中，由中国宗教信徒自主做出的历史性选择。1840年以来，随着中国沦为半殖民地半封建国家，中国有的宗教也长期被帝国主义、殖民主义控制和利用，起过重大的消极作用，被中国老百姓称为“洋教”。

1949年，中华人民共和国的成立，结束了中国鸦片战争以来半殖民地半封建社会的历史。为中国天主教和基督教实现独立自主自办提供了历史条件。1950年7月，吴耀宗等40位各教派负责人，发表《中国基督教在新中国建设中努力的途径》的“三自宣言”，表明了中国基督徒拥护新中国，摆脱帝国主义势力控制，实现中国教会自治、自养、自传。1950年9月，1527位基督教负责人签名拥护“三自宣言”。而后的三四年间，在这个文件上签名的基督徒达40多万人，占当时全国基督徒的三分之二。自此，中国基督教走上了“三自”道路。

新中国建立后，中国宗教界爱国人士和广大信教群众通过反帝爱国运动，摆脱了帝国主义、殖民主义的控制，走上了独立自主、自办教会的道路，得到了全体中国人民的支持和赞赏。今天，独立自主自办已经成为中国各宗教共同遵循的原则，也成为中国宗教的一大特色。随着对外开放的扩大，中国宗教界与世界各国宗教界的友好交往日益增多，但境外势力利用宗教对中国进行渗透的问题也日益突出，独立自主自办原则面临新的严峻考验。在这些年的国际斗争中，敌对势力利用宗教问题向我发难。境外宗教势力对我进行的渗透活动日益加剧，而且手段和方式也越来越多样化，已在中国一些地方影响了社会稳定。随着中国加入WTO以及互联网的迅速发展，将会给中国宗教工作带来许多新的问题，应当引起我们的高度重视。江泽民总书记告诫我们：“越是在扩大开放的形势下，越要坚持独立自主自办原则不动摇，越要做好抵御渗透的工作。”我们要及早制定应对措施，不断完善有关法规和政策，牢牢掌握抵御宗教渗透工作的主动权。

三、少数民族共产党员与宗教权利问题

宗教信仰问题对于国家来说是个人自由选择的私事，但对于中国共产党党员来说就不能说是个人的私事。中国共产党党员必

须具有马克思主义信仰，坚持唯物主义，坚持无神论。共产党员应该尊重非党员的宗教信仰自由，甚至可以从宗教哲学中吸取某些合理的因素用于发展我们的理论，促进我们的实践，甚至在全民信教的少数民族中，为了紧密团结信教群众可以与信教群众参与源于宗教活动的文化、体育活动；但是共产党员绝对不能信仰任何宗教，因为，宗教都是有神论的，是与马克思主义无神论对立的。

“为了不脱离群众，便于加强对宗教工作的领导，少数民族党员在思想上同宗教划清界限后，应当适当地参加一些非纯宗教性质的群众性集体活动，甚至包括一些带有宗教性质的群众性活动，因为只有这样，才能把自己融入群众中去，才能更好地开展各项工作，这不但不会削弱基层党组织的战斗堡垒作用，反而会进一步增强党组织在民族地区和信教群众聚居区的凝聚力、影响力和号召力，把信教和不信教的群众都凝聚到基层党组织的周围，处于党组织的领导之下，从而最广泛地调动起一切积极因素，建设民族地区的经济、政治、文化，推进民族地区各项事业的发展。”①

共产党员信仰宗教违背党的性质，影响党的先进性和纯洁性②。党员的信教行为会让群众认为共产主义信仰已经被人淡化，而有神论的宗教会由于党员的信教而得到更快的发展。对已经信仰宗教的党员，要区别不同情况加以处理。对极少数搞宗教狂热甚至利用宗教反对四项基本原则、制造民族分裂的党员，必须坚决开除出党。对丧失共产主义信念，笃信宗教或成为宗教教职人员的党员，应该劝其退党，劝而不退的，应当予以除名。对

① 潘国庆：《解决少数民族党员信仰宗教问题的成功实践》，载《天水行政学院学报》，2003 年第 5 期。

② 杨祖勋：《共产党员不能信仰宗教》，载《当代贵州》，2005 年第 14 期。

共产主义信念动摇，热衷于组织与参加宗教活动经过批评教育有转变决心和实际表现并由本人要求留在党内的，应给予限期改正，到期不改的劝其退党。对受宗教观念影响或迫于社会家庭的压力参加一般性宗教活动，但本人能够执行党的路线、方针、政策积极为党工作，服从党的纪律的党员不能用简单的办法对待，而是要对他们进行耐心细致的教育，帮助他们从思想上和行动上逐步摆脱宗教的束缚。在一些基本全民信仰某种宗教的少数民族地区，要把党员信教同参加某些纯属民族风俗的活动区别开来。生活在这种环境中的共产党员，既要在思想上同宗教信仰划清界限，又要在生活中适当尊重和顺从民族的风俗习惯。

第四节 少数民族宗教权利的法律保护

宗教信仰是一项基本人权，与有关国际公约一样，中国政府赋予公民包括少数民族公民宗教信仰自由并给予法律保障。中国实行宗教信仰自由和政教分离政策，法律规定中国公民不分种族、民族和性别，均享有信仰宗教和不信仰宗教的自由。各宗教一律平等，宗教与国家政权相分离，国家法律保护公民的宗教信仰自由，保护正常的宗教活动，保护宗教界（包括信教群众、教职人员和宗教活动场所）的合法权益。中国的少数民族公民同样拥有宗教信仰自由，少数民族信教群众的正常宗教活动、少数民族宗教界的合法权益受中国宪法和法律的保护。

一、少数民族宗教权利的宪法保障

在《宪法》中，宗教信仰自由是公民的一项基本权利。《宪法》第36条规定：“中华人民共和国公民有宗教信仰自由。”“任何国家机关、社会团体和个人不得强制公民信仰宗教或者不信仰宗教，不得歧视信仰宗教的公民和不信仰宗教的公民。”“国家保护正常的宗教活动。”同时也规定：“任何人不得利用宗教进行破坏社会秩序、损害公民身体健康、妨碍国家教育制度的活动。”“宗教团体和宗教事务不受外国势力的支配。”

中国宪法的规定全面地反映了我党的宗教政策的主要原则，包括公民的宗教信仰自由，依法管理宗教活动，独立自主自办原则。少数民族公民的宗教权利自然也受宪法规定的保护。

二、少数民族宗教权利的普通法律保护

《国刑法》第251条规定：“国家机关工作人员非法剥夺公民的正当的宗教信仰自由和侵犯少数民族风俗习惯，情节严重的，处二年以下有期徒刑或者拘役。”

《民族区域自治法》第21条规定：“民族自治地方的自治机关保障各民族公民有宗教信仰自由。”第53条规定：“教育各民族的干部和群众互相信任，互相学习，互相帮助，互相尊重语言文字、风俗习惯和宗教信仰，共同维护国家的统一和各民族的团结。”《民法通则》第77条规定：“社会团体包括宗教团体的合法财产受法律保护。”《义务教育法》第16条规定：“不得利用宗教进行妨碍义务教育实施的活动。”此外，中国政府颁布的《教育法》、《劳动法》、《人民代表大会选举法》、《村民委员会组织法》、《广告法》等法律中还规定：公民不分宗教信仰都享有选举权和被选举权；宗教团体的合法财产受法律保护；教育与宗教相分离，公民不分宗教信仰依法享有平等的受教育机会；各族人民都要互相尊重语言文字、风俗习惯和宗教信仰；公民在就业上不因宗教信仰不同而受歧视；广告、商标不得含有对民族、宗教歧视性内容。

中国政府还颁布了《中华人民共和国境内外国人宗教活动管理规定》，尊重在中国境内的外国人的宗教信仰自由，保护外国

人在宗教方面同中国宗教界进行的友好往来和文化学术交流活动。外国人可以在中国境内的宗教活动场所参加宗教活动，可以应省级以上宗教团体的邀请讲经、讲道，可以在县级以上人民政府认可的场所举行外国人参加的宗教活动，可以邀请中国宗教教职人员为其举行洗礼、婚礼、葬礼和道场法会等宗教仪式，可以携带自用的宗教印刷品、宗教音像制品和其他宗教用品进入中国国境。外国人在中国境内进行宗教活动，应当遵守中国的法律、法规。

宗教信仰自由在许多国际人权公约中被认定为基本人权。《联合国宪章》、《世界人权宣言》、《经济、社会、文化权利国际公约》、《公民权利和政治权利国际公约》、联合国《消除基于宗教或信仰原因的一切形式的不容忍和歧视宣言》以及《维也纳宣言和行动纲领》中关于宗教或信仰自由是一项基本人权，公民有宗教或信仰的选择自由，不得以宗教或信仰原因为由对任何人加以歧视，有宗教礼拜和信仰集会及设立和保持一些场所之自由，有编写、发行宗教或信仰刊物的自由，有按宗教或信仰戒律过宗教节日及举行宗教仪式的自由，促进和保护民族、种族、宗教和语言上属于少数的人的权利等。《消除基于宗教或信仰原因的一切形式的不容忍和歧视宣言》中提出："有表明自己选择宗教或信仰的自由，其所受限制只能在法律规定以及为保障公共安全、秩序、卫生或道德、或他人基本权利和自由所必要的范围之内。"《公民权利和政治权利国际公约》也提出："任何鼓吹民族、种族或宗教仇恨的主张，构成煽动、歧视、敌视或强暴者，应以法律加以制止。"无论信仰宗教的公民还是不信仰宗教的公民，在法律面前一律平等。这也是一个现代文明和法治国家的基本要求。

各国的历史、文化和国情不同，这决定了各国保护宗教信仰自由的实践会有不同的特点。中国在强调保护信教自由时，也强调保护不信教的自由，把两者置于同等重要的位置，从而在完整意义上体现了宗教信仰自由。这是对公民基本权利更充分、更全面的保护。

宗教要与其所处的社会相适应，这是宗教存在与发展的普遍规律。中国人民正在建设有中国特色的社会主义现代化国家，中国政府倡导宗教要与之相适应。这种相适应不是要求公民放弃宗教信仰，不是改变宗教的基本教义，而是要求宗教在法律的范围内活动，与社会的发展与文明的进步相适应。这是符合信教群众和各宗教本身的根本利益的。

三、宗教信仰自由的司法行政保障和监督

在司法保障方面，中国对侵犯公民宗教信仰自由权利的行为有明确的惩处规定。人民检察院在《直接受理的侵犯公民民主权利、人身权利和渎职案件立案标准的决定》中规定，对国家工作人员非法剥夺他人正当的宗教信仰自由，如干涉他人正常的宗教活动或者强迫教徒退教，强迫公民信教或信某一教派，情节恶劣，后果严重，影响很坏的行为，以及非法封闭或捣毁合法宗教场所及其他宗教设施的行为等，应予以立案。近年来，中国司法部门依法审理了若干起违反国家有关法律、严重伤害教徒宗教感情的案件，对责任者予以惩处。

在行政保障方面，中国各级政府设立了民族和宗教事务部门，对有关少数民族和宗教的法律、法规的贯彻实施进行行政管理和监督，具体落实和执行宗教信仰自由政策。政府宗教事务部门不干涉宗教团体和宗教活动场所的内部事务。同时政府提供大量优惠政策保护作为古迹的宗教场所，加以维护和修葺。

与世界上一些国家一样，中国的宗教团体和宗教活动场所需依法向政府履行登记手续。宗教活动场所申请登记应具备基本的条件：有固定的处所和名称；有经常参加宗教活动的信教公民；

有信教公民组成的管理组织；有主持宗教活动的宗教教职人员或符合各宗教规定的人员；有管理规章；有合法的经济收入。对不完全具备设立条件或在管理上存在一些突出问题的宗教活动场所，政府部门予以暂缓登记或临时登记。对那些不具备登记条件的，如非法占用土地，违反城市规划法规，私自建立宗教设施的；假冒宗教教职人员擅自设立的；打着宗教的招牌，进行“驱魔赶鬼”等迷信活动的处所等，政府部门则不准予登记。宗教活动场所一经依法登记，便获取合法地位，其合法权益受到保护；遇有侵犯其权益的行为，宗教活动场所管理组织有权向政府有关行政机关申诉，直至向人民法院起诉，寻求行政和法律保护。对基督教教徒按照宗教习惯，在自己家里举行以亲友为主参加的祷告、读经等宗教活动（中国基督教习惯称之为“家庭聚会”），不要求登记。

在各级人民代表大会、政治协商会议中，有近17万名宗教界人士担任代表、委员。他们代表宗教界在人大、政协会议上参与国家大事和社会重要问题的讨论，并就政府涉及宗教的工作提出意见、建议、批评或议案、提案。作为人民行使权力的机关的中国各级人民代表大会，以及在国家政治生活、社会生活中有重要作用的政治协商会议，对宗教信仰自由政策和法律规定的贯彻执行情况实施监督。仅1993年至1996年，国务院宗教事务局办复全国人大代表建议和全国政协提案就达50余件。

四、中国的少数民族宗教权利保障的措施

（一）宗教活动场所的保护

在中国宗教文化古迹得到了很好的保护，国家和政府每年都花费大量资金用于修葺保护寺院、道观、清真寺等。少数民族信教群众的宗教活动场所的合法权益受到保护。全国8.5万宗教活动场所中，少数民族信教群众就有3.5万多座，其中藏传佛教寺

庙3000余座，南传上座部佛教寺院1600余座，伊斯兰教有清真寺3万多座。各寺庙宫观都建立了民主管理委员会，少数民族信教群众自己管理宗教的内部事务。2004年11月国务院颁布了《宗教管理条例》，保护公民宗教信仰的自由同时对信仰宗教的公民所承担的义务和社会责任做出了详细规定。《宗教管理条例》是少数民族公民宗教信仰的重要法律依据，也是维护宗教方面合法权益的重要手段。为了便于管理和维护宗教信仰群众的合法权益，中央人民政府以及地方人民政府均下设宗教事务管理机构。

国务院和西藏自治区政府先后将布达拉宫和大昭寺、扎什伦布寺、哲蚌寺、萨迦寺、色拉寺等著名宗教活动场所列为全国和自治区的重点文物保护单位。20世纪80年代以来，国家每年都拨出专项资金和黄金、白银等用于寺庙的维修、修复和保护，国家用于这方面的资金已有3亿多元。到目前为止，由国家和自治区出资维修、修复的寺庙有1000多座。对布达拉宫的维修，国家共拨专款5500多万元，历时5年多，维修面积达33900平方米。国家拨专款670万元、黄金111公斤、白银2000多公斤及大量珠宝，修复了五世至九世班禅灵塔祀殿。为修建十世班禅灵塔祀殿，国家一次就拨专款6620万元、黄金650公斤。1994年，国家又拨款2000万元，继续修复甘丹寺①。

（二）少数民族宗教典籍的整理出版

佛教界出版了《大藏经》等重要藏语系佛教经典，伊斯兰教出版了一批阿拉伯文、汉文、维吾尔文和哈萨克文的《古兰经》等伊斯兰教典籍以及中国伊斯兰教学者的著作，藏传佛教界、伊斯兰教和上座部佛教界每年都组织宗教界人士出国进行友好访问、参观、考察和学术交流，并接待前来中国少数民族地区

---

① 刘小芳：《党的宗教政策在西藏实践的回顾与思考》，载《西藏民族学院学报》（哲学社会科学版），2003年第2期。

朝佛、参观、考察的团体和个人，不断加强对宗教典籍的收集、整理、出版和研究工作。20 世纪 90 年代以来，藏文《中华大藏经·丹珠尔》（对勘本）、《藏汉对照西藏大藏经总目录》、《因明七论庄严华释》、《慈氏五论》、《释量论解说·雪域庄严》、《嘛呢全集》等陆续整理出版。已经印出《甘珠尔》达 1490 多部，还印出大量藏传佛教的仪轨、传记、论著等经典的单行本，供给寺庙，满足僧尼和信教群众的需求。宗教研究机构、高僧、学者的有关佛教专著，如《贝叶经的整理、研究》、《西藏拉萨现存梵文贝叶经的整理》、《西藏宗教源流与教派研究》、《活佛转世制度》、《郭扎佛教史》、《西藏苯教寺庙志》、《中国藏传佛教寺庙》、《西藏佛教寺院壁画艺术》等，都正式出版发行①。

（三）少数民族宗教教职人员的培养

中国在北京、西藏、四川以及甘肃、青海等地创办了藏语系高级佛学院以培养藏语系佛教僧才，信仰上座部佛教的少数民族举办了多次短期巴利语佛学班，选编出版巴利语佛学教材。伊斯兰教界在北京、昆明、银川、兰州、沈阳、郑州、西宁、乌鲁木齐等地开办 10 所伊斯兰教经学院，培养年轻阿訇和其他人才。佛教职业人员和佛学研究队伍不断知识化。早在 20 世纪 50 年代，拉萨中学就设有喇嘛班，而后又建立了西藏第一所培养佛教学者的院校——西藏佛学院。1987 年，中国藏语系高级佛学院在北京成立，它的成立使对僧人的教育由经院式教学改变为现代化教学。在西藏各寺庙开办的学经班中，进行宗教经典研习的学经僧人有 3270 人。这些举措的落实为我国培养和造就政治上热爱祖国、拥护社会主义制度、又有相当宗教知识的年轻一代宗教教

---

① 刘小芳：《党的宗教政策在西藏实践的回顾与思考》，载《西藏民族学院学报》（哲学社会科学版），2003 年第 2 期。

职人员和宗教研究队伍奠定了坚实的基础[1]。

（四）关于西藏宗教问题

西藏是中国的一个民族区域自治地方。藏族多数群众信奉藏传佛教。1951年和平解放以来，特别是改革开放以来，公民的宗教信仰自由权利在西藏得到了充分的贯彻落实。信教者家中几乎都设有小经堂或佛龛，每年到拉萨朝佛敬香的信教群众达百万人以上。西藏处处可见从事佛事活动的信教群众，到处悬挂着经幡，堆积着刻有佛教经文的玛尼堆。一年一度的雪顿节中的宗教活动及传统的马年转冈仁波钦、羊年转纳木错湖等宗教活动，都得以正常进行并受到社会各方面的尊重。

活佛转世是藏传佛教特有的传承方式，得到了国家的承认和尊重。1992年，国务院宗教事务局批准了第十七世噶玛巴活佛的继任。1995年，中国严格按照宗教仪轨和历史定制，经过金瓶掣签，报国务院批准，完成了十世班禅转世灵童寻访、认定以及第十一世班禅的册立和坐床。这些举措充分反映了藏族群众宗教信仰自由权利受到尊重和保护，得到了西藏广大信教群众的拥护和支持。鉴于历史上的藏传佛教大活佛在西藏社会生活中的特殊地位，中国的明代、清代逐步将活佛转世纳入了中央政府管理和国有典章法制范围内。1792年，清朝政府颁布法令，对呼图克图以上大活佛实行"金瓶掣签"，之后形成历史定制，并固定为藏传佛教的宗教仪轨。经"金瓶掣签"认定的活佛转世灵童须报请中央政府批准后，方能正式继位。少数情况特殊者也需报请中央政府批准后方可免予金瓶掣签。

（五）关于穆斯林

中国政府尊重和保护穆斯林群众的宗教信仰自由和风俗习惯。

---

① 刘小芳：《党的宗教政策在西藏实践的回顾与思考》，载《西藏民族学院学报》（哲学社会科学版），2003年第2期。

对穆斯林的朝觐，政府有关部门提供了各种服务，受到穆斯林的称赞。20 世纪 80 年代以来，中国赴麦加朝觐的穆斯林有 4 万多人。在新疆，现有清真寺达 23 万多座，宗教教职人员 29 万人，满足了信教群众过宗教生活的需要。中国政府也十分尊重信奉伊斯兰教的少数民族的饮食习惯和丧葬仪式，制定生产清真食品的法规，开辟穆斯林公墓。近年来，中国司法机关依法审理了有关出版物严重伤害穆斯林宗教感情的案件，维护了穆斯林的合法权益。

五、关于邪教与利用宗教犯罪

邪教，并没有确切的定义，但是一般指利用或借鉴一定的宗教仪式，控制教徒的思想意识，使之为教主所利用。法国专家列举邪教十大特征：1. 精神领袖法力无边，权力至高无上，信众必须绝对服从。2. 借助信众大肆敛财，因此往往财雄势大。3. 教规高于社会法规，令信众脱离正常社会生活。4. 儿童以及女信众，常常遭到虐待或性侵犯。5. 广泛吸纳天真无邪的儿童入教。6. 鼓吹反社会思想，瞎说只有加入教派才能净化灵魂。7. 扰乱社会秩序。8. 借司法诉讼打击批评者。9. 经常转移资金。10. 力图渗透公共权力架构，以扩大其影响力①。诈骗钱财是邪教教主们的一个重要目的，几乎所有的邪教组织都要求成员捐献其财产给组织，加入组织后进行无偿的工作。乌干达邪教“恢复上帝十戒”的 6 名头目在害死上千人后携巨额钱财外逃；“法轮功”从 200 多万练习者身上非法获得超过上亿元的暴利供李洪志等人挥霍；日本的“奥姆真理教”从创立到被取缔的 6 年间，资产扩大了 250 倍，共聚敛资财约 11. 5 亿美元；日本的“法之华”邪教组织共骗取治疗者钱财高达 54 亿日元；在法国，“科学学教

① 《不听欧美盟国异议，法国颁布法令整治邪教》http：//news. sdinfo. net/72341268037894144/20010608/28401. shtml.

会”通过向成人兜售一种治疗仪，骗取大量钱财。“耶稣基督原教旨主义最后审判圣徒会”是一个跨国邪教组织，该教派声称“世界末日临近”，“只有结成天体伉俪的人才能幸免于难”。牙卜教头目以此邪说欺骗教徒，让年龄在13岁至16岁的美国幼女和少女嫁给他们，一名头目可“娶妻”多达几十人。在加拿大的利特斯，全镇居民不过千人，镇内44岁的该教会主教兼大商人温斯顿一人竟“娶妻”30名，生子多达80人。①

对于信教的群众，邪教是不容易侵蚀的，但是对于没有宗教信仰，或者宗教信仰不坚定的那部分人，在遇到不如意的事情的时候，容易被邪教所迷惑。

中国自20世纪80年代以来，也出现了许多邪教，在农村地区，尤其是偏远的地区。中国政府依法严厉打击邪教组织，《刑法》第300条规定：“组织和利用会道门、邪教组织或者利用封建迷信破坏国家法律、行政法规实施，处3年以上7年以下有期徒刑；情节特别严重处7年以上有期徒刑。组织利用会道门、邪教组织或者利用迷信蒙骗他人，致人死亡的，依照前款规定处罚。组织和利用会道门、邪教组织或者利用迷信奸淫妇女、诈骗财物的，分别依照本法第236条（指强奸罪）、第266条（指诈骗罪）的规定定罪处罚。”1999年10月30日，全国人民代表大会常务委员会通过了《关于取缔邪教组织、防范和惩治邪教活动的决定》，随后，最高人民法院和最高人民检察院制定了《关于办理组织和利用邪教组织犯罪案件具体应用法律若干问题的解释》，这样就为打击、取缔邪教组织提供了完备的法律武器，从而保障少数民族群众宗教信仰自由不受非法侵犯。同时必须做好宣传，防止邪教渗入少数民族群众。

① 宫哲兵：《邪教的特征及其与宗教的比较》，载《尊重宗教信仰自由，打击和防范邪教——中国反邪教协会第五次报告会暨学术讨论会论文集》，第1－3页。

第七章　少数民族受教育权保障研究

教育是实现人权的前提条件，人们所享有的多种公民权利、政治权利以及经济、社会和文化权利，都只有在接受了最低水平的教育之后，才能真正实现。教育也是促进人权的重要手段，普遍的人权文化需要通过教育来进行营造。正因为如此，受教育权本身就是一项非常重要的权利。对于少数民族而言，就更为如此，文化多样性的保存与发展同样需要通过受教育权的保障来得以实现，因而，我们在研究少数民族文化权益保障时同样需要对少数民族的受教育权进行探讨。

第一节　少数民族受教育权概述

一、关于受教育权

关于受教育权，目前，学界普遍接受的概念是从公民与国家权益义务关系出发，强调受教育权概念中的国家积极作为的义务因素，把受教育权视为社会权。正如劳凯声教授所言："在法学理论中，尽管对权益的分类和表述存在不同看法和做法，但受教育权都属于公民的基本权这一范畴，是公民为自身利益，要求国家为一定行为的权益，是公民从国家那里获得均等的受教育条件和机会的权益。"① 因此，可以说"现代社会的受教育权，是指

① 劳凯声：《教育法论》，第92页，江苏教育出版社，1993年版。

公民作为权益主体，依照法律规定，为接受教育而要求国家依法做出一定行为或履行一定义务的权益”[①]。这些定义的可取之处在于切中了受教育权的实质，即受教育权作为公认的社会权，国家应该主动承担积极作为的义务并充分利用国内外资源予以保障。

中国学者认为，受教育权是指公民依法享有的要求国家积极提供均等的受教育条件和机会，通过学习来发展其个性、才智和身心能力，以获得平等的生存和发展机会的基本权益。这一概念从权益的本质、权益的价值目的、权益主体、权益的义务相对人、权益实现的途径及权益的法律依据等多方面、多层次地概括了受教育权的基本属性[②]。学者温辉在其著作《受教育权入宪研究》中谈道[③]：第一，从各国宪法制度看，受教育权在不同的国家理解不尽相同，存在以下几种观点：1. 受教育权是公民一项基本权益，如俄罗斯、波兰、智利等；2. 受教育权是公民的一项自由，如泰国、多米尼加等；3. 公民有平等受教育权，如日本、法国、意大利等；4. 受教育权既是公民的权益又是公民的义务，如中国大陆和台湾地区、越南等。第二，从学理上看，依据不同的标准可以对受教育权做出不同的划分和界定。作者从以下两个方面来探讨受教育权的定义：1. 作为文化权益的受教育权，指出受教育权是指公民依法所享有的、国家通过各种具体的措施予以保障的，在各类学校和各种教育机构学习科学文化知识以及接受各种技能训练的一项基本权益。其特征为：（1）依法；（2）国家通过各种具体措施予以保障；（3）仅指在学校教育；

---

① 秦惠民：《走入教育法制的深入——论教育权的演变》，第 191 页，中国人民公安大学出版社，1998 年版。

② 龚向和：《受教育权论》，第 29 - 35 页，中国人民公安大学出版社，2004 年版。

③ 温辉：《受教育权入宪研究》，第 6 - 28 页，北京大学出版社，2003 年版。

（4）突出基本权益。强调的是公民在宪法上所享有的权益。2. 作为受益权的受教育权，指出受教育权是人民为获得知识，以发展个人人格，得请求国家在各级学校里受教育的权益。强调的是国家之于公民受教育权所承担的义务。第三，从国际人权法上看，无论是国际人权法、美洲人权法，还是非洲人权法中，受教育权是作为一项社会权益被确认下来的，而在欧洲人权法中，受教育权则属于公民权益和政治权益的范畴，倡导教育自由，不主张国家对教育的积极介入。

综上所述，尽管对受教育权的定义，大家尚不能达成一致意见，但是对于国家积极主动地承担义务来保障受教育权的实现是没有异议的。

二、关于少数民族教育

关于什么是少数民族教育，学者王锡宏在其著作《中国少数民族教育本体理论》中总结了前人的研究成果，从“民族教育”的研究入手，介绍了目前关于“民族教育”的五种说法[①]：一、民族解放教育说。此说在一些国家沦为殖民地或者半殖民地时，或反对外来国家侵略和压迫，追求民族的解放和国家的独立时使用。二、广义说。民族教育是各民族的教育。三、总和说。在多民族国家中，民族教育泛指各民族教育的总和，既包括主体民族的教育，又包括少数民族的教育。四、多层次说。认为民族教育是一个具有多层次含义的概念，第一层次是指少数民族教育；第二层次是指多民族国家中各民族教育的总和；第三层次是指世界各民族教育。五、狭义说。即指少数民族教育说，认为民族教育指多民族国家中的少数民族教育，在中国指汉族以外的其他少数

① 王锡宏：《中国少数民族教育本体理论》，第 17 – 18 页，民族出版社，1998 年版。

民族的教育。作者赞同广义说的“民族教育”，并指出：从国际范围来看，长期以来，人们习惯上把民族教育理解为民族解放教育和少数民族教育。现在人们则主要把民族教育理解为少数民族教育。在中国，民族教育一般指狭义概念的民族教育即指少数民族教育。但是对“少数民族教育”的理解仍然不同，作者就列出了26种说法①。

综合分析后，我们认为，少数民族教育的定义必须包含以下内容：第一，少数民族教育在中国专指对汉族以外的55个少数民族成员实施的教育，强调了主体的特定性。第二，少数民族教育必须反映少数民族在语言、地域、经济生活以及表现在共同文化上的共同心理素质等方面的某些特征。第三，少数民族教育必须为提高少数民族的文化素质，为少数民族的政治、经济、文化等各方面发展服务。第四，少数民族教育必须适合于少数民族人民发展和进步的民族内容和形式。第五，少数民族教育是在与国家主流文化教育联系和影响下进行的，是多民族国家统一教育体系中，与主体民族教育相对应的一种教育类型。最后，将少数民族教育定义为：少数民族教育指在多民族的国家里，在与国家主流文化联系中，对主体民族以外的各少数民族成员实施的、反映少数民族某些特征并采取一定民族内容和形式，并为其服务的教育。

---

① 王锡宏：《中国少数民族教育本体理论》，第18－36页，民族出版社，1998年版。关于该问题有：专指说（55个少数民族说）；范围专指说（55个少数民族成员说）；“学生说”；民族地区说；民族和民族地区说；杂散区和民族地区说；比例说；语言说；校名说；目的说；民族补助经费说；服务说；对象说；民族特征说；“汉文化圈中的教育说”；跨文化教育说；不同文化背景说；多元文化教育说；发达民族帮助说；本民族说；民族文化说；三要素说（教育对象、教育目的、教育内容）；二要素说（教育对象、教育内容）；一要素说（民族精神说）；发展说；大教育说。

三、少数民族受教育权

以上是关于什么是少数民族教育的论述，但是对于少数民族受教育权的定义，目前还没有学者做出正式界定。我们以为，以上界定的少数民族教育只是少数民族受教育权的一个侧面，即少数民族教育的民族性这点。但是，众所周知，生活在多民族国家的少数民族仅仅学会本民族的东西是难以适应现代化社会的需要的，他们必须在学好本民族传统文化知识的基础上学好国家的主流文化知识。学习主流语言和文化知识并广泛地融入国家社会中同样很重要。这点在欧洲安全与合作组织 1996 年的《关于少数民族教育权益的海牙建议书》（以下简称《海牙建议书》）中有所体现，虽然该建议书不具有法律效力，但其宗旨和原则得到全世界的广泛认可，对中国也有积极的借鉴意义。

该建议书宗旨之第一项中指出①：只有少数民族在教育过程中获得足够的有关其母语的知识，他们坚持自己民族特性的权益才能够得到充分的实现。同时，少数民族也负有充分学习国家语言并与更广泛的国家、社会相融合的责任。我们认为，作为从法律角度提出的少数民族受教育权应该是指少数民族依法所享有的、国家通过各种具体的措施予以保障实现的，在各类学校和各种教育机构学习科学文化知识和本民族传统文化知识，以及接受各种技能训练以全面发展自己的一项基本权益。

---

① 参见《海牙建议书》（The Hague Recommendations Regarding the Education Rights of National Minorities and Explanatory Note, October 1996.）

The spirit of international instruments 1) The right of persons belonging to national minorities to maintain their identity can only be fully realised if they acquire a proper knowledge of their mother tongue during the educational process. At the same time, persons belonging to national minorities have a responsibility to integrate into the wider national society through the acquisition of a proper knowledge of the State language.

少数民族受教育权主要有以下几个特征：

1. 主体的特定性

我们认为少数民族受教育权的主体在中国为汉族以外的55个少数民族。

2. 权益客体的双重性

少数民族受教育权的权益客体为少数民族教育。学者王锡宏在其著作《中国少数民族教育本体理论》中的“特点论”部分提到[①]：少数民族教育双重性[②]，从内部关系看，少数民族教育双重性是二元结构。其一，在教育的各个方面首先考虑和适应本民族文化环境和本民族的发展需要，首先体现本民族特色，这是少数民族教育双重性的第一重性。其二，在教育的各个方面还要兼顾以主体民族为主的统一国家的发展和需要，在某种程度受到主体民族为主的各民族共同的大文化背景影响，这是少数民族教育双重性的第二重性。少数民族教育的双重性主要体现在：第一，教育特性的双重性。即这种教育既应该具有本民族教育的特殊性，同时还与全国普通教育具有共同性。第二，教育目的的双重性。少数民族既要培养民族学生的民族自尊心、自信心、自豪感、责任感，成为忠实、热爱本民族的优秀人才，同时也要使少数民族成为维护祖国统一、热爱社会主义祖国的建设者和接班人。第三，教育内容的双重性。既有国家统一的各民族的共同内容，也有本民族的文化历史内容。第四，教育用语和课本的双重性。即在有本民族语言文字的民族中小学用本民族语言文字授课，同时还要学习推广普通话；授课时使用的教材不仅有编译的

---

① 王锡宏：《中国少数民族教育本体理论》，第99页，民族出版社，1998年版。

② 我们认为这位学者在此提的双重性与前面提到的“少数民族教育”的定义有不吻合的地方。

民族教材，还有全国通用的教材。

3. 国家义务的特殊性

（1）国家的积极义务。国家应当积极采取各种措施保障少数民族受教育权的实现。这点在《海牙建议书》中有所体现，该建议书第二部分措施和手段中（第4－7条）提到：第一，国家应该以积极的方式处理少数民族教育权益问题。如果有需要，国家应当采取特别的措施使少数民族获得尽可能多的，特别是经济、技术方面的资源，使少数民族语言教育权益得以实现，这些措施可以由国家单独采取，也可以通过国际间的帮助和合作来实现。第二，国家应该创造条件，使少数民族成员的机构参与到发展和实施与少数民族教育有关的政策和计划的过程中来。同时《经济、社会和文化权益国际公约》第13条规定："初等教育应属义务性质并一律免费。"[①] 而要实现免费教育，离开国家的积极财政支持并采取措施是无法想象的。

此外，在其他的一些国家和地区的立法中也都有所体现。如

① 《经济、社会和文化权益国际公约》第13条：一、本公约缔约各国承认，人人有受教育的权益。它们同意，教育应鼓励人的个性和尊严的充分发展，加强对人权和基本自由的尊重，并应使所有的人能有效地参加自由社会，促进各民族之间和各种族、人种或宗教团体之间的了解、容忍和友谊，促进联合国维护和平的各项活动。二、本公约缔约各国认为，为了充分实现这一权益起见：（甲）初等教育应属义务性质并一律免费；（乙）各种形式的中等教育，包括中等技术和职业教育，应以一切适当方法，普遍设立，并对一切人开放，特别要逐渐做到免费；（丙）高等教育应根据成绩，以一切适当方法，对一切人平等开放，特别要逐渐做到免费；（丁）对那些未受到或未完成初等教育的人的基础教育，应尽可能加以鼓励或推进；（戊）各级学校的制度，应积极加以发展；适当的奖学金制度，应予设置；教员的物质条件，应不断加以改善。三、本公约缔约各国承担，尊重父母和（如适用时）法定监护人的下列自由：为他们的孩子选择非公立的但系符合于国家所可能规定或批准的最低教育标准的学校，并保证他们的孩子能按照他们自己的信仰接受宗教和道德教育。四、本条的任何部分不得解释为干涉个人或团体设立及管理教育机构的自由，但以遵守本条第一款所述各项原则及此等机构实施的教育必须符合国家所可能规定的最低标准为限。

美国和台湾地区的有关少数民族教育的法律规定：政府在少数民族教育经费投入中达到一定比例；上级政府机构的责任等国家的积极义务。这些内容在中国特别有意义，如我们实行的双语教学、内地西藏班、新疆班等，都是国家采取特殊措施，用以创造条件保障少数民族受教育权的实现。但是这些措施的实施效果如何，是值得深入研究的问题。若是出现不合适的，国家应该积极加以调适，以便更好地保障少数民族受教育权的实现。

（2）国家的消极义务。《海牙建议书》第2条：在实行有益于少数民族的国际条约时，政府应该坚持平等以及非歧视的基本原则。第6条：在少数民族教育问题上，国家应当给予地方适当的权限。一旦国家给予地方适当权限，就不得超越此权限。

在少数民族受教育权实现过程中，国家的义务更重要。国家得采取倾斜的政策或者法律来帮助少数民族受教育权更好、更快地实现，而且在现代社会越来越强调国家的责任。

4. 突出的基本权益性和特殊性

少数民族受教育权是少数民族的一项基本权益，这有别于一般意义的受教育权，应该说是受教育权的一种特殊形态，但二者之间又不是前者包含后者的关系，而是一种交叉关系。在内容方面，二者有重合的地方，如少数民族得学习“正式的国家语言及其文化知识”①，这与受教育权是重合的；但是少数民族同样要学习“本民族历史、文化和传统”②，这又与受教育权的要求是不同的。因此，少数民族受教育权与教育权一样，是少数民族的一项基本权益，但同时它又具有特殊性。

---

① 《海牙建议书》（The Hague Recommendations Regarding the Education Rights of National Minorities and Explanatory Note, October 1996.）第11条至第18条。

② 《海牙建议书》（The Hague Recommendations Regarding the Education Rights of National Minorities and Explanatory Note, October 1996.）第11条至第18条。

第二节 少数民族受教育权保护的现状

一、中国现阶段保障少数民族受教育权的法律及其主要内容

（一）中央立法及其主要内容

在中国，改革开放以来，全国人大及其常委会、国务院和各部委均无专门针对少数民族教育的立法出台，主要原则、精神和内容散见于一般的法律、行政法规和规章中。其中法律和行政法规主要有：《宪法》、《民族区域自治法》、《教育法》、《义务教育法》（2006 年修订）、《教师法》、《职业教育法》、《未成年人保护法》、《城市民族工作条例》、《扫除文盲工作条例》、《国务院关于深化改革加快发展民族教育的决定》（2002 年）等。此外还有一些部门的意见、决定、纲要等，如国家教委办公厅《关于进一步加强贫困地区、民族地区女童教育工作的十条意见》（1996 年）、《国家教委、国家民委关于加强民族教育工作若干问题的意见》（1992 年）、《国家教委办公厅关于加强民族散杂居地区少数民族教育工作的意见》（1992 年）、《国务院办公厅转发国家教委等部门关于进一步加强教育援藏工作请示的通知》（1993 年）、1992 年国家民委民族地区教育司《全国民族教育发展与改革指导纲要（1992 - 2000）》，等等。

综观这一时期民族教育法规的内容及特点，可概括为如下几个主要方面①：

1. 明确规定民族教育的指导方针和目标任务。2002 年《国务院关于深化改革加快发展民族教育的决定》提出了新时期中国

① 陈立鹏：《新时期中国少数民族教育立法的内容及特点》，载《贵州民族研究》，2005 年第 2 期。

民族教育工作的指导思想和目标任务。关于民族教育工作的指导思想，《决定》提出：要以邓小平理论和“三个代表”重要思想为指导。关于民族教育发展的目标任务，《决定》提出：“‘十五’期间，民族自治地方要在巩固‘两基’基础上，把实现‘两基’的县级行政区划单位从2001年的51%提高到70%以上，在95%的地区基本普及小学阶段义务教育”；“到2010年，民族地区全面实现‘两基’，办学条件进一步改善，形成具有中国特色、适应21世纪信息化和现代化建设需要、充满生机活力、较为完善的民族教育体系。”

2. 明确规定民族教育以“两基”工作为重点，积极推进各级各类教育的协调发展。《国务院关于深化改革加快发展民族教育的决定》指出：突出“‘两基’重中之重的地位，加大投入，集中社会各方面的力量，加快推进‘两基’进程。扶持少数民族和西部地区办好示范高中，发展高中教育；要努力办好民族地区高等学校和民族高等院校；民族地区高等学校和民族院校学位授权点的建设和研究生招生规模等给予特殊的政策扶持”等等。

3. 进一步确定招生中的优惠政策。2001年2月修正后的《民族区域自治法》将招生中对少数民族学生的优惠政策载入其中。《民族区域自治法》第71条规定：“国家举办民族高等学校，在高等学校举办民族班、民族预科，专门或者主要招收少数民族学生，并且可以采取定向招生、定向分配的办法。高等学校和中等专业学校招收新生的时候，对少数民族考生适当放宽录取标准和条件，对人口特少的少数民族考生给予特殊照顾。”

4. 双语教学的进一步规定。《教育法》以基本法的形式明确规定了中国双语教学的政策。此外，2002年10月教育部下发的《关于在有关省区试行中国少数民族汉语水平等级考试的通知》，指出“中国少数民族汉语水平等级考试，是在第二语言教学理论的指导下，结合中国少数民族学习汉语的特点，专门测试母语非汉语少数民族汉语学习者汉语水平的国家级标准化考试。并对考试对象、考试用途、考试的等级标准、考试时间”等做出了具体规定。

5. 多渠道筹措民族教育经费、增加民族教育投入。自1990年起，国家重新设置了民族教育补助费，每年2000万元，主要用于少数民族基础教育。《国务院关于深化改革加快发展民族教育的决定》全面规定了多渠道筹措民族教育经费、增加对民族教育投入的政策措施。如“中央财政通过综合转移支付对农牧区、山区和边疆地区寄宿制中小学校学生生活费给予一定资助；少数民族和西部地区各级财政也要相应设立寄宿制中小学校学生生活补助专项资金”，“国际组织教育贷款、海外和港澳台教育捐款的分配，重点向少数民族和西部地区倾斜”，“鼓励社会力量办学，支持和调动社会力量参与教育‘帮困济贫’行动”等等。

6. 加强教师队伍建设。《国务院关于深化改革加快发展民族教育的决定》指出：“要把教师队伍建设作为民族教育发展的重点，教育投入要保证教师队伍建设的需要。”

7. 规定教育对口支援。2001年6月13日，教育部下发了《关于实施“对口支援西部地区高等学校计划”的通知》指出：“根据西部地区重点建设高校（简称受援高校）的学科特点和意愿，北京大学、清华大学等13所高校被指定为支援高校”，“实施‘对口支援计划’。”

8. 加大对西藏、新疆教育扶持的力度。在内地举办西藏班、新疆班等对西藏和新疆的教育进行扶持，而且近年来的扶持力度进一步加强。

此外还有对人口较少民族教育、特殊地区教育和民族贫困地区女童教育给予特别支持；积极推进少数民族和民族地区现代远程教育的发展，等等。

（二）地方立法及其主要内容

改革开放以来，与中央关于少数民族教育立法的空白和缺失相比，地方立法却呈现出繁荣景象。由于地方立法权得以全面确立，各地、特别是民族自治地方，从当地实际出发，制定了一批有关少数民族教育的地方性法规和单行条例。截至2004年4月，由各地人大及其常委会、政府制定的有关民族教育的地方性法规有11项，[①] 包括《宁夏回族自治区民族教育条例》、《广西壮族自治区教育条例》、《黑龙江省民族教育条例》、《吉林省少数民族教育条例》、《湖南省少数民族地区普及义务教育若干规定》、《关于加快甘肃省民族教育改革与发展的若干意见》、《四川省民族地区教育发展十年行动计划》、《贵州省关于改革和发展民族教育若干问题的通知》、《海南藏族自治州民族教育工作条例》、《呼和浩特市民族教育条例》、《包头市民族教育条例》等；由民族自治地方人代会制定的民族教育自治单行条例有7项，包括《楚雄彝族自治州民族教育条例》、《西双版纳傣族自治州民族教育条例》、《红河哈尼族彝族自治州民族教育条例》、《延边朝鲜族自治州朝鲜族教育条例》、《黔西南布依族苗族自治州教育条例》、《内蒙古自治区莫力达瓦达斡尔族自治旗民族教育条例》、《辽宁省喀喇沁左翼蒙古族自治县民族教育条例》等。这些地方民族教育法规，有力地规范和推进了当地民族教育的改革与发展，同时，为中央制定全国性的民族教育法规提供了经验和素材。

上述民族教育法规的内容及特点，可概括为如下几个主要方面[②]：

---

① 转引自陈立鹏：《中国地方少数民族教育立法的内容及特点》，载《黑龙江民族丛刊》，2005年第1期。

② 转引自陈立鹏：《中国地方少数民族教育立法的内容及特点》，载《黑龙江民族丛刊》，2005年第1期。

1. 重视对民族教育战略地位的规定。这些民族教育法规一般都明确规定民族教育是教育事业的重要组成部分，应放在优先发展的战略地位，坚持优先发展、重点扶持的原则。如《黑龙江省民族教育条例》第2条，《宁夏回族自治区民族教育条例》第5条，《延边朝鲜族自治州朝鲜族教育条例》第3条，《包头市民族教育条例》第3条等都做出了类似的规定。

2. 重视建立专门的民族教育体系。现行的地方民族教育法规一般都明确规定设立民族小学、民族中学；为经济困难、居住分散的少数民族山区，设立以寄宿为主和助学金为主的民族小学、民族中学或民族班、女童班；有的还对设立民族幼儿园、民族师范学校、民族特殊学校等做出了规定，如《宁夏回族自治区民族教育条例》等。为加强民族学校的基本建设，有的民族教育法规还做出民族学校的建设标准应当高于同级同类学校建设标准的规定，如《宁夏回族自治区民族教育条例》等。明确规定为少数民族学生设立专门的民族学校，并按高标准建设民族学校，是保证少数民族学生平等受教育权的重要一环。

3. 重视对民族教育经费的规定。民族教育经费是民族教育发展的物质前提，也一直是影响民族教育发展的瓶颈。为改变这种状况，各地民族教育法规规定了一些倾斜、扶持的措施，如《西双版纳傣族自治州民族教育条例》等。

4. 重视对少数民族学生实行升学优惠与经济扶助。由于语言、文化差异以及教育环境等多方面的原因，少数民族学生一般学业成绩都相对较差，这严重影响了他们升入高一级学校的机会，从而造成实际上的教育机会不均等。因此，为提高少数民族学生的升学率，确保其平等的受教育权，各地民族教育法规根据本地少数民族学生的实际，规定了许多有针对性的特殊政策措施，如《广西壮族自治区教育条例》等。

同样，为提高少数民族学生特别是义务教育阶段少数民族学生的在校率，保证少数民族学生不因家庭经济困难而辍学，各地民族教育法规根据不同的情况，对少数民族学生做出了减免杂费、课本费以及提供助学金等规定，有的还对助学金标准的制定主体、增长核定依据等作出规定，如《黑龙江省民族教育条例》等。

5. 重视对少数民族教师及边远民族地区的汉族教师实行优惠。一是在职称评定上实行优惠。如《黔西南布依族苗族自治州教育条例》等。二是在福利待遇方面给予优惠与照顾。现行的地方民族教育法规，一般都规定在边远民族地区任教的教师享受一定的补贴或津贴，如《海南藏族自治州民族教育工作条例》等。为鼓励吸引内地教师到边远地区任教，有的地方民族教育法规还做出实行双薪制的规定，如《四川省民族地区教育发展十年行动计划》。三是在子女升学方面实行照顾，如《宁夏回族自治区民族教育条例》等。

6. 明确规定实行双语教学。少数民族语言文字是少数民族文化的重要载体。中国绝大多数少数民族都保存有自己的语言文字或有语言、无文字，在有些民族地区甚至不通行汉语，少数民族语言文字即为当地通用的语言文字。因此，在民族教育中，双语教学就显得尤为重要。各地民族教育法规从本地的实际出发，明确规定了双语教学的有关政策措施，如《延边朝鲜族自治州朝鲜族教育条例》和《黑龙江省民族教育条例》等。

7. 明确规定加强少数民族传统文化教育。少数民族优秀传统文化是中华民族文化宝库中的珍品，是少数民族教育中重要而富有特色的内容。同时，维护和发展少数民族优秀传统文化，也是少数民族教育的重要职责之一。在这方面，现行的地方少数民族教育法规，大多做出了明确的规定，如《吉林省少数民族教育条例》和《宁夏回族自治区民族教育条例》等。

8. 明确规定实行教育对口支援。组织发达地区对民族地区教育的对口支援，是加快发展民族地区教育以及实现本地区教育均衡发展的重要措施。在这方面，各地少数民族教育法规大多做出了明确规定。如《广西壮族自治区教育条例》、《宁夏回族自治区民族教育条例》和《黑龙江省民族教育条例》都有类似的规定。

此外，现行的地方少数民族教育法规，还明确规定坚持教育与宗教相分离的原则，鼓励社会力量举办民族学校，加强民族教育科学研究等。

二、现阶段中国少数民族受教育权法律保障存在的问题

中国少数民族受教育权保障主要存在以下问题：

（一）缺乏中央立法的强有力保障。在中国台湾地区，1998年便出台了《原住民教育法》，1999年，台湾“教育部”接着出台了《原住民教育法实施细则》，形成了比较完善的关于少数民族教育的法律体系，很好地保障了少数民族受教育权的实现。但是在大陆，如前所述，目前没有专门的《少数民族教育法》，即使2002年便开始起草的教育部《少数民族教育条例》，如今也过去4年，仍然没有出炉。从而使中国的少数民族教育缺乏统一的指导，实践中也相对混乱。

（二）现有立法的可操作性差。一方面，在中央无统一的立法，许多有关少数民族教育都是以政策形式出现的，政策的最大缺陷就是缺乏法律的稳定性和强制性，从而操作起来随意性较大。如1993年国家颁布的《中国教育改革和发展纲要》第43条规定：“逐步提高国家财政性教育经费支出占GDP的比例，到本世纪末达到4%。”到2000年，不但没有达到4%的承诺，反而低于1986年和1990年的水准。到2003年，国家财政性教育经费占GDP的3.28%，比2002年的3.32%下降了0.04个百分点。像北京市，“九五”期间财政性教育经费占GDP的比例仍低于

4%的目标。从全国情况来看，有17个省、自治区、直辖市预算内教育经费占财政支出比例比上年（2002年）有不同程度的下降①。几乎各地政府都违背了这项政策，但政策不具有强制性，也就不可能对谁进行问责。某种程度上也导致了一些不合理的现象出现。另一方面，虽然地方性法规或者少数民族教育条例较多，但是几乎大同小异，许多都照搬《民族区域自治法》的规定，而且比较原则。另外由于其法律效力低，也不能很好地保障少数民族受教育权。

（三）缺乏强大的经费支撑。中国的公共教育经费支出占国内生产总值（GDP）的比值为2.1%，低于世界平均水平，同样低于世界低收入国家3.2%的水平。如前所述，到2000年，国家财政性教育经费支出占GDP的比例不但没有达到4%的承诺，反而低于1986年和1990年的水准。有17个省、自治区、直辖市预算内教育经费占财政支出比例比上年（2002年）有不同程度的下降。这是值得我们深思的问题。目前中国的教育经费，没有哪一部法律对之作出规定，在少数民族教育这块同样没有一个具体的百分比。总是一些弹性的规定，以至于随意性较大，尤其是地方政府机构由于财政问题，政府以“经济建设”为中心，花到教育上的钱虽然也逐年增加，但总的来说跟不上教育发展的实际需要。而且教育投入存在误差，目前总的状况是向重点学校、重点班、重点地区投入。好在学界逐渐发现这个问题，国家法律也相应做出了些许回应。如《义务教育法》第2条规定：国家实行九年义务教育制度。义务教育是国家统一实施的所有适龄儿童、少年必须接受的教育，是国家必须予以保障的公益性事业。实施义务教育，不收学费、杂费。国家建立义务教育经费保障机

① 牟阳春主编：《中国教育年鉴》（2005年），第460页，人民教育出版社，2006年版。

制，保证义务教育制度实施。第22条规定："县级以上人民政府及其教育行政部门应当促进学校均衡发展，缩小学校之间办学条件的差距，不得将学校分为重点学校和非重点学校。学校不得分设重点班和非重点班。"但是具体的义务教育经费保障机制尚不知道。在整个教育的大环境下，少数民族教育也面临同样的问题，而且由于少数民族大多地处边远、落后的贫困地区，教育经费的短缺更加严重。于是危房问题、拖欠教师工资问题等附随问题随之出现。

（四）双语教学问题也很突出。实施双语教学不仅符合《宪法》和《民族区域自治法》的有关规定，同时也是少数民族的心愿。《海牙建议书》第11条规定：受教育的前几年在儿童的发展过程中具有关键性的作用。教学研究表明，在学前班和幼儿园阶段是学习语言的最理想时期。可见，学习语言的最佳时期是在儿童阶段，尤其是学前班和幼儿园阶段。于是《海牙建议书》针对这个特性，提出一些关于双语教学的方法。如第12、第13和第14条规定了在初级和中级教育中的双语教学。指出在小学阶段，最好用少数民族语言来讲授课程。少数民族语言应当被作为一门课定期教授。同时正式的国家语言也应作为定期教授的基础课，并由能够掌握两种语言的教师来教授。在中学阶段，一门课程的实质部分应当用少数民族语言来教授。少数民族语言应该被作为定期教授的课程。国家语言也应当作为定期教授的课程，由能够很好地理解孩子文化和语言背景并掌握两种语言的教师来教授。但是我们的双语教学问题在很多地方很令人担忧。从1985－2003年云南省少数民族文字图书、杂志、报纸的出版情况来看（见下表），随着时代的进步，民族文字出版物不仅没有增加，反而减少了许多。尤其是图书种类，从1995年的98种降到2003年的34种，册数也从14.1万册降到了13.85万册，由此可以推断出双语教学在云南这20多年来的境遇。

云南省少数民族文字图书、杂志、报纸的出版情况

年份	图书		杂志		报纸
	种数（种）	册数（册）	种数（种）	册数（册）	（万份）
1985 年	98	14.1	3	1.8	57
1990 年	56	23.3	2	1.3	49
1995 年	53	11.4	3	1.1	30
2000 年	12	8.86	2	1.5	59.71
2002 年	37	8.92	3	1.35	53.24
2003 年	34	13.85	3	1.5	34.65

注：资料来源于云南省统计年鉴（2005 年）。

综上所述，新中国成立以来，中国的民族教育事业在党的民族平等、民族团结政策的指引下，可谓发生了翻天覆地的变化。从办学规模到办学形式、从教学内容到教学条件、从初等教育到高等民族教育，都取得了令人可喜的成就；少数民族受教育权得到有力的促进。同时也为中国改革、发展、稳定和各族人民的团结、进步事业做出了重大贡献。少数民族教育所取得的成就是不可磨灭的。但是，在看到成就的同时，我们也应该清醒地看到，在某些领域、某些方面，少数民族成员应该享有的、作为公民基本权益之一的受教育权，还没有得到充分实现和保障。因此，如何才能充分有效地实现少数民族的受教育权、保障受教育权，值得我们去探索、去思考。

第三节　国外保障少数民族受教育权的相关机制

目前，国际上关于少数民族受教育权的问题，逐渐引起各国政府的重视，许多国家对此做出了反应。具体介绍几个较为典型的国家如下。

一、美国

美国对少数民族受教育权的保障也是经历一个从种族隔离、歧视到种族平等，对少数民族实施政策倾斜的肯定性计划。根据美国的现行立法体制，有关少数民族教育的立法内容，主要有三种表现形式：一是教育法律及其他法律中有关少数民族教育的条款。二是就解决“特殊人群”（无法像一般公民享受正常的生活、工作等权益的人群）的特殊需要以保证教育平等权益的名义而制定的专门法案或条款。三是针对印第安人制定的教育法，如美国联邦 1972 年颁布的《印第安人教育法》、1975 年颁布的《印第安人教育援助法》、1988 年颁布的《部落管理学校法》等。自 20 世纪六七十年代以来，有关少数民族教育的立法内容日益增多，目前已渐趋完善。最有代表意义的是 2001 年 1 月，布什总统签署发布的《不让一个孩子掉队法案》。该法案对美国教育做出了全面的规定，是目前美国联邦和地方制定其他教育法规的依据。其中涉及少数民族教育的内容可概括为以下几个方面[①]：

（一）关于联邦政府的职责。规定“联邦政府能够，而且必须帮助处境不利的学生缩小他们与同龄人之间的成绩差距”，“联邦政府将给予各州额外的资金援助和相关的自由，支持各州帮助处境不利学生缩小成绩差距”。

（二）关于提高处境不利学生的学业成绩。因为“贫民和富人之间、英裔（Angol）与少数民族之间的（学生）学业成绩的差距不仅很大，且在有些情况下这些差距还正在加大”。进而规

---

① 陈立鹏：《美国民族教育立法带给我们的启示》，载《中国民族教育》，2003 年第 1 期。

定“州、学区和学校必须负责保证所有学生，包括处境不利学生达到较高的学业标准。各州必须建立一套奖罚制度以使学区和学校在提高学业成绩方面承担责任”，“配合目前的法律，要求各州向家长报告学生的成绩评估结果。为了履行学校提高所有学生成绩的责任，这些结果必须按照种族、性别、英语能力、残疾与否和社会——经济地位等分类公之于众”。

（三）关于使英语熟练程度有限的学生转化成英语熟练的学生。规定“作为申请联邦基金的部分条件，各州应当建立成绩目标，以保证英语熟练程度有限的学生在三年之内英语达到熟练程度，应当保证英语熟练程度有限学生核心课程的标准至少达到与用英语授课的班级一样严格”。

（四）关于教育技术。规定“增加学校教育技术应用的拨款……资金要拨到那些最需要它的学校，包括乡村学校和低收入家庭学生较多的学校”，“联邦政府将通过‘住房与城市发展部’管理的‘社区发展资助计划’，鼓励各地政府在特困的地区建立‘社区技术中心’”。

（五）关于印第安人教育。规定“对于那些为……印第安人的孩子提供教育的学校来说，联邦政府负有特殊的义务”，“联邦政府打算通过增加对特批资助项目和印第安人事务局的拨款来加强这些学校的建设”。

二、加拿大

加拿大是个移民国家，英法以外的其他族裔居民和土著人是加拿大的少数民族。对少数民族的政策经历了从一元文化政策到二元文化政策最后到多元文化政策的这样一个发展过程。从 20 世纪六七十年代起，加拿大提出了多元文化主义政策。在 1977 年通过的一项国家指令中规定：少数民族有权通过学校系统的教育维护他们的母语；少数民族的儿童的母语在教育体系中应该被扶持，并且应收编进多元文化的课程。1988 年加拿大通过了世界上第一部《多元文化法》，保障各个民族都可自由地保持和发扬他们自己的文化和教育。为贯彻多元主义的文化与教育政策，加拿大政府除了将政策上升到立法的高度外，还采取了一系列措施[①]。

（一）拨专款支持多元文化计划。此款项用于设置多元文化奖金，建立多元文化中心、资助文化交流、青年活动和移民训练，资助多元文化研究项目，资助加拿大各民族史丛书的出版，资助加拿大民族调查研究，资助寻求高效的官方语言的教学方式，资助非官方语言教科书和视听教育，资助有关多元文化的会议，在大学设立研究民族问题的访问学者计划等。1971 – 1972 年加拿大政府拨款 150 万加元用于多元文化奖金，1973 – 1974 年又增加 100 万加元。1997 年，加拿大政府宣布一项新的多元文化计划，即在 1997 – 1998 年财政年度拨款 1830 万加元支持多元文化的发展。

（二）设立内阁部长专门执行多元文化政策。1988 年《加拿大多元文化法》规定设立负责多元文化事务的内阁部长，该部长与政府其他部长协商，以一种协调的方式，执行多元文化政策的计划与实践。

（三）设立多元文化顾问委员会。吸收不同民族成分的成员参加，尊重民族语言文字和风俗习惯；进行多元文化主义教育。

（四）有关少数民族教育的措施主要有：编写多元文化人文社科教科书，设置多种民族语言训练班，建立多元文化的校园氛围，开设多元文化音乐舞蹈课程，进行多元文化的文学研究和教育，加强不同民族学生之间的交往，重视印第安人等土著民族生

① 参见吴明海主编：《中外民族教育政策史纲》，第 212 – 218 页，中央民族大学出版社，2006 年版。

活、文化和教育条件的改善。

20多年来的实践表明，加拿大在各项教育法案的指导下，已经形成了比较完备的多元文化教育体系，这些经验对于中国乃至世界各国都是一份宝贵的财富。

三、英国

英国保障少数民族受教育权的相关规定，经过了一个从同化教育到多元文化教育的发展过程。具体表现如下[①]：

（一）教育同化阶段。这一时期为20世纪60年代，1965年，教育科学部颁发了题为《移民教育》（The Education of Immigrants）的文件，明确表明要关注少数民族的民族认同感，制定相关政策，提供与移民子女特点相适应的教育。这一文件的颁布标志着英国政府关注移民子女教育政策的真正开始。当时的主要对策集中在如何探讨将新移民子女更好地融入现有教育系统之中。为此，英国对待少数民族教育，实施的是同化方式，即探讨如何将移民最高程度地融入英国的社会生活之中。20世纪60年代的另一份重要法规是《英联邦移民法案》（Commonwealth Immigrants Act），该法案的实施不仅没有使移民教育问题得到解决，反而使少数民族子女的教育问题变得更糟。

（二）承认教育多元化阶段。在20世纪70年代，英国发起了一场多元文化运动。多元文化由过去关注的通过教育达到同化和整合移民的目的转向文化多样性的建设。20世纪80年代，涉及少数民族教育政策最重要的报告是《为所有人的教育》（Education for All）。该报告指出，民族教育问题应该从教育内外部因素两方面出发。1985年的《斯瓦恩报告》（Swann Report）提出

① 参见洪成文：《英国少数民族教育政策的变化轨迹》，载《中国民族教育》，2004年第2期。

了全新的概念，即不仅要为少数民族裔儿童提供良好的教育，而且也要为多数民族儿童提供良好的教育，良好的教育制度应该是种族多样、文化多元的。然而，来自地方与中央的政治压力以及右翼媒体对此实施猛烈攻击。三年后，英国开始推出《1988 年教育改革法》，第一次提出了国家课程的概念，课程改革要求所有学校必须设立三门核心课和七门基础课。但是却没有明确这种课程是在谁的价值观导引之下，能够从新课程改革中受益的是白人儿童，还是少数民族儿童，人们仍不得而知。

1990 年以来，英国政府开展了范围更广的少数民族教育运动。提出了将成绩低下和面临倒闭的学校改善为有效性学校的新方案。其手段是要在多元化社区中将新的方法引入学校当中去。改善问题学校的对策可以归纳为五点：（1）提高问题学校的办学自主权；（2）改变教育拨款方式，以学生数作为下拨教育经费的依据；（3）逐步减少地方学区在学校经费支出中的比例；（4）父母享有更大的教育选择权；（5）为社会和学生家庭提供更多的信息。

最近，英国首相发起了一场旨在未来 20 年间消除儿童贫困问题的“战役”。“战役”的主要目的是解决城市少数民族子女的教育和社会问题。1996 年，国家教育委员会特别强调：伦敦内城区的学校可在落实国家课程的同时引入种族多元化的课程。强调在课程民族特色的基础上，还要将种族平等意识渗透到学校教育教学的各个方面。学校要创设必要的氛围，对少数民族给予更多的接纳、理解和合作，以防止对少数民族的冷淡，减少少数民族学生心理上的恐惧。

四、澳大利亚

澳大利亚对少数民族从一开始的屠杀、霸占、同化到后面的尊重，采取多元文化的政策。其少数民族教育也经历了一个从同化教育到多元文化教育的过程。其对少数民族受教育权的保障主要体现在[①]：

（一）受教育机会方面。澳大利亚联邦教育法规定，澳大利亚实行12年义务教育，学生从6岁入学，凡是符合入学年龄的孩子（含土著人）的监护人都应该送孩子上学，并且是强制性的。1988年颁布的《澳大利亚土著人和托雷斯海岛民学习基本原理法案》以及联邦和各州、地方政府分别制定的《反歧视法》规定禁止歧视的原则和精神。此外，澳大利亚联邦和地方政府还制定许多行之有效的政策和措施以扩大土著孩子的入学机会。如取消小学升初中和初中升高中的统一考试，还有一些高校为少数民族学生制定了特殊招生计划，扩大了他们的高等教育入学机会。

（二）制定国家教育目标。1989年，澳大利亚所有州、区与联邦政府一致通过了《澳大利亚土著人和托雷斯海岛民国家教育政策》，这是澳大利亚关于土著国民教育的国家政策，包含了致力于提高土著民教育结果的21条国家目标，旨在促进土著民教育的平等。1999年4月，澳大利亚举行第10次州、区和联邦教育、就业、训练和青年事务部长委员会。提出《21世纪澳大利亚学校教育国家目标》规定：学校教育应该具有社会公正性，从而使土著民和托雷斯海岛屿的学生拥有均等的入学机会、均等的教育过程和均等的不断提高学习结果，与其他学生达到一致的水平。2003年3月，澳大利亚开始实施《国家土著民英语识字和算术发展战略》，其主要目标是确保土著学生达到与其他澳大利亚学生相当的识字和算术能力。

（三）加大民族教育投资。进入20世纪70年代以后，澳大利

① 吴明海主编：《中外民族教育政策史纲》，第342－349页，中央民族大学出版社，2006年版。

亚各级政府日益重视和加强土著人教育，把大量经费投入到土著学生的教育和发展上。不仅拨专款用于少数民族学生入学率和教育质量的提高，而且在对各州进行教育拨款的同时向少数民族较多的地区倾斜。1983－1984年，联邦政府的土著事务部为土著学龄前儿童教育和中小学教育提供了1400万澳元，每个学生每年平均可获得400－500澳元的教育费。1989年，澳大利亚通过了《土著民教育法》（补充资助），1998年的《高等教育资助法案》规定联邦政府将设立土著民资助金（2003年这一项目的资助经费达到2.43亿美元，2004年为2.488亿美元，2005－2007年间的经费预计增加1.04亿美元）。此外，2000年《土著民教育法案》也规定为土著民教育战略行动规划提供适当的经费资助。

（四）加强土著教师的培训和专业发展。澳大利亚政府制定措施对从事土著人教育的教师给予优惠照顾。如土著教师的年薪要比一般教师高2000－3000澳元；组织土著教师免费旅游等。《土著民高等教育2003年预算行动》中制定了土著教师奖励计划，奖励那些积极鼓励土著学生参与高等教育的教师（无论学术上还是在其他方面），他们可以暂时（一年）离开工作岗位去全身心地从事高等教育学术和专业研究。此外《国家土著民英语识字和算术发展战略》也明确指出，要在师资力量最薄弱的地方安置优秀教师，并以高薪吸引他们长期任教。

五、巴西

巴西经历了一个从种族歧视到种族平等，最后提出对少数民族教育给予政策倾斜的肯定性计划。为保障少数民族受教育权的实现，从20世纪80年代至90年代中期，巴西吸取以往教育发展中的经验与教训，重新确立本世纪初的教育发展战略，重点解决普及教育与提高教育质量问题。具体表现如下①：

（一）制定了十条规划，其中包括印第安人教育计划。1991年，巴西教育部承担了印第安人正规教育的责任。在基础教育司和印第安人教育委员会的协调下及在印第安少数民族代表的积极参与下，巴西教育部制定了全国印第安人教育政策和计划。主要内容是：一是建立专门的印第安人学校；二是混合不同文化；三是提高掌握母语和双语的能力；四是制定一种完整的教学计划。此外，巴西全民教育十年规划（1993－2003年）的制定也充分考虑到了文化的异质性，其中也特别提到印第安人的教育问题。同时，巴西宪法把种族歧视定为重罪，这是对教育领域的种族歧视的一种防范。巴西宪法把种族歧视规定为不可保释的重罪，是巴西种族政策的一个鲜明的特点。

（二）教育领域引进与实施肯定性行动方案。巴西一些大学近年来开始采取肯定性行动方案，针对少数民族学生，主要是黑人，提供一些入学名额与其他优惠条件。巴西种族教育政策的第一个提案是设立种族高等教育国家奖。历史上，一些群体尤其是处于劣势的巴西黑人，被排除在高等教育的门槛之外，设计此奖就是为了选择和资助那些促进改善黑人的入学条件和入学机会的相关建议或提案。改善的途径就是增加黑人学生入学机会。但是，由于种族歧视由来已久，白人学生上大学，黑人只有极少数可以上大学。现在，公立大学打破常规实施肯定行动而没有向白人学生及其家长做充分的宣传，遭到他们的强烈反对。因此，实践中对肯定行动方案支持和反对声音都有。

（三）实行在公立学校使用葡萄牙语教学与尊重语言多样性并存的矛盾政策。早在20世纪70年代，就有了关于为基本权益

① 潘希武：《巴西种族教育的立法、政策及其启示》，载《中国民族教育》，2006年第2期。

丧失的儿童实行双语教学的建议，但在20世纪80年代却遭遇回击。巴西1988年宪法规定巴西的官方语言是葡萄牙语，正规的公立学校应教授葡萄牙语，这被认为具有明显的冲淡语言多元化的意图。一些教育者发起一场概念转换的运动，形成了有关语言的丰富性与教学方法问题的一些正式和非正式的文件，为1998年的全国课程大纲的出台奠定了基础。这些文件旨在克服维护葡萄牙语一统天下的传统思想，提倡语言的多样性。然而，葡萄牙语作为正式的教学用语还是得到明确的维护。官方的姿态，是语言的多样性应得到承认与尊重，但是应有一个标准语言，发挥基本的作用以确保公民的社会参与。

纵观这些国家地做法，尊重少数民族，实行多元文化教育是总的趋势。无论效果如何，各国不仅从立法上对少数民族教育进行全面的规定，给予强大的经费支持，采取政策倾斜。还制定了一些配套措施，最终的目标都是更好地发展少数民族教育。

第四节 完善中国少数民族受教育权保障机制的建议

我们认为，完善中国少数民族受教育权保障机制可以从以下几个方面入手：

第一，加快关于少数民族教育的相关立法，尤其是全国人大加快制定《少数民族教育法》。如前所述，一方面，中国缺乏专门的《少数民族教育法》，导致了许多问题单靠政策没法解决；另一方面，在国际上，许多国家都出台了专门针对少数民族教育的法律。可见，保障少数民族受教育权最好的方式就是法律保障。

第二，大幅度加大对少数民族教育的经费支持力度。如前所述，经费的缺乏导致少数民族教育的落后。《海牙建议书》中有所体现，该建议书宗旨之第一项中指出[①]：只有少数民族在教育过程中获得足够的有关其母语的知识，他们坚持自己民族特性的权益才能够得到充分的实现。同时，少数民族也负有充分学习国家语言并与更广泛的国家、社会相融合的责任。可见少数民族教育担负着双重任务，其难度远远大于一般的教育。而且本身少数民族教育由于涉及双语教学，而中国拥有自己语言的少数民族又多，在一些民族地区，根本不通汉语，这更加大了在中国进行少数民族教育的难度。因此需要国家投入更多的精力来解决这些难题。最基本的就是强大的教育经费支持，这是少数民族教育得以发展的前提。

第三，采取政策倾斜，支持少数民族教育的发展。目前只在内地办有西藏班、新疆班来支持西藏和新疆的少数民族教育。而中国许多少数民族都居住在边远、落后、贫困的山区，交通不便，自然条件恶劣。因此，我们认为在现行西藏班、新疆班的基础上，设立内地少数民族班，专门招收来自西部农村的少数民族学生，尤其是落后、贫困地方的少数民族学生。此外，加强外部对少数民族地方教育的支援力度。这些都需要国家统一做出部署，进行政策倾斜。

第四，大力培养少数民族教育师资。目前中国少数民族教育除了经费缺乏外，最缺的就是优秀的教师。要发展少数民族教育，离开合格教师的培养是不可能取得成功的。在这方面，一些国家如澳大利亚政府所采取的“在师资力量最薄弱的地方安置优秀教师，并以高薪吸引他们长期任教”的做法值得我们借鉴。

第五，加强有关少数民族教育的理论研究。少数民族教育除

① 参见《海牙建议书》（The Hague Recommendations Regarding the Education Rights of National Minorities and Explanatory Note, October 1996.）

与一般教育具有共同的规律外，还具有自身的特殊性。少数民族教育科学研究、实验，目的就是要找出少数民族教育的特殊规律，以充分发挥理论对实践的指导作用。只有这样，少数民族教育才能避免盲目进行。

第八章　少数民族文化权利保障研究

文化和文化活动根植于整个人类社会，是一切人生活尤其是体面生活不可缺少的一种基本需要，因而从人性的角度而言，文化权益就成为人之为人的一项十分重要的权益。文化权益在当今社会越来越受到重视，首先，因为我们社会生产的目的就是要满足人民群众日益增长的物质文化生活需要，其中文化需要的比重正在逐渐上升。其次，随着中国现代化进程的推进，我们国民素质提高的步伐落后于经济，尤其是知识经济增长的步伐，相应的引发了一系列的社会问题，这些社会问题又反作用于经济发展，使我们的社会进步受到了不应有的影响。再次，文化权益与社会主义和谐社会的构建密切相关。“以人为本”的执政理念就要求我们尊重每一个人的生活方式，特别是他的文化，否则，和谐社会的构建将无从谈起。

少数民族也同样如此。少数民族的文化权益更应当受到加倍重视，这是由少数民族文化的特性所决定的。在现实生活中，少数民族的人们因为人口少等种种原因，在国际社会往往成为易受伤害的弱势群体，他们的人权状况格外令人关注，其文化权益就更容易受到损害。中国在积极加强少数民族人权尤其是文化权利的保障的同时，也特别重视少数民族人权保障领域的国际合作。本章就力图探讨少数民族文化权益保障的法理学基础，即人权视角下的少数民族文化权益保障，在人权领域被称之为少数民族的文化权利。

第一节 少数民族文化权利概述

一、国际社会对少数民族文化权利的界定

《世界人权宣言》第27条规定，人人有权自由参加社会的文化生活，享受艺术，并分享科学进步及其产生的福利。人人对由于他所创作的任何科学、文学或美术作品而产生的精神的和物质的利益，有享受保护的权益。

《经济、社会和文化权利国际公约》第15条规定，本公约缔约国承认人人有权：参加文化生活；享受科学进步及其应用所产生的利益；对其所创作的任何科学、文学或艺术作品所产生的精神上和物质上的利益，享有受保护的权益。本公约缔约国为充分实现这一权益而采取的步骤应包括为保存、发展和传播科学和文化所必需的步骤。本公约缔约国承担尊重进行科学研究和创造性活动所不可缺少的自由。本公约缔约国认识到鼓励和发展科学与文化方面的国际接触和合作的好处。

1968年，联合国教科文组织的一次专家会议对作为人权的文化权利问题进行了讨论（1968年8月8日至13日，巴黎）。会议认为："基本的文化权利包括每个人在客观上都能够拥有发展自己个性的途径；通过其自身对于创造人类价值的活动的参与；对自身所处环境能够负责——无论是在地方还是全球意义上。"同时，该组织在1976年12月26日通过了《关于促进人类普遍享有参与文化生活并为此作出贡献的建议》，该建议提出，"将保证人民能够参与文化生活的权益作为人权来进行保护"。联合国教科文组织成员国应"采取有效措施，保证人们能够接触所有民族和世界的文化……同时保护对于文化平等的认同，包括

少数民族和外国裔少数民族文化”①。

二、学者关于少数民族文化权利的主要观点

肖泽晟认为，从广义上讲，文化权利既包含了自由权意义上的文化活动的自由，也包括受益权意义上的文化权利。联合国的《世界人权宣言》和两个人权公约主要就是在这个意义上使用的并得到了多方面的系统阐述。文化权利有个人的文化权利与集体的文化权利之分。作为集体的文化权利，指的是一个主权国家内的各群体，不被强加异域文化而得以保留自己有个性的文化（包括艺术、历史、文化财富等），以及发展自己有个性的文化的权益。作为个人的文化权利，指的是人人有权要求国家积极采取措施保障自己可以自由参加文化活动，自由进行科学研究和创作活动，享受我们参加文化活动所产生的精神或物质上的利益，并分享科学技术进步的成果②。

艺衡、任珺、杨立青认为，公民的文化权利包括四个基本层面的内涵：享受文化成果的权益、参与文化活动的权益、开展文化创造的权益以及对个人进行文化艺术创造所产生的精神上和物质上的利益享有受保护权；文化权利在属性上与其他权益有共同之处：它是一种道德权益、普遍权益和反抗权益，它是人类历史发展的产物，它的出现是人类文明进步的体现③。

德全英、阿里甫·司马义认为，支持“文化成为权益”的认识是将文化权利作为少数民族权益的一部分看待，目的是通过

① ［新］阿努拉·古纳锡克拉、［荷］塞斯·汉弥林克、［英］文卡特·耶尔著，张毓强等译：《全球化背景下的文化权益》，第14页，中国传媒大学出版社，2006年版。

② 张千帆：《宪法学》，第236—237页，法律出版社，2004年版。

③ 艺衡、任珺、杨立青：《文化权利：回溯与解读》，第12页，社会科学文献出版社，2005年版。

承认少数民族文化的存在价值而鼓励文化多样性发展。在实践中，多元文化的权益要求经常涉及少数民族语言的法律地位和学校教育这两个方面[①]。

吴宗金对少数民族权益做了系统阐述，其论述可以适用于文化权利，他们把少数民族权益从理论上概括为广义和狭义之说。狭义上的民族权益是指多民族国家通过法律形式确认少数民族权益主体，在特定社会经济关系中依法行使的权益和享有的利益。广义上的民族权益还包括世界性组织、集团通过国际宪章、条约、公约、议定书等国际公法形式确认和赋予特定少数民族权益主体（包括作为国际法主体的某一特定国家、民族、种族、种群等），在一定国际法域内能够行使的权益和享有的利益[②]。

屈学武认为，少数民族享用自己文化的权益，是少数民族权益的内容之一，简称民族文化权。它指多民族国家或国际社会通过国内立法或国际约法形式确认和保障少数民族权益主体，按照自己的民族文化方式生活、学习、工作的权益[③]。民族文化权利可因民族文化模式的不同划分为不同类型。如对广义上的民族文化权利，就可因其民族文化本身有无物质性为标准，将其分为三大类：1. 民族物质性文化权利，包括民族科技文化权利、民族经济文化权利、民族居住文化权利、民族服饰文化权利、民族饮食文化权利等。2. 民族精神文化权利，包括民族古籍文化权利、民族心理文化权利、民族宗教文化权利、民族信仰文化权利、民族教育文化权利、民族文艺文化权利等。3. 民族综合文化权利，

---

① 德全英、阿里甫·司马义：《面向多元文化关系的法治理论》，载《法制与社会发展》，2005 年第 3 期，第 100 页。

② 吴宗金、张晓辉主编：《中国民族法学》（第 2 版），第 346 – 348 页，法律出版社，2004 年版。

③ 屈学武：《简论少数民族的文化权益》，载《理论与改革》，1994 年第 6 期，第 44 页。

指介于精神与物质之间的民族文化权利。如民族政治文化权利、民族法律文化权利、民族习俗文化权利等。至于狭义的民族文化权利，也可因其内容的不同，将其简单分为民族风习文化权利、民族文艺文化权利、民族教育文化权利等。

翟东堂认为："少数民族文化权利是少数民族人权最基本的内容之一，是自然的，不可让渡的权益。"作者还对少数民族文化权利的外延做出了界定。作者认为文化权利包括：文学艺术权益、语言文字权益、饮食和服饰权益、节日权益、少数民族用品权益、少数民族建筑风格权益、历史遗址和文化的权益、传统体育权益、新闻出版权益、其他权益等①。

张钧认为："广义而言，文化权，即文化权利，是与经济、社会权益相并列的一项基本权益，是一个民族保持、改革和发展与其他民族具有区别性的文化的权益。"② 作者在其文章中谈道：狭义上的文化权是与少数民族联系在一起，并阐述了文化权理论的框架。作者在提出文化权的理论框架时认为：文化权首先是文化自决权。这一点与翟东堂的文化权是一种自然的、不可让渡性相同。

肖泽晟认为，对集体的文化权利加以保障的重点，应当是尊重少数民族以及边缘化群体的成员，同他们群体的其他成员一样，共同享有自己特有的文化、信奉和实行自己的宗教或使用自己的语言的权益，并积极采取措施防止这些群体的文化因民族一体化的推进而消失，因为即使没有国家的干预，即使没有存在毁灭它们的恶意，现代社会的权力关系结构、经济制度、大众传媒

---

① 翟东堂：《略论中国少数民族文化权益的保护》，载《华北水利水电学院学报》，2005 年第 4 期，第 95 页。

② 张钧：《文化权法律保护研究——少数民族地区旅游开发中的文化保护》，载《思想战线》，2005 年第 4 期，第 29 页。

的影响以及一般的教育政策，少数人文化非常容易在无形中被蚕食和侵吞。[①] 从中可以看出，肖教授认为集体文化权利主要是少数民族的集体文化权利。

三、本书对少数民族文化权利的界定

我们认为，肖泽晟教授的观点与大多数第三世界国家的观点是一致的，既强调人权是一种个人权益，更强调人权是一种集体权益，比较符合中国等第三世界国家的实际情况。艺衡、任珺、杨立青的观点主要是根据《经济、社会和文化权利国际公约》第15条的规定来对文化权利进行的界定。吴宗金是对民族权益进行了界定，这种界定中将文化权利作为民族权益的一部分，也是有道理的。

毫无疑问，从国际人权法的角度，文化权利的一个重要方面就是少数人群体（包括少数民族）保持其文化特性的权益，即《公民权利和政治权利国际公约》第27条中的规定，在那些存在着人种的、宗教的或语言的少数人的国家中，不得否认这种少数人同他们的集团中的其他成员共同享有自己的文化、信奉和实行自己的宗教或使用自己的语言的权益。在这个问题上，目前国内学者的观点是比较一致的，这一权益可以定义为提供适当方法，包括差别性待遇，以使少数人有别于人口大多数人的特征和传统得以保留，确保少数人的权益得以实现，并在尽可能的程度上与大多数人享受同等的条件。

通过以上对少数民族文化权利及其与相近概念的比较分析，我们认为，少数民族文化权利既包含少数民族成员作为一个普通公民所享有的享受文化成果的权益、参与文化活动的权益、开展文化创造的权益以及对个人进行文化艺术创造所产生的精神上和

① 张千帆：《宪法学》，第236－237页，法律出版社，2004年版。

物质上的利益享有受保护权，也包含少数民族保持和发展其文化特性或固有的生活方式的权益。因为不同的生活方式造就了不同的民族特点，从一定意义上讲，保障少数民族的文化权利就是保护其生活方式，就是保护这个民族。前者是少数民族个人的文化权利，后者既是少数民族的个人文化权利，又是少数民族的集体文化权利，这种权益不仅意味少数民族成员个人发明创新及享受更多文化成果等权益，而且意味着少数民族个人坚持自己的文化的权益，即个人出生时所在群体的文化、个人生活环境的文化和个人认同的文化的权益。本书所探讨的文化权利，主要指中国内部的各个少数民族保持自己的文化特征、发展自己的文化的权益，主要是其保持其传统生活方式的权利。即便其有别于中国目前的主流或占主导地位的文化及其发展模式，也无损于这一权益的行使。根据《中国大百科全书·社会学卷》“生活方式”条目，是指不同的个人、群体或社会成员在一定的社会条件制约和价值观指导下，所形成的满足自身生活需要的全部活动形式与行为特征的体系。因而，少数民族基本文化权益也包含少数民族保持其固有的生活方式的权益，因为不同的生活方式造就了不同的民族特点，从一定意义上讲，保障少数民族的文化权益就是保护其传统生活方式，就是保护这个民族。

虽然学者对“生活方式”一词有不同的理解①，但正如马克思、恩格斯在《费尔巴哈》中所说：“人们用以生产自己必需的生活资料的方式，首先取决于他们得到的现成的和需要再生产的生活资料本身的特性。这种生产方式不仅应当从它是个人肉体存在的再生产这方面来加以考察。它在更大程度上是这些个人的一

① 彭兆荣：《旅游人类学》，第266页，民族出版社，2004年版；刘银良：《传统知识保护的法律问题研究》，见郑成思编：《知识产权文丛》（第13卷），第237页，中国方正出版社，2006年版。

定的活动方式，表现他们生活的一定形式，他们的一定的生活方式。”①

第二节 少数民族文化权利的司法保障

由于中国目前的司法实践中关于少数民族文化权益方面的案例还不是很多，本书在此选取了一个少数民族民间文学艺术表达方面的案例《乌苏里船歌案》对此加以说明，其中也涉及少数民族的文化权益，二者在法理上是相通的。

一、少数民族文化权利的司法保障的现状

《乌苏里船歌案》是中国第一起少数民族文化权利纠纷方面的司法案例，在法律界和音乐界引起了法律上、道义上、学术上的激烈争论。社会各界特别是音乐界不少人都自发参与到该案的讨论中来，人们关心的不仅仅是原被告之间的版权纠葛，更是对少数民族文化权利的主体的疑惑。该案的原告是黑龙江省饶河县四排赫哲族乡人民政府；被告是郭颂、中央电视台和北京北辰购物中心。该案的具体情况如下：

> 《想情郎》是一首世代流传在乌苏里江流域赫哲族中的民间曲调，已无法考证该曲调的最初形成时间和创作人。该曲调在20世纪50年代末第一次被记录下来。在同一时期，还首次收集记录了与上述曲调基本相同的赫哲族歌曲《狩猎的哥哥回来了》。1962年，郭颂、汪云才、胡小石到乌苏里江流域的赫哲族聚居区进行采风，收集到了包括《想情郎》等在内的赫哲族民间曲

① 《马克思恩格斯选集》（第一卷），第25页，人民出版社，1972年版。

调。在此基础上，郭颂、汪云才、胡小石共同创作完成了《乌苏里船歌》音乐作品。《乌苏里船歌》的主部即中部主题曲调与《想情郎》、《狩猎的哥哥回来了》的曲调基本相同，《乌苏里船歌》的引子及尾声为创作。1963年，该音乐作品首次在中央人民广播电台进行了录制，署名：东北赫哲族民歌。1964年，该歌曲《乌苏里船歌》发表时署名：赫哲族民歌，汪云才、郭颂编曲。1999年11月，中央电视台与南宁市人民政府共同主办了“1999南宁国际民歌艺术节”开幕式晚会。在郭颂演唱完《乌苏里船歌》后，中央电视台节目主持人说：刚才郭颂老师演唱的《乌苏里船歌》明明是一首创作歌曲，但我们一直以为它是赫哲族人的传统民歌。南宁国际民歌艺术节组委会将此次开幕式晚会录制成VCD光盘。北辰购物中心销售的刊载《乌苏里船歌》音乐作品的各类出版物上，署名方式均为“作曲：汪云才、郭颂”。

原告赫哲族乡政府诉称：《乌苏里船歌》是基于赫哲族人民在长期劳动和生活中逐渐产生的反映赫哲族民族特点、精神风貌和文化特征的民歌曲调改编完成。涉案赫哲族民间曲调属于著作权法规定的民间文学艺术作品，应当受到中国著作权法的保护，赫哲族人民依法享有署名权等精神权益和获得报酬权等经济权益。被告的行为侵犯了上述民间文学艺术作品著作权，伤害了每一位赫哲族人的自尊心和民族感情。故诉至法院，请求法院判令：被告在中央电视台播放《乌苏里船歌》数次，说明其为赫哲族民歌，并对侵犯著作权之事做出道歉；被告赔偿原告经济损失40万元，精神损失10万元。

被告辩称：《乌苏里船歌》是郭颂、胡小石、汪云才借鉴西洋音乐的创作手法共同创作的，该作品使全国少数民族中人口最少的民族为世界所了解。目前全国赫哲族成建制的民族乡有3个，原告只是其中之一，他们无资格和理由代表全体赫哲族人提起诉讼。以《想情郎》为代表的赫哲族民间传统曲调，只是一首古老的四句箫曲，并没有歌词，而《乌苏里船歌》既有新创作的曲子又有歌词。郭颂坚持《乌苏里船歌》是其创作的歌曲，不同意原告的侵权指控。

法院在审理过程中，根据双方当事人的申请，委托中国音乐著作权协会从作曲的专业角度对音乐作品《乌苏里船歌》与《想情郎》等曲调进行技术分析鉴定。鉴定报告结论是：《乌苏里船歌》是在《想情郎》等赫哲族民歌的曲调基础上编曲或改编而成。

一审法院经审理认为，原告作为民族乡政府既是赫哲族部分群体的政治代表，也是赫哲族部分群体公共利益的代表。在赫哲族民间文学艺术可能受到侵害时，鉴于权益主体状态的特殊性，为维护本区域内的赫哲族公众的权益，原告可以以自己的名义提起诉讼。以《想情郎》和《狩猎的哥哥回来了》为代表，世代在赫哲族中流传的民间音乐曲调，属于赫哲族传统的一种民间文学艺术作品形式。《乌苏里船歌》作为一首脍炙人口、家喻户晓的民歌音乐作品，《乌苏里船歌》主曲调是郭颂等人在赫哲族民间曲调《想情郎》的基础上，进行了艺术再创作，改编完成的作品。郭颂等人在使用音乐作品《乌苏里船歌》时，应客观地注明该歌曲曲调是源于赫哲族传统民间曲调改编的作品①。

① 《最高人民法院公报》，2004年第7期。

据此，2002 年 12 月，北京市第二中级人民法院对黑龙江省饶河县四排赫哲族乡政府诉郭颂、中央电视台、北京北辰购物中心侵犯民间文学艺术作品著作权纠纷，做出认定《乌苏里船歌》系根据赫哲族民间曲调改编而成的一审判决。判决主要内容为：郭颂、中央电视台以任何方式再使用音乐作品《乌苏里船歌》时，应当注明“根据赫哲族民间曲调改编”；郭颂、中央电视台在《法制日报》上发表音乐作品《乌苏里船歌》系根据赫哲族民间曲调改编的声明；驳回原告的其他诉讼请求。被告郭颂及中央电视台不服一审判决，提出上诉。[①] 2003 年 12 月 17 日，北京市高法终审维持了北京市第二中级人民法院的一审判决。[②]

该案发生后，中国音乐学院黎英海教授、中央音乐学院田联韬教授、中央民族大学吕绍恩教授等一批音乐界知名人士呼吁加强对民间艺术的保护，并尽快制定《民间艺术著作权保护法》。他们认为，民间艺术是全民所有的，著作权归全民所有，不能被个人所占有。但是，中国许多音乐界人士到民间采风后，把民间艺术进行改编后就以自己创作的形式出现。“作曲”与“编曲”虽然只有一字之差，但影响却大不相同。首先，如果个人拥有了民间艺术的著作权，其他人再改编民间艺术，就要征求这个人的同意并付费，否则就是侵犯了他的著作权。其次，“作曲”和“编曲”在稿酬和版税上相差数倍。专家们认为，《乌苏里船歌》的终审判决表明，民间文艺作品是公共产品，是多年锤炼集体创作而成，但不等于他们的著作权不受保护[③]。总之，以音乐学家为阵营的观点认为：依靠赫哲族《想情郎》音调来支撑的《乌

---

① 邵明艳：《由〈乌苏里船歌〉纠纷案谈民间文学艺术作品的法律保护》，载《人民法院报》，2005 年 10 月 11 日。

② 中国法院网 2003 年 12 月 22 日，千龙网 2003 年 12 月 21 日。

③ 杨昌平：《郭颂败诉〈乌苏里船歌〉属于人民》，http：//www. qianlong. com/ 2003 年 12 月 21 日。

苏里船歌》不论改编者投入过多少劳动，表现出多少作曲方面的才华，仍然得认定此曲是改编而非创作曲。人类口头和非物质文化遗产保护是国际性的，因此立法是必然的，有关法律的出台不会像有些作曲家担忧的那样，会阻碍音乐的发展，相反会有利于音乐的创作。

也有相反的观点存在，如李卫红在《郭颂的〈乌苏里船歌〉是否侵权》一文中认为，《乌苏里船歌》是创作作品。2003 年 1 月 26 日，中国轻音乐学会和黑龙江省音乐家协会特就“《乌苏里船歌》是改编还是创作”这一焦点问题，组织音乐界的专家从专业角度进行讨论。出席这次“继承发展民族民间音乐创作研讨会”的专家中有不但有音乐理论家还有音乐作曲家。吴祖强、时乐濛、苏夏、杜鸣心、石夫、汪立三、张丕基、徐沛东、胡小石、沈尊光及王羊均发表了各自的意见。另外，赵季平、丁鸣及陈受谦等三位专家提交了书面意见。与会专家经过对涉案相关作品进行研究，共同探讨，认为：《乌苏里船歌》是创作而非改编①。究竟谁是少数民族文化权利的主体？原告能否代表赫哲族人民？赫哲族人民的文化权利应该如何来行使？这些问题我们在前述第一章进行了探讨并有了一些初步的认识和观点，能否适合中国不同少数民族的实际，还有待于实践的检验。

我们于 2006 年 8 月对赫哲族聚居地之一的黑龙江省同江市街津口乡渔业村进行了文化权利保障方面的调查，其中就包括赫哲族人对该案的看法及知道自己的权益受到侵害时的内心感受。对渔业村的约 20% 的住户（共 19 户）进行了入户访谈，这 19 户是根据渔业村的实际情况进行认真选择的，年龄层次涵盖了老年、中年和青年；包含了村里比较有影响的、有威望的人；民族传统手工技艺的主要传承者；妇女；女婿户等，下面是其中与该

① http：//www. yuecheng. com/al_ shownews. asp？ news_ id = 26。

案有关的问题的访谈结果。

我们访谈的第 19 个问题是“您知道《乌苏里船歌》案吗?”有 15 人回答“知道”。这表明他们对本民族的切身利益非常关注，而且当地人自发地组织过辩论，气氛非常热烈。

第 20 个问题是“您知道《乌苏里船歌》署名为‘汪云才、郭颂作曲’时的感受如何?”有三人认为“不应该起诉，郭颂对赫哲族是有贡献的。”有一人认为“无所谓。”其余的 15 人都觉得很气人或很气愤，应该起诉他们。在我解释了案件的整个起诉过程后，有一人认为“将《乌苏里船歌》认定为民歌缺乏依据”，其余的两个人改变了看法，认为郭颂做得很不应该。

第 23 个问题是“您认为郭颂和中央电视台等应该对赫哲族进行赔偿吗?”有 5 人认为“不应该赔偿，我们起诉的目的不是为了赔偿，只要法院判决这首歌是我们赫哲族的就可以了。”

从以上的访谈结果可以看出，可能当地的赫哲族人并不知道文化权利的概念，但他们明白：这首歌是赫哲族世世代代流传下来的，郭颂是我们乡的“荣誉渔民”，对赫哲族有很大的贡献，是我们的恩人，我们予以肯定。但也绝不允许这些艺术家侵犯我们的民族权益。这表明，他们是有很强的权益意识的，知道自己的权益受到了侵犯，也知道应该拿起法律武器保护自己民族的东西。

有学者指出，《乌苏里船歌》一案判决依据的仅仅是《民法通则》的公平原则和《著作权法》的相关原则，凸显出中国在有关民族文化纠纷审判实践中具体可操作性条款的缺乏已经无法回避①。有关该案的若干观点都集中在民间文艺作品著作权的法律保护上，这是正确的，也是必要的。但问题还有另外一个方面，

① 吴烈俊：《中国民族民间文学艺术的法律保护》，载《西南民族学院学报》(哲学社会科学版)，2003 年第 3 期，第 195 页。

众所周知，少数民族文化是中华文化不可分割的组成部分。从中华文化发展的历史来看，少数民族在推动中华文化发展的过程中做出了巨大的贡献。正如费孝通先生所言，中华民族在长期的历史发展过程中形成了多元一体格局，可见，少数民族文化权利的保障是弘扬中华民族文化的题中应有之义。而文艺作品是少数民族传统文化的重要组成部分，是其文化特性与固有生活方式的表达，《乌苏里船歌》正是赫哲族生活方式的写照。我们认为，《乌苏里船歌》案同样反映出我们在少数民族文化权利保障问题上的不足与面临的挑战。当然，著作权与文化权利不是截然分开的，二者只是角度不同，著作权是保障少数民族文化权利的重要手段之一，我们在此强调赫哲族的文化权利，只是想将该问题放在一个更广阔的视角中做一个综合的分析。

少数民族文化权利保障是国际性的，因此有关该方面的立法是必然的，对于中国这样一个文化资源丰富的大国来说尤显急迫。有关法律的出台不会像有些人担忧的那样，会阻碍文化的发展，相反会有利于文化的创作。立法要制止侵犯少数民族文化权利的不正当行为，有效抵制外来文化的侵蚀，同时也有利于规范文化领域的创作活动，促进该领域的健康发展。这也是《经济、社会和文化权利国际公约》对缔约国提出的要求。

二、少数民族文化权利保障的司法完善

本节所探讨的少数民族文化权利保障的司法完善，是指中国相关诉讼制度的完善，不仅包括传统的诉讼制度的完善，也包括经社文委员会即将通过的《经济、社会和文化权利国际公约》的任择议定书中所确立的个人来文制度这种准司法制度。完善关于文化权利以及少数民族文化权利方面的诉讼制度是中国政府履行签署和批准公约时的承诺之一，也是缔约国的一项重要义务。本书在随后的第四节中谈到人权给缔约国带来的三类或三层义

务，即尊重、保护和实现的义务。其中的第二层次的义务，即保护的义务，对于文化权利特别是少数民族的文化权利的实现至关重要，而保护义务的内容具体体现在现行的法律中。如果该种立法便于司法审查，那么就使经济、社会和文化权利无法进行裁决的论点不攻自破，也有利于加强对文化权利的保障。

（一）与少数民族文化权利相关的诉权

一般来讲，诉权是指法律关系主体及其利害关系人所享有的请求国家给予保护的权益，即请求法院行使审判权解决法律纠纷或保护相关权益的权益。目前一种流行的观点认为，诉权是一种宪法权益。尽管中国宪法没有规定诉权，但我们可以在理论上从宪法的角度探讨诉权问题。况且，从中国宪法有关法院及诉讼制度的规定，以及中国已加入有关人权的国际公约这一事实，可以得出中国宪法事实上承认诉权的结论。诉权是一种请求权，而且是一种肯定的、主动的请求权，法定的请求权是一种要求国家加以认可和强制实施的权益，诉权也是一种法定的请求权，而且是一种特殊的法定请求权。诉权是请求权人向法院的请求权，而不是向立法机关、行政机关、检察机关、仲裁机构和政党组织等其他机关或组织的请求权。诉权是向作为国家机关的法院行使，即请求法院行使审判权解决纠纷或保护权益。

此外，诉权还有程序方面的含义，即在程序上向法院请求行使审判权。这种意义上诉权的行使旨在启动诉讼程序和从程序上请求法院行使审判权。正是因为诉权的程序性，诉讼程序的启动才具有了程序方面的根据，并且使得启动诉讼程序成为可能。从程序意义上说，诉权的行使形式实际上是提起程序意义上的诉讼。

少数民族文化权利的司法保障的核心问题仍然是诉权问题。在诉权的主体问题上，我们认为，其主体应与少数民族文化权利的权益主体相一致，即由国家和少数民族共同作为主体，这是没有问题的。由作为管理主体的非物质文化遗产保护委员会来行使这项权益，也是国家、少数民族、社会各界都能接受的。现在的问题是，其他法律主体能否提起此类诉讼？答案是肯定的，这涉及少数民族文化权利诉讼的诉讼性质问题。

（二）诉讼性质

关于保障少数民族文化权利方面的诉讼，到底是一种什么性质的诉讼，一直有不同的观点。中国民事诉讼法和行政诉讼法在制度设计上长期采用保守的利害关系理论来界定原告的诉讼主体资格，导致侵害社会公共利益的现象发生时因受到诉讼主体资格的限制，不能有效地维护国家、集体、群众的利益，浪费了大量的国家资源，我们认为，应将少数民族文化权利方面的诉讼界定为公益民事诉讼。关于公益诉讼的定义，主要有两种观点：一种认为是指特定的国家机关和相关的组织和个人，根据法律的授权，对违反法律法规，侵犯国家利益、社会利益或特定的他人利益的行为，向法院起诉，由法院依法追究法律责任的活动。另一种观点认为，公益诉讼是指任何组织和个人都可以根据法律法规的授权，对违反法律、侵犯国家利益、社会公共利益的行为，有权向法院起诉，由法院追究违法者法律责任的活动①。

公益诉讼不是一种单独的诉讼形式，而是一种以诉讼目的为基准界定的概念，旨在描述各种诉讼主体所进行的具有公益性质的诉讼活动。与“私益诉讼”相比较，公益诉讼的诉讼目的是维护国家利益和社会公共秩序。自然人、法人或其他组织经法律授权，可依法行使诉讼权益，并保证人民法院查明事实、分清是非、正确适用法律、及时审理违法案件、确认权益义务关系，制裁违法行为，以保护国家和社会公共利益。我们认为，从一定意

---

① 李刚：《何谓“公益诉讼”?》，http：//www. pil. org. cn/article_ view. asp? uid =5。

义上讲，《乌苏里船歌》一案中，原告的诉讼行为可以认为是一种公益诉讼。

之所以把保障少数民族文化权利方面的诉讼界定为公益民事诉讼，主要有以下几方面的原因：

1. 诉讼目的的公益性。权益主体以外的其他法律主体为了保护与自己没有直接利害关系的少数民族的文化权利，该类行为是为了维护少数民族传统文化与整个国家或人类文化的长远发展，本身即带有公益性质，原告付出的时间、精力与金钱更是不言而喻的。

2. 有利于社会组织和个人参与到少数民族文化权利保障中来。司法作为纠纷解决的最终方式仍然是我们这个社会文明与民主的象征之一，社会组织和个人通过提起诉讼的方式来对少数民族文化权利进行保障是可供选择的积极方式之一，文化公益诉讼应成为公益诉讼的一个新亮点。

（三）诉讼程序

在具体的诉讼程序方面，少数民族文化权利保障方面的诉讼主要在诉讼时效和委托鉴定两个方面具有特殊性。

1. 诉讼时效。由于目前信息技术的发展与少数民族文化权利意识之间的巨大反差，少数民族在很多情况下往往很难知道自己的权益受到侵害。因而，法院在处理具体的诉讼案件时，一定要注意在诉讼时效的计算方面的特殊性，如果少数民族不知道自己的文化权利受到侵害，诉讼时效不应开始计算，尤其是“应当知道权益被侵害时”，应当根据少数民族的实际情况做出客观的认定。

2. 委托鉴定。由于少数民族文化权利的客体少数民族传统文化的专业性使然，少数民族文化权利保障方面的诉讼可能都会涉及委托有关部门或专家进行鉴定问题。因而，法院必须委托法定的鉴定机构，并在鉴定组织或专家的选取程序、鉴定人的专业组合或专业结构、鉴定结果的认定等方面，持有一个理性的态度并灵活运用自由裁量权。以前述《乌苏里船歌》一案为例，一审期间，原被告双方均同意委托中国音乐著作权协会做出鉴定，法院也正是根据鉴定结论做出的判决，但是也有专家对该种鉴定提出了质疑。李卫红的《郭颂的〈乌苏里船歌〉是否侵权》一文就从鉴定主体的合法性、三位鉴定人结构不合理等两个方面提出了质疑。因而，我们有必要完善委托鉴定的程序性规定。

此外，我们还应重视少数民族习惯法在司法程序中的运用。国际上对少数民族的纠纷解决的法律规定不是很多，在《1989年土著和部落民族公约》[①] 中有一些规定。其第八条中规定，（一）在对有关民族实施国家的法律和法规时，应当适当考虑他们自身的习惯和习惯法。（二）当与国家法律制度所规定的基本权益或国际上众所公认的人权不相矛盾时，这些民族应有权保留本民族的习惯和各类制度。在必要的时候，应该确立某种程序，以解决实施这一原则过程中可能出现的冲突。《1999年联合国土著人权益宣言（草案）》第33条中规定，土著人有权根据国际上承认的人权标准促进、发展和维护其机构体制及其独特的司法习俗、传统、程序和惯例。虽然该公约和宣言都不适用于中国，但其精神实质和合理内核值得我们借鉴，尤其是在涉及少数民族文化权利保障的具体程序时，应考虑到少数民族特有的纠纷解决机制。

少数民族的纠纷解决习惯法是相对于正式的纠纷解决制度而言的，具有如下特点，一般都是由当地有威望的人士负责操作，不代表国家公共权力，不是国家正式制度的组成部分，不具有强制执行力，等等。但是，司法机关如果能巧妙地运用了少数民族的纠纷解决习惯法，尊重双方的固有观念以及特定的生活方式，

① 中国不存在土著人问题，也没有加入该公约。

将会使许多纠纷得以顺利解决。

第三节　少数民族文化权利的行政保障

中国党和政府历来重视采取各种措施对少数民族文化权利进行法律保护。从20世纪50年代起，中国对各少数民族的民间文化进行了记录调查，出版了《国家民委民族问题五种丛书》和《中国少数民族社会历史调查资料丛刊》等。采取措施积极扶持传统技艺美术行业生产，命名了200余名“技艺美术大师”。成立了“振兴京剧指导委员会”、“振兴昆曲指导委员会”，使这些剧种从资料保存、剧目保留、人才培养等方面得到了加强。改革开放以来，文化部、国家民委、中国文联共同发起了“十部中国民族民间文艺集成志书”的编纂工作。目前，298部省卷已经全部完稿，并已出版224卷（近4亿字），曲艺卷等也将陆续出版，中国的非物质文化遗产保护取得了很大的成就。

一、少数民族文化权利行政保障的现状

党的“十六大”报告明确指出：“立足于改革开放和现代化建设的实践，着眼于世界文化发展的前沿，发扬民族文化的优良传统，汲取世界各民族的长处，在内容和形式上积极创新，不断增强中国特色的社会主义文化的吸引力和影响力。”并特别提出“要扶持对重要文化遗产和优秀民间艺术的保护工作”。中国政府针对中国少数民族传统文化保护工作还处在初级阶段的事实，目前着重加强了如下几个方面的保护措施的落实。

（一）开展少数民族传统文化遗产普查

普查是对少数民族传统文化进行保护的基础性工作，包括对非物质文化遗产的记录和对一些反映少数民族传统文化内涵的实

物和资料的收集，其目的就是建立少数民族传统文化档案。包括政府的责任，公民的义务，普查的方式和要求等。必要时，还可组织全国或某一地区范围内的大规模普查或针对某一类非物质文化遗产进行专项调查；公民和团体在有关人员进行记录和实物征集时必须予以配合等。要在充分利用已有工作成果和研究成果的基础上，分地区、分类别制定普查工作方案，组织开展对非物质文化遗产的现状调查，避免重复劳动。运用文字、录音、录像、数字化多媒体等各种方式，对非物质文化遗产进行真实、系统和全面的记录，全面了解和掌握各地各民族非物质文化遗产资源的种类、数量、分布状况、生存环境、保护现状及存在问题，摸清非物质文化遗产资源的家底，运用现代科技手段建立档案和数据库。

中国已经开展了大规模的文化遗产普查工作，全国文物资源的核查、建档工作取得明显成效。在文物普查方面，开展了全国重点文物保护单位记录档案备案、全国馆藏一级文物建档备案等重点的工作和项目，初步摸清了全国文物资源的家底，基本掌握了国有不可移动文物和馆藏文物的数量。所谓不可移动文物主要是建筑、大的遗址，这些不能搬的，可移动的都在博物馆里面珍藏着。在非物质文化遗产普查方面，编撰了标准化的《普查工作手册》，对普查人员进行培训，着手在全国范围内开展非物质文化遗产资源的普查工作①。

文化部计划于2006年全面部署非物质文化遗产普查工作。这次普查，将是21世纪开展的一次大规模的文化资源普查。为保障普查工作的科学性和规范性，加强业务指导，文化部组织专家学者编写了《普查工作手册》，将印发各地，作为普查人员的工作参考。

---

① http：//news. sohu. com/20060525/n243406575. shtml。

（二）建立中国少数民族传统文化代表作名录体系

中国实行非物质文化遗产分级保护制度。制定非物质文化遗产代表作的评审标准，经过科学认定后，建立国家级和省、市、县各级非物质文化遗产代表作名录体系。国家级非物质文化遗产代表作名录由国务院批准颁布。省、市、县各级非物质文化遗产代表作名录由同级政府批准颁布，并报上一级政府备案。这其中也包含非物质形态的少数民族传统文化。

根据《国家级非物质文化遗产代表作申报评定暂行办法》，国家即将启动第一批国家级非物质文化遗产代表作名录的申报工作。申报国家级非物质文化遗产代表作的项目，必须具备以下条件：具有展现中华民族文化创造力的杰出价值；扎根于相关社区的文化传统，世代相传，具有鲜明的地方特色；具有促进中华民族文化认同、增强社会凝聚力、增进民族团结和社会稳定的作用，是文化交流的重要纽带；出色地运用传统技艺和技能，体现出高超的水平；具有见证中华民族活的文化传统的独特价值；对维系中华民族的文化传承具有重要意义，同时因社会变革或缺乏保护措施而面临消失的危险。同时，申报项目须提出切实可行的十年保护计划，并承诺采取相应的具体措施，进行切实保护。

国家级非物质文化遗产代表作项目的申报程序如下：1. 公民、企事业单位、社会组织等，可向所在行政区域文化行政部门提出非物质文化遗产代表作项目的申请，由受理的文化行政部门逐级上报。2. 省级文化行政部门对本行政区域内的非物质文化遗产代表作申报项目进行汇总，经专家筛选、认定，经同级人民政府核定后，向部际联席会议办公室提出申报；中央直属单位可直接向部际联席会议办公室提出申报。3. 联席会议办公室将经审核合格的申报项目材料提交评审委员会；评审委员会根据评审标准与要求进行评审认定，提出推荐项目名单。4. 推荐项目名单经社会公示后，拟定入选国家级非物质文化遗产代表作名录名单，上报国务院批准颁布。向联合国教科文组织申报“人类口头和非物质遗产代表作”的项目，将从国家级非物质文化遗产代表作中产生。

（三）积极推进“中国民族民间文化保护工程”

2003年2月25日，“中国民族民间文化保护工程国家中心”在中国艺术研究院正式挂牌成立。该中心是文化部授权中国艺术研究院成立的专门规划统筹和组织实施“中国民族民间文化保护工程”的工作机构，成立运行之后，全国各地的地方中心也将陆续建立。届时将按文化部及其“中国民族民间文化保护工程领导小组”的规划与要求，开展民族民间文化保护工作。从那时起，文化部、财政部联合国家民委、中国文联共同实施中国民族民间文化保护工程。

几年来，“保护工程”采取试点先行、以点带面的工作方式，在全国范围内逐步推开，并取得了积极进展：1. 成立了“保护工程”领导小组和专家委员会，设立了“保护工程”国家中心。全国各省（区、市）也相继建立了“保护工程”组织工作机构。2. 经过专家论证，确定了40个“保护工程”国家级试点，其中，区域性的综合试点6个（如云南省、苏州市、湘西土家族苗族自治州等）、专业性试点34个（如新疆维吾尔木卡姆、西藏昂仁县迥巴藏戏、西安鼓乐、天津杨柳青木版年画等）。目前，各地在专家的指导下制订了试点工作方案，保护工作正在顺利开展。一批有历史文化价值的民族民间文化得到了有效保护。3. 在财政部的支持下设立了“保护工程”专项资金，全国不少省（区、市）也设立了专项保护经费，为“保护工程”顺利开展提供了有力支持。4. 组织举办各种层次的培训班，培养了一批业务骨干；一些民族民间文化专题博物馆相继建成。5. 在各地文化部门的大力推动下，“保护工程”引起了各级党委、政府和社会各界的广泛关注和积极响应，保护民族民间文化意识逐渐深入人心。①

实施这项工程的主要工作任务：一是在普查、登记、编纂各类名录等的基础上，建立全面反映中国民族民间文化基本面貌的档案资料数据库，基本摸清中国各地各民族民间文化的历史家底。二是通过资助扶持等手段，加强对民间艺术传承人的培养和保护，建立比较完善的民族民间艺人传承保护机制。三是通过民族民间文化保护区、各级各类民族民间文化博物馆等手段，使具有重要历史、科学和文化价值且处于濒危状态的民族民间文化种类得以有效保护。四是建立一批民族民间文化产品的生产基地，科学开发、合理利用民族民间文化资源，积极发展民族文化产业。五是建立一支专业工作队伍，培养一批专业知识精湛、对民族民间文化具有深厚感情和热情的民族民间文化保护工作者。六是建立起责任明确、运转协调的保护工作机制。

二、少数民族文化权利保障的行政完善

一般而言，在不同的国际人权公约下，缔约国所承担责任的形式是不同的。普通的责任形式一般包括四种类型，提交报告的责任、接受相关人权委员会监督的义务、出席有关其权益和利益的司法诉讼以及具有实施由某一国际人权法院或者是国际监督机构所做出的司法判决的责任。

（一）中国应承担公约义务

人权包括文化权利给缔约国带来三类或三层义务，即尊重、保护和实现人权的义务。依次下来，实现的义务包括便利、提供和促进的义务。尊重的义务，要求缔约国不得直接或间接地干预对人权的享有。保护的义务，要求缔约国采取措施，防止第三方

① 文化部发布的《中国非物质文化遗产保护工作的基本情况》，中国网，2006年1月14日。

干预。实现的义务，要求缔约国为全面实现人权采取适当的法律、行政、预算、司法、促进和其他措施[①]。艾德先生又在此基础上进行了学理解释，在第一个层次上，国家必须尊重个人拥有的资源、个人寻找喜欢的工作的自由、采取必要行动和利用必要资源的自由——单独或与他人一起——以满足个人的需要。在第二个层次上，国家义务包括如保护行动自由和自己使用资源的自由，以防止更强大、更具扩张性的主体——更强大的经济利益团体——妨碍这种自由，确保免受欺诈、确保在贸易和契约关系中免于不道德行为的影响、确保免受有害或危险产品的交易和倾倒的影响等。在第三个层次上，国家有义务通过促进和直接提供权益的方式实现每个人的经济、社会和文化权利。[②]

对于少数民族而言，国家的义务可以具体化为以下一些方面。国家有义务尊重个人主张和发展她或他所喜欢的文化方向。这给了属于少数群体的人或土著人表达其特性的权益和发展他们自己的文化包括语言、宗教、传统和习惯的权益。国家不仅有义务尊重少数群体成员发展其文化的权益，而且还必须尊重每个人主张其他文化方向的权益，人人有权在这些方面有新突破。下一层是国家有义务保护个人和个人的群体不受第三方的侵害，这些个人和个人的群体可以主张他们想要表达的任何文化特性，或参加因种种原因遭到其他多数群体成员或少数民族反对的文化活动。另一方面，还需要对文化权利做某些方面的限制，违反国际标准的文化习俗是不允许的，不管它们是多数人的还是少数群体的传统文化的一部分。在义务的第三层次，国家应该促进，并且

① 经济、社会和文化权益委员会第 14 号一般性意见第 33 段。

② ［挪］A. 艾德、C. 克洛斯、A. 罗萨斯著，中国人权研究会组织翻译：《经济、社会和文化权益教程》（修订第 2 版），第 20－21 页，四川人民出版社，2004 年版。

如有可能还应提供人们享有的参与文化的权益的条件，其中包括促进少数民族、少数群体和土著人文化遗产的意识和享受。[①]

与文化权利相对应的是国家的义务。国家应承担的义务主要是：1. 国家有义务尊重少数成员保持包括他们的语言、宗教、传统、习俗在内的文化的权益，以及尊重个人宣称其他文化取向的权益……6. 在那些存在着人种的、宗教的或语言的少数人的国家中，国家应当积极采取措施保护少数人同他们的集团中的其他成员共同享有自己的文化、信奉和实行自己的宗教或使用自己的语言的权益[②]。

其中的该两项义务是与少数民族文化权利直接相关的义务。

（二）政府在少数民族文化权利法律保障方面应采取的措施

权益需要国家权力的承认和支持，权益最深层的问题并不是权益与义务的问题，是权益与国家权力的关系问题。权益作为一种价值形态，当它为国家权力所承认、支持时就成为一种法定权益。在这一层面上，权益直接与法定的义务发生关联，构成了权益的法律形态[③]。落实前述国际人权公约中的国家义务具体就体现在政府在少数民族文化权利法律保障方面应采取的措施。

《保护非物质文化遗产公约》第13条规定了政府在保护其领土上的非物质文化遗产方面的具体职责，主要包括：1. 制定一项总的政策，使非物质文化遗产在社会中发挥应有的作用，并将这种遗产的保护纳入规划工作。2. 指定或建立一个或数个主管

① 参见《关于缔约国依照〈经济、社会、文化权益国际公约〉第16和第17条提交报告的形式和内容的经修订的指导方针》之公约第15条，转引自［挪］A. 艾德、C. 克洛斯、A. 罗萨斯著，中国人权研究会组织翻译：《经济、社会和文化权益教程》（修订第2版），第501页，四川人民出版社，2004年版。

② 张千帆：《宪法学》，第236－237页，法律出版社，2004年版。

③ 程燎原、王人博：《权益及其救济》（第2版），第34－35页，山东人民出版社，1998年版。

保护其领土上的非物质文化遗产的机构。3. 鼓励开展有效保护非物质文化遗产，特别是濒危非物质文化遗产的科学、技术和艺术研究以及方法研究。4. 采取适当的法律、技术、行政和财政措施，以便：（1）促进建立或加强培训管理非物质文化遗产的机构，以及通过为这种遗产提供活动和表现的场所和空间，促进这种遗产的承传；（2）确保对非物质文化遗产的享用，同时对享用这种遗产的特殊方面的习俗做法予以尊重；（3）建立非物质文化遗产文献机构并创造条件促进对它的利用。中国少数民族传统文化中的大部分都是非物质文化遗产，该条规定必将对中国的少数民族文化权利保障产生重大影响。

让我们看一下美国在印第安人权益保护方面的经验，其相关立法遍及印第安人生活的方方面面，比较完善。美国有562个得到联邦政府承认的印第安人部落政府，它们拥有22.5万平方公里的领土面积，总人口超过200万人。美国对印第安人的政策和立法多年来经历了很多反复和调整。克林顿当选总统后，联邦政府的印第安人政策又重新回到自决的轨道上。在克林顿任内，美国颁布了一系列关于印第安人自决的法规，如《印第安部落司法法》，1994年《美国印第安人宗教自由法》、《美国印第安人信托管理改革法》，1994年《部落自治法》、《土著美国人住房援助和自决法》，关于美国印第安人和阿拉斯加土著教育的第13096号总统行政命令等。这些法规使印第安人的政治和文化权利得到了越来越多的承认和保护。而且，20世纪末，印第安人在收养、抚育印第安儿童和保持其宗教信仰方面享有了特别的权利。通过立法和谈判，印第安人与白人在水资源、土地、捕猎等问题上的权利争执逐渐得到解决，印第安人的民间工艺得到了法律的保护。1989年，美国国会通过了建造美洲印第安人博物馆的议案。越来越重视对印第安传统文化的保护，认为印第安文化是美国发展中的生活方式的一部分，具有深刻的宗教和文化意义，作为一种活的精神存在，应该得到尊重和保护。该博物馆已于2004年竣工。

中国党和政府历来重视采取各种措施对少数民族文化权利进行法律保护。“十六大”报告明确指出：“立足于改革开放和现代化建设的实践，着眼于世界文化发展的前沿，发扬民族文化的优良传统，汲取世界各民族的长处，在内容和形式上积极创新，不断增强中国特色的社会主义文化的吸引力和影响力。”并特别提出“要扶持对重要文化遗产和优秀民间艺术的保护工作”。我们认为，针对中国少数民族传统文化保护工作还处在初级阶段的事实，应着重加强如下几个方面的保护措施的落实。

1. 开展少数民族传统文化遗产普查

普查是对少数民族传统文化进行保护的基础性工作，包括对非物质文化遗产的记录和对一些反映少数民族传统文化内涵的实物和资料的收集，其目的就是建立少数民族传统文化档案。包括政府的责任，公民的义务，普查的方式和要求等。必要时，还可组织全国或某一地区范围内的大规模普查或针对某一类非物质文化遗产进行专项调查；公民和团体在有关人员进行记录和实物征集时必须予以配合等。要在充分利用已有工作成果和研究成果的基础上，分地区、分类别制定普查工作方案，组织开展对非物质文化遗产的现状调查，避免重复劳动。运用文字、录音、录像、数字化多媒体等各种方式，对非物质文化遗产进行真实、系统和全面的记录，全面了解和掌握各地各民族非物质文化遗产资源的种类、数量、分布状况、生存环境、保护现状及存在问题，摸清非物质文化遗产资源的家底，运用现代科技手段建立档案和数据库。

中国已经开展了大规模的文化遗产普查工作，全国文物资源的核查、建档工作取得明显成效。在文物普查方面，开展了全国重点文物保护单位记录档案备案、全国馆藏一级文物建档备案等重点的工作和项目，初步摸清了全国文物资源的家底，基本掌握了国有不可移动文物和馆藏文物的数量。所谓不可移动文物主要是建筑、大的遗址，这些不能搬的，可移动的都在博物馆里面珍藏着。在非物质文化遗产普查方面，编撰了标准化的《普查工作手册》，对普查人员进行培训，着手在全国范围内开展非物质文化遗产资源的普查工作。①

文化部计划于 2006 年全面部署非物质文化遗产普查工作。这次普查，将是 21 世纪开展的一次大规模的文化资源普查。为保障普查工作的科学性和规范性，加强业务指导，文化部组织专家学者编写了《普查工作手册》，将印发各地，作为普查人员的工作参考。

2. 建立中国少数民族传统文化代表作名录体系

中国实行非物质文化遗产分级保护制度。制定非物质文化遗产代表作的评审标准，经过科学认定后，建立国家级和省、市、县各级非物质文化遗产代表作名录体系。国家级非物质文化遗产代表作名录由国务院批准颁布。省、市、县各级非物质文化遗产代表作名录由同级政府批准颁布，并报上一级政府备案。这其中也包含非物质形态的少数民族传统文化。

根据《国家级非物质文化遗产代表作申报评定暂行办法》，国家即将启动第一批国家级非物质文化遗产代表作名录的申报工作。申报国家级非物质文化遗产代表作的项目，必须具备以下条件：具有展现中华民族文化创造力的杰出价值；扎根于相关社区的文化传统，世代相传，具有鲜明的地方特色；具有促进中华民族文化认同、增强社会凝聚力、增进民族团结和社会稳定的作用，是文化交流的重要纽带；出色地运用传统技艺和技能，体现出高超的水平；具有见证中华民族活的文化传统的独特价值；对

① http：//news. sohu. com/20060525/n243406575. shtml。

维系中华民族的文化传承具有重要意义，同时因社会变革或缺乏保护措施而面临消失的危险。同时，申报项目须提出切实可行的十年保护计划，并承诺采取相应的具体措施，进行切实保护。

国家级非物质文化遗产代表作项目的申报程序如下：1. 公民、企事业单位、社会组织等，可向所在行政区域文化行政部门提出非物质文化遗产代表作项目的申请，由受理的文化行政部门逐级上报。2. 省级文化行政部门对本行政区域内的非物质文化遗产代表作申报项目进行汇总，经专家筛选、认定，经同级人民政府核定后，向部际联席会议办公室提出申报；中央直属单位可直接向部际联席会议办公室提出申报。3. 联席会议办公室将经审核合格的申报项目材料提交评审委员会；评审委员会根据评审标准与要求进行评审认定，提出推荐项目名单。4. 推荐项目名单经社会公示后，拟定入选国家级非物质文化遗产代表作名录名单，上报国务院批准颁布。向联合国教科文组织申报“人类口头和非物质遗产代表作”的项目，将从国家级非物质文化遗产代表作中产生。

2006 年 5 月 20 日，国务院发出通知，公布了第一批国家级非物质文化遗产名录，分为民间文学、音乐、舞蹈、戏剧、曲艺、杂技与竞技、美术、手工技艺、传统医药和民俗共 10 大类 518 项。2008 年 6 月 14 日，国务院批准文化部确定的第二批国家级非物质文化遗产名录（共计 510 项）和第一批国家级非物质文化遗产扩展项目名录（共计 147 项）。

3. 设立专门的国内人权机构

中国目前还没有专门的以人权命名的或以保障人权为主要职责的政府机构。联合国经济、社会和文化权利委员会认为，国家人权机构形式各异，其在促进和确保所有人权的不可分割性和相互依存性方面可以发挥关键的作用。以下开列的活动表明国家人权机构在这些权益方面可以展开和有时已经展开的各种活动：1. 推广教育和宣传方案，以提高大众和公务员、司法机构、私营部门和劳工运动等特定群体对经济、社会和文化权利的认识和理解。2. 认真审查现有法律和行政法令以及法案草案和其他提案，以确保这些文书符合《经济、社会和文化权利国际公约》的要求。3. 在经济、社会和文化权利方面提供技术咨询或展开调查，包括应政府当局或其他有关机构的请求提供这种咨询或展开这种调查。4. 确定可以衡量履行《公约》义务的国家一级的标准。5. 在全国范围内或在各地区或在极其脆弱的社区内进行研究和调查，查明正在落实特定经济、社会和文化权利的程度。6. 监督《公约》所确认的特定权益的遵守情况，并就此向政府当局和民间社会提交报告。7. 审查关于在缔约国内适用的经济、社会和文化权利标准遭到侵犯的控诉。①

同时，在国内设立这样的机构，可以由其承担统一编写报告的任务，可以统一协调中国参加的各个人权条约所要求的报告编写工作。目前，中国向联合国各条约机构提交国家报告是由外交部、全国妇联等不同的政府部门负责的，过于分散，往往造成重复劳动，不利于政府职能的充分发挥，不符合行政效率的价值理念。如果能设立专门的国内人权机构，不论其名称如何，都将是适应联合国驻中国的所有机构合并办公的新形势，避免机构重复，提高行政效率的需要。该机构的职责还可以包括：开展有关人权事项及相关理论的研究，以促进人权在中国的接受、理解和遵守；编制人权发展规划；对中国尚未加入的其他人权公约的现状及其未来发展开展前瞻性研究，对中国的加入提供指导与建议；等等。

① 经济、社会和文化权益委员会第10号一般性意见。

第九章　现代化进程中中国少数民族文化权益保障的特别措施

由于少数民族文化权益不同于其他权益的特性，我们认为，对少数民族文化权益的保护还应包括如下的特别措施。

第一节　促进少数民族对其文化权益保障的有效参与

一、旅游业的社区参与思想

“发展旅游业的社区参与”是一种改良，是针对资本的力量和知识优势引起的对旅游目的地社会弱势群体权利的挤压所做的一种调和。在理论上，它被解释为顾及社区原住民群体利益和环境保护的一种旅游业发展方式①。发展旅游业的“社区参与”这一概念最早出现在西方发达国家，是针对旅游业发展使旅游目的地尤其是相对贫穷地区受到的负面影响而提出的一个解决思路。在理论上，对旅游目的地社区居民利益的关注体现了社会公平、社会协调发展的理念以及“以人为本”的人文发展思想。社区居民和旅游者双方的参与是这类产品的基本表现形式。旅游者正是通过这种参与来获得愉悦和满足的。产品的交易是通过旅游者与社区居民的交往而实现的。没有这种双方的参与，这一产品的

---

① 尹德涛：《旅游社会学研究》，天津，南开大学出版社，2006 年版。

交易就不能成立，这种产品的效益就不能实现。

在实践中，例如四川的九寨沟和贵州天龙屯堡等地通过当地居民的广泛参与提高了当地人的生活水平，推动了当地经济和文化的健康发展，同时也改善了当地的环境质量。而丽江古城的旅游开发恰恰是由于忽视了纳西族对旅游的参与，进而他们将自己的房屋出租给外地客商经营商品，自己到古城外的新居去居住，导致了严重的商业化和“空巢化”。旅游业的社区参与思想的如下几个方面对于少数民族文化权益的保障具有借鉴意义。

（一）民族旅游发展的实证研究经验表明，当少数民族群众意识到自己能够对旅游的开发施加影响时，当地的旅游开发不仅能够给他们带来眼前的经济效益，又对他们的未来发展有利时，他们就倾向于对旅游开发持积极的支持态度，那么这种旅游开发就能获得良性发展的外部环境。事实上，少数民族从民族旅游中获得的发展机会和收益越大，他们就会越支持和欢迎民族旅游。

（二）扩大少数民族群众参与民族旅游的方式。少数民族群众参与民族旅游的经济活动的方式，包括旅游产品的开发、销售、营销与服务。这包括不断增加少数民族的就业机会和商业机会；保证少数民族优先被雇佣的权利；旅游商品尽量采用本地原料进行加工；向少数民族开放为旅游者兴建的服务设施和环保设施等。还要努力增加少数民族村民在旅游发展中的股份份额，提高控制权，使居民既是旅游开发经营的股东，又是旅游经营中的劳动者，成为民族旅游中真正的主人。

如果能让少数民族根据当地实际，因地制宜地提出民族旅游业发展的措施则是其最好的参与。泸沽湖畔的落水下村自主创立的以“母屋”为基础的旅游参与和管理模式，就是与当地文化特色以及基本状况相结合的例证，也使当地的民族旅游步入有序经营的轨道。

（三）加强对少数民族的技能培训。参与有关旅游知识和技能的教育培训是实现少数民族的有效参与的重要途径，可以通过从社区以外请人进来对当地居民进行环境教育和旅游服务技能、经营管理技能的培训，如导游培训、农家旅馆经营管理培训等，这在很大程度上是一种有针对性的培训。

二、少数民族对其文化权益保障的参与

旅游业的社区参与思想完全可以适用于民族旅游业的发展之中。少数民族传统文化的保护与开发的重要实现路径就是少数民族有效参与公共生活，尤其是文化生活。只有这样，少数民族才能真正了解当前的经济文化发展战略与动向，并结合自身特点与情况，自主地选择适合自己、真正对自己有利的经济和文化发展方式。因而，我们有必要深入探讨一下少数民族的参与权。

我国宪法和法律规定，每个民族不分大小，都是祖国大家庭的重要成员，都平等地参与国家和各级地方事务的管理。我们认为，参与权不仅仅是一项重要的政治权利，它也包含经济方面和文化方面的内涵。将参与权单独列为一项内容进行讨论，主要指的是少数民族公民有参与国家事务、地方事务和本民族内部事务的管理的权利。

参与权包括选举权和被选举权、监督权等参政权的相关内容，也包括参与社会生活的决策权。按照一般的看法，选举权和被选举权是公民个体所享有的重要的政治权利，而非抽象的集体（如“人民”）所能享有的权利，因此，保障少数民族公民的选举权和被选举权，是实现少数民族同胞参政的前提，也是实现少数民族作为集体的参政权的重要条件之一。我国宪法确立了公民对国家机关及其公务人员的职务行为进行监督的权利。与此相应，少数民族公民同样享有与汉族公民同等的监督权利。对于参与社会生活的决策权，目前国际上在少数人权利保障领域受到特别的重视。1994 年《欧洲少数民族保护框架公约》第 15 条规定："各缔约国应创造必要的条件，让属于少数民族的人有效地参与文化、社会和经济生活以及公共事务，特别是涉及自身的事务。"

《少数人权利宣言》进一步拓展了有效参与的含义：属于少数群体的人有权以与国家法律不相抵触的方式，切实参加国家一级和区域一级关于其所属少数群体或其所居住区域的决定。

有效参与决策的意义不仅在于可使少数人权利内容更为充实，更在于参与过程本身使少数人获得以其观点影响决策的机会。包括少数人在内的全社会都能参与到决策过程中的事实将会使民众产生信任感，而这种信任是维持和平而民主的社会所不可或缺的。参与的核心要义是要被包容，其不单是指在决策过程中提出实质建议的机会，同时也指所提建议得以产生切实影响。1990 年欧安会议通过的《关于人类向度的哥本哈根会议文件》第 35 段指出：参与国将尊重属于少数群体的成员切实参与公共事务，包括参与保护和促进此类少数民族特征的有关事务的权利。

欧洲 18 位不同专业背景和国籍的独立专家组成的小组，应欧洲安全与合作组织的要求，于 1999 年 9 月在瑞典的隆德完成了《关于少数人有效参与公共生活的隆德建议书》（简称《隆德建议书》）。由于该建议书中的建议和方案对世界各国具有普遍意义，因而虽然该建议书最初是欧洲安全与合作组织少数人事务高级专员工作范围内为在本组织区域内实施而编撰的，但却在全世界范围内引起很大反响①。

该建议书建立在尊重人的尊严与平等权益和非歧视这些基本的国际法准则的基础之上，承认所有人权的目的是保障所有人自

① 类似的建议书还有两个，即 1998 年 2 月通过的《关于少数民族语言权益的奥斯陆建议书》和 1996 年 10 月通过的《关于少数民族教育权益的海牙建议书》。

由、平等、充分地发展人的个性，在参与国家和某些地方事务的政治管理方面，建议书做了四个方面的建议，其中后两个方面可以用于少数人文化权益的保障。分别是，区域和地方各级政府当局的结构和决策程序应当透明和易于参与，以鼓励少数民族的参与。咨询和磋商机构是政府与少数民族之间对话的必要渠道。这些机构也包括设立商讨少数人住房、土地、教育、语言和文化的特别委员会①。在自治方面，建议书根据不同的实际情形，既倡导非区域自治，也倡导区域自治，但自治的内容比较相似，都包含教育、文化、少数人语言的使用、宗教和其他对少数人认同和保持其文化特性与固有的生活方式有关的其他问题。下面通过一个实证调查材料来具体分析少数民族的参与方式。

> 西双版纳的傣族园和美国宾夕法尼亚大学民俗学与民族志研究中心博士候选人李靖，于2002年3月份在傣族园五个自然村寨中进行了关于异化建筑的问卷调查。调查的目的是“旨在为更好地解决现代化进程中少数民族传统文化的保护提供一些实地考察的资料，为可能出台的干预行为提供一个基础依据”。调查的对象是M村全寨104户人家和其他4个自然村抽样30%。调查的结论是：(1) 目前村民对居住在傣楼持较为满意的态度，92.9%的村民认为现在住傣楼较好。傣楼自身的特点，如宽敞、冬暖夏凉等，得到一部分村民的认可(21.9%)；而更多的村民（85.7%）对居住在傣楼的肯定态度来自于传统和习惯势力。他们认为住习惯了或者祖祖辈辈都是这样住，在观念上自然也认同居住傣

① 参见Foundation on Inter - Ethnic Relations。THE LUND RECOMMENDATIONS ON THE EFFECTIVE PARTICIPATION OF NATIONAL MINORITIES IN PUBLIC LIFE & EXPLANATORY NOTE, September 1999, ISBN 90 - 7598905 - 9。

楼。95.5%的村民表示，若有机会盖新房，仍然选择传统的傣楼而不是汉式住宅，只有3.9%的村民选择盖汉式住宅。(2) 对于傣楼在旅游市场中的角色和价值，80%的村民能意识到汉族游客喜欢看具有民族风格的傣楼，并喜欢住在傣家。对于傣族园变成第二个"曼景兰"(位于景洪市区，以傣族风味餐闻名，其傣楼现在绝大部分已被汉式建筑取代——作者注) 的假设，60%的村民认为其影响是游客不会再来了，经济收入下降。(3) 关于政府应不应该干预兴建异化建筑，78.7%的村民认为政府应该干预以帮助保留傣族传统。在回答"不应该"的村民中 (20.2%)，79.4%的村民坚持自己拥有在自己土地上盖房自由，20.6%的村民提出了盖傣楼缺乏木料和木料购买不易等问题。(4) 为了满足村民对现代化居住条件的需求并保留傣族传统干栏式建筑，有关方面曾提出在景区外建住宅小区。但调查结果表明，绝大多数的村民 (87.8%) 不愿离开原来的村寨①。

正如该调查的目的中所表明的，"为可能出台的干预行为提供一个基础依据"，这是一种尊重少数民族文化权益的理性做法。我们在具体决策时应采取各种积极措施、各种切合实际的做法来促进前述目的的实现。

三、促进少数民族有效参与的具体措施

对于如何促进少数民族的有效参与，进而保障他们的文化权

① 此份调查报告由傣族园有限公司提供给云南大学法学院的张钧博士，转引自张钧：《文化法律保护研究——少数民族地区旅游开发中的文化保护》，载《思想战线》，2005年第4期，第31页。

益，《建议书》也提供了一些可供选择的形式，主要有：增加少数人代表并设立提高他们影响的选举制度，如少数人在立法机构中的特别代表制，如新西兰议会为毛利人保留了4个位置，毛利人选民可以在自己的选区按毛利人登记或作为一般选民登记，主要政党和毛利党在其间角逐[①]；增加少数人利益在相关部门中得到关注的机制，如少数人在行政机构及各级法院中的职位的配备，以及在任何的咨询机构和其他高层机构中职位的配备；采取特殊措施，保障少数人以自己的语言参与行政管理或国家公务的制度；建立咨询机构，以便在政府主管部门和少数人之间建立对话渠道，在程序设置上对于直接影响到特定少数民族利益的事务的决策规定相应的咨询程序或赋予否决权。例如，挪威1988年的国家报告中即提到要建立一个萨米人大会，也就是萨米人自己通过特别程序选举注册的机构，这就意味着允许萨米人积极参与到与萨米文化保护相关的活动中来。萨米人大会将代替成员由国家任命的建议性机构——挪威萨米人委员会，它的权力范围将涉及所有影响萨米人的事务[②]。

中国目前比较完善的是少数民族在立法机构中的特别代表制度，在全人大国和地方各级人大中都对少数民族代表规定了具体的保障措施。其他制度在中国的相关立法和实践中也都有所体现，比如，民族干部以及民族自治地方检察院和法院工作人员的配备等。还需要根据新形势下对参与方式的不同要求来进行完善。比如，少数民族有权按本身意愿通过自己决定的程序充分参与制定对其可能有影响的立法或行政措施。国家在通过和执行这

① 大卫·C·霍克斯著，周子平译：《原住民：自治和政府间关系》，载何群编：《土著民族与小民族生存发展问题研究》，第57页，中央民族大学出版社，2006年版。

② Li – Ann Thio《Managing Babel：The international legal protection of minorities in the twentieth century》，Martinus Nijhoff publishers，2005，p237 – 238.

种措施之前，应事先征得有关少数民族的自由和知情的同意。

更为重要的，我们必须意识到，少数民族传统文化保护最基本的方面就是树立保护意识。如果保护少数民族传统文化的意识深入到全社会每个人的内心深处，少数民族传统文化的保护与利用才能顺利开展。这其中最重要的就是权益意识，使全社会都意识到尊重少数民族文化权益对我们未来发展的重要性，而达到该目的最好的办法就是加强人权教育，其中当然包括少数民族的文化权益。具体措施包括：一是组织编写民族文化方面的教材，让少数民族传统文化进入中国的小学、初级中学和职业学校的课堂，使各民族成员以及其他民族成员从小就能接受系统和正规的民族文化教育。二是经常开展民族文化活动，吸引民族成员群体参与，从而自觉接受民族文化的教育与熏陶，这对于没有本民族文字的少数民族而言，意义尤其重要①。人们一旦经过系统的人权教育，必定会自觉和自主地去保护、传承与发展少数民族的传统文化，并成为一种社会的公共意识。这样，少数民族传统文化的保护才能从根本上得以解决。

第二节　少数民族文化权益的补偿机制

现代化进程有可能影响当地少数民族权益的实现，使民族地区特有的民族文化面临消失的危险，我们目前所进行的水电开发就使少数民族权益的实现受到影响。例如，以怒江水电站工程为例，就涉及经济发展与少数民族文化权益保障之间的矛盾，如何在二者之间寻求一个平衡点，是我们需要解决的问题。怒江少数

① 该部分参考了金毅：《少数民族文化旅游资源保护机制构建》，载《文史博览》，2006 年第 6 期，第 77 页。

民族人口的比重达92.2%，有傈僳族、怒族、独龙族、普米族四个特有民族，至今还保留着刀耕火种、人背马驮等原始生产方式和文面部落等原始社会痕迹①。傈僳族的艰辛迁徙，怒族、独龙族可歌可泣的创造精神，使怒江大峡谷成为一个世界瞩目、色彩斑斓的人类文化公园。生活在江边，是怒江人最基本的生活状态。怒江最主要的交通要道是沿江公路，江边也集中了怒江傈僳族自治州主要市区县城的建筑，甚至怒江最好的水稻种植基地也在怒江边。怒江是一个多民族聚居的地方，也是民族习俗、民族风情保留得比较完整的地区。一个民族的存在依赖于一定的地域与环境特征，移民很可能导致一个民族文化的消失②。这就要求我们在经济发展与少数民族文化权益保障之间寻求一个平衡点，对少数民族的文化权益进行补偿。

一、对“杨丽萍模式”的思考

（一）《云南映象》及其对传统舞蹈文化的保护

作为世界上最具特色的民族文化“集成块”的云南，人口达7000人以上的少数民族有25个，其中22个民族使用着26种语言和23种文字，民间文化形式的丰富令人惊叹。仅舞蹈一项，就有1095个舞蹈的品种，有6718个舞蹈的套路。因此，在现代化的进程中，民族文化遗产保护的问题也格外重要。

在多年的采风中，杨丽萍看到了云南民族文化的变化：许多绝技因为失去了用途而濒于失传，新生的一代喜欢牛仔裤甚于传统服装。一位专家在调查了基诺族巴卡村寨后指出，如果不加以重视和保护，这里的民族传统服饰有可能在10年左右消失；民族口碑文史

① 《怒江13级水坝开发成定局 两派专家激烈交锋》，http://www.southcn.com/news/china/todaycn/200311250572.htm。

② 《怒江，中国最后的处女江命悬一线》，怒江经贸网2003年11月25日。

及其风俗传承机制，有可能在20年内消失；民族传统歌舞有可能在20年内消失。而这种状况，在云南众多的村寨之中并不鲜见。绿春哈尼族有一种神鼓，能把从人的混沌状态到人的生老病死都用一套套鼓旋律表示出来。20世纪90年代末期的时候全云南还有三个老太太会跳，据说现在只剩下一个。

2003年8月，由著名舞蹈家杨丽萍首次出任总编导和艺术总监，并领衔主演的大型原生态民族歌舞集《云南映象》在昆明公演。至今，《云南映象》已在国内演出近千场，场场爆满。从获得中国舞蹈最高奖“荷花奖”，到现在凭借商业演出养活剧组，再到海外百余场演出的成功运营，《云南映象》从舞蹈创作到市场经营方面都名副其实地成为“中国民族舞蹈的再启蒙”。从它的创作到策划，再到市场运作，利用她在家乡云南多个民族地区采风得到的多种民族舞蹈元素，编排成大型民族歌舞作品《云南映象》。此作品由云、日、月、林、火、山、羽七场歌舞组成，歌舞素材基本取自云南山村的田间地头，服装道具也出自民间，参加演出者也大部分来自云南农村。该模式可概括为“坚持走本土艺术性与商业化相结合”的道路。

作品从五个方面诠释了云南民族歌舞文化的本真面貌和精髓，具体包括：原汁原味的云南民族舞蹈元素、尊重各民族宗教信仰的舞台元素、70%的演员来自本土的演员元素、来自生命本真吟唱的音乐元素、秉承原创宗旨的创作元素等。另一方面，为了适应现代旅游消费大众的审美趣味和市场需求，《云南映象》在市场化过程中，从这样三个方面进行了市场化的运作：一是在编导思想上体现了现代审美需求，经过现代舞美设计、音响效果包装后的舞台作品，适应了现代大众文化消费直观性、娱乐性的特点；二是采用了企业化的管理模式，市场化的运作模式，产业化的发展格局，建构了较为完善的文化产业生产模式；三是进行成功的营销策划与新颖的广告宣传。借鉴西方人类学家对旅游真实性的研究视角，笔者将《云南映象》的旅游真实性内容细化为客观真实性（演员、环境），建构真实性（音乐、服装、编导、道具、传承、编导），后现代真实性（布景），以及存在真实性（广告、表演）四种要素[①]。

例如，前述的绿春哈尼族的神鼓，据说当地会打这一套反映哈尼族对人类繁衍历史认识的神鼓的老人已经不超过三人。因为《云南映象》的表演，使之得以避免消失的命运。同时，这一套神鼓舞不仅得以传承，而且因为《云南映象》对其艺术化的舞台加工，赋予了神鼓舞新的艺术内涵，使其实现了秉承民族文化内涵的艺术变迁。如《云南映象》中一段"烟盒舞"表演，真实的彝族烟盒舞表演中有击掌的动作，但是，杨丽萍将击掌动作丰富化、舞台化，加上了双手拍地、翻滚拍地等动作。彝族演员发现这样的改编使舞蹈更好看了，他们将会把这些动作带回村寨。这样一来，彝族烟盒舞因为商品化而发生了一些改变，而这些改变很可能成为未来彝族"烟盒舞"的真实内容。

（二）杨丽萍模式的积极意义

杨丽萍模式被认为是目前比较成功的保护少数民族文化遗产进而促进少数民族文化权益保障的模式，其积极意义主要有以下几个方面：

1. 本土居民或当地居民积极、广泛地参与。大胆启用非职业演员，使作品本身保留了原生态舞蹈的原汁原味，也因此显示了原生态舞蹈的美感和经济上的可回报性。

2. 通过采风记录下云南很多民族的原生态舞蹈，从中抽象出她认为能够表现当地民族文化的元素或特质部分，经过编排，使之成为一个服务于基本主题的舞蹈作品。既体现了文化发展和新陈代谢的规律，也因此创作出新作品，发展了新的传统文化。只要满足知识产权法的要求，就可以获得知识产权保护。

---

① 高芳：《民族旅游开发中文化商品化与文化真实性关系辨析——以〈云南映象〉为例》，载《保山师专学报》，2008年3期，第53－54页。

3. 坚持艺术应走市场化和产业化的道路，使之因而具有可持续发展性。杨丽萍坚信，高品位的艺术必然会有市场，该模式兼顾了少数民族传统文化的保护与开发，有利于这些文化的长远发展。

4. 从著作权法的角度看，《云南映象》是衍生作品。衍生作品是一种基于前作品的基础而创作出来的作品，但其独立性比演绎作品等更为明显。基于立法的预见性和经济学的分析，虽然现有法律制度无法规范衍生作品，但法学理论界对衍生作品著作权的独立性是认可的，应该及时建立相应的制度保护其著作权。

（三）对杨丽萍模式的反思

1. 文化资源的价值在该模式中没有体现。这里所谓的文化资源是指《云南映象》所取材的原生态舞蹈本身，这些舞蹈根植于云南少数民族的传统社会生活之中，是它们成就了高品位的《云南映象》，它们的艺术价值在《云南映象》中得到了彰显，而它们的经济价值没有任何体现。试想，长此以往，云南的少数民族在杨丽萍以后再来采风时会心甘情愿地表演自己的民族舞蹈吗？不同的艺术家或剧团是否会出于商业竞争的目的，因为到同一个地方来采风而发生争夺文化资源的现象？民族地区群众日益增长的市场经济意识和权利意识也会促使他们提出针对民族文化的经济诉求，荔波瑶族村寨的猴鼓舞是瑶族民间流传的极有特色的舞蹈，以前只是在民间重大活动中演出，与经济毫不挨边。可现在，旅游者也好，电视台也好，要想拍摄这个舞蹈，对不起，要收费！谢彬如老师曾与中央电视台的摄影师到瑶麓拍摄猴鼓舞，拍一段，收费700元。类似的现象屡见不鲜，我们不能不说这是少数民族群众的合理利益诉求①。如何解决类似的这些问题，又回到了本书第一章中对少数民族文化权益基本要素，尤其是少数民族文化权益主体的界定之中。

---

① 谢彬如等：《文化艺术生态保护与民族地区社会发展》，第56页，贵阳，贵州民族出版社，2004年版。

2. 文化资源所有者[①]的意愿被忽视。民族文化资源属于所有资源中最富有开发潜力的资源，如果我们能在开发中利用好民族文化资源，对许多开发项目进行一种文化诠释和引导，这将使民族文化资源成为我们西部民族地区经济和社会发展的长项，西部的骄傲，西部的身份[②]。然而在《云南映象》中，我们却无法得知这些文化资源所有者对于该种开发模式的态度。我们完全可以借鉴《生物多样性公约》中的“事先自由知情同意”制度[③]。坦桑尼亚制定的国家层面保护民族民间文化的法案规定，到坦桑尼亚记录和使用民族民间文化，除了出于教育、艺术创作和新闻报道外，任何个人或机构复制、发行、播放或表演民族民间文化，都要得到坦桑尼亚国家艺术委员会的同意，任何时候使用民间文化表现形式，都要提到原创群体和原创地名称；此外，任何人或机构使用民族民间文化都要付费，征收的费用由国家艺术委员会用于保护和弘扬民族民间文化[④]。简单地讲，就是出于对少数民族文化尊严权的尊重，我们在开

---

① 关于文化资源所有者即少数民族文化权益的主体的具体分析请参见本书第一章第四节，在此以文化资源所有者一词来统指少数民族文化权益的各种主体。

② 来仪等：《西部少数民族文化资源开发走向市场》，第 37 页，北京，民族出版社，2007 年版。

③ 《生物多样性公约》第 15 条遗传资源的取得规定：

1. 确认各国对其自然资源拥有的主权权利，因而可否取得遗传资源的决定权属于国家政府，并依照国家法律行使。

2. 每一缔约国应致力创造条件，便利其他缔约国取得遗传资源用于无害环境的用途，不对这种取得施加违背本公约目标的限制。

3. 为本公约的目的，本条以及第 16 条和第 19 条所指缔约国提供的遗传资源仅限于这种资源原产国的缔约国或按照本公约取得该资源的缔约国所提供的遗传资源。

4. 取得经批准后，应按照共同商定的条件并遵照本条的规定进行。

5. 遗传资源的取得须经提供这种资源的缔约国事先知情同意，除非该缔约国另有决定。

④ 谢彬如等：《文化艺术生态保护与民族地区社会发展》，第 71 - 72 页，贵阳，贵州民族出版社，2004 年版。

发少数民族传统文化资源时，能否考虑设计恰当的制度和相应程序来征求当地少数民族的意见，在事先要让他们知道，并获得他们的同意之后再来开发。即便如此，我们在文化资源开发过程中仍然要尊重少数民族的文化尊严。

二、补偿的理论基础

如何来对杨丽萍模式这一当前少数民族传统文化保护比较成功的模式的运作加以完善，使其良性运行呢？这就是借鉴《生物多样性公约》所确立的利益补偿模式。在我们探讨少数民族文化权益的补偿机制时，首先涉及的可能就是补偿的理论基础问题。对此问题可能有不同的观点，我们认为，主要的就是少数民族文化权益保障与经济发展的平衡。

（一）原则性规定

我国《宪法》第10条规定，国家为了公共利益的需要，可以依照法律规定对土地实行征收或者征用并给予补偿。新修订的《民族区域自治法》第65条和第66条的规定可以说是对前述宪法规定的落实，其中包括，国家采取措施，对输出自然资源的民族自治地方给予一定的利益补偿；民族自治地方为国家的生态平衡、环境保护作出贡献的，国家给予一定的利益补偿。《民族区域自治法》的相关规定，确认了国家对少数民族的利益补偿义务，同时也规定了民族自治地方获得利益补偿的权利。同时，《国务院实施〈民族区域自治法〉若干规定》第8条中明确规定，国家使用征收的矿产资源补偿经费时要优先考虑原产地的民族自治地方。这些规定都是民族自治地方获得利益补偿权利的原则性规定。

（二）具体规定

为了国家和社会公共利益的需要，国家经常要征用公民、法人或其他组织所有或使用的财产，此时需要给利益受损者以充分的补偿。例如，《森林法》第8条第2款规定，国家设立森林生态效益补偿基金，用于提供生态效益的防护林和特种用途林的森林资源、林木的营造、抚育、保护和管理。森林生态效益补偿基金必须专款专用，不得挪作他用。具体办法由国务院规定。第9条规定，国家和省、自治区人民政府，对民族自治地方的林业生产建设，依照国家对民族自治地方自治权的规定，在森林开发、木材分配和林业基金使用方面，给予比一般地区更多的自主权和经济利益。再如，《草原法》第38条规定，进行矿藏开采和工程建设，应当不占或者少占草原；确需征用或者使用草原的，必须经省级以上人民政府草原行政主管部门审核同意后，依照有关土地管理的法律、行政法规办理建设用地审批手续。第39条规定，因建设征用集体所有的草原的，应当依照《土地管理法》的规定给予补偿；因建设使用国家所有的草原的，应当依照国务院有关规定对草原承包经营者给予补偿。因建设征用或者使用草原的，应当交纳草原植被恢复费。

此外，在公众环境意识日益提高的今天，对公众因环境保护活动的参与而受到的损害应当给予补偿，以保护和鼓励公众维护环境平衡与可持续发展的积极性。如《野生动物保护法》第14条规定，因保护国家和地方重点保护野生动物，造成农作物或者其他损失的，由当地政府给予补偿。补偿办法由省、自治区、直辖市政府制定。《国务院关于进一步完善退耕还林政策措施的若干意见》也适用于民族自治地方，明确规定了粮食和现金补助的标准和期限。以上这些法律法规以及相关的政策措施都是民族自治地方获得利益补偿权利的具体规定，与上述的原则性规定一起构成民族自治地方获得利益补偿权利的法律依据。

三、对国外补偿经验的借鉴

让我们放眼世界，观察一下其他国家是如何解决类似问题的，加拿大具有解决类似问题的成功范例：

1974年，一个跨国石油财团向加拿大能源部申请在北部的麦肯齐河谷修建天然气管道，以把北方的天然气输送到南方和美国。管道从北海岸修起，途中经由麦肯齐河谷。麦肯齐河谷居住着两个土著民族，即德内人和因纽特人。这一计划的最终裁决权在联邦政府，在当时情况下，人们往往忽略开发计划对特定环境和居民的影响，这次在土著民族的强烈要求下，联邦政府不得不成立一个专门调查委员会来调查管道的修建是否会给当地带来社会生态和经济的影响。在整个调查研究中，调查委员会运用了民族学的文化变迁理论，尤其是土著狩猎采集民族与白人接触之后的涵化概念来分析问题。整个变迁过程是出于自愿的，也就是说在外部现代化世界的巨大吸引下才使得他们放弃传统的生活方式。调查委员会以此模式来说明输气管的修建给当地土著民族带来的好处。但是，德内人则坚决反对这一结论，他们担忧管道的修建将给他们传统的狩猎经济造成威胁。后来，民族学家斯科特·拉什福斯对该区的食物生产和消费情况的详尽研究表明，德内人的狩猎经济至今仍是他们不容忽视的生活的来源。M·I·阿希的研究则认为，德内人利用本地区动物志的情况比调查委员会标明的数据高得多，从而证明了调查委员会曲解了该地区生存经济的有关资料。二位民族学家的观点后来得到了进一步的证实。最后的调查报告形成两个结论：首先，向土著民族提供新就业机会的需要远非石油公司说的那么紧迫；其次，调查委员会建议暂缓修建输气管道，以保护土著民族至今不可缺少的传统狩猎经济。鉴于这份报告，联邦政府决定暂时中止这项开发计划①。

① 阮西湖、王丽芝：《加拿大与加拿大人》，第216－218页，中国社会科学出版，1990年版。

以上例子说明，加拿大政府采取有力措施保障宪法规定的土著人拥有的权益得到实现、开发项目必须吸收土著人参与决策等方面的权益得以实现。其核心是规定当地土著人的传统生活方式必须以恰当的方式加以保留，并在自然资源开发中应该获得相应的利益份额。修建天然气管道是解决能源问题并获取经济利益，这些问题在当时看来都可以通过其他渠道得以解决。但是，当地土著人的狩猎文化由于依赖特定的环境，却是一旦破坏就无法恢复的，因而，加拿大政府选择暂时中止开发计划。这就是在经济发展可能给传统文化带来毁灭性影响的时候，经济开发让位与传统文化，这同样是一种平衡。

无独有偶，美国雷道矿场也有类似的经验，20 世纪 70 年代，阿拉斯加西北部的因纽特人成功地阻止了柯明柯股份有限公司在雷道矿场开采锌铅矿的意向。经过几年的谈判后，阿拉斯加西北土著协会同柯明柯股份有限公司于 1982 年签署了一份准许继续开采的协议。柯明柯股份有限公司同意：采用矿区使用费形式为因纽特人支付补偿金；让阿拉斯加西北土著协会的代表加入咨询委员会；雇佣土著人以保护环境。在税收方面，雷道将在 24 年内向西北极地地区支付 7000 万美元。截至 1998 年，柯明柯股份有限公司已在技术培训方面投资 880 万美元，几乎全部用于受雇于本项目的阿拉斯加西北土著协会股东。阿拉斯加西北土著协会也对生计活动的影响和减少排放物流入溪流的强制性措施进行监测。柯明柯股份有限公司维持灵活的工作时间表，这使因纽特人能够继续保持他们的传统生活方式①。

怒江水电站的开发与加拿大当年麦肯齐河谷的开发有近似之处，在做出决策时应特别慎重。《世界水坝委员会公民指南》（于晓刚翻译）已经指出："由于结构性不公平，文化差异和歧视，以及经济、

---

① 联合国开发计划署：《2004 年人类发展报告——当今多样化世界中的文化自由》，第 94 页，中国财政经济出版社，2004 年版。

政治上的边缘化，水坝常常忽视土著和部落居民的要求，他们也无足够能力争取公平对待，因而承受水坝更多的负面影响，却享受不到水坝的利益。”这项指南建议，水坝的建设者应向受影响者充分披露信息，并且获得其明确同意后方能建设，而受影响者有权参与共同协商（谈判），以确认可执行的补偿、补救和分享利益条款①。虽然这个指南对中国从事自然资源开发的企业还没有法律上的约束力，但这毕竟是世界水坝委员会在水坝建设方面的指导性意见，是世界各国的共识。

四、少数民族权益补偿的具体措施：利益分享

中国目前的补偿措施主要集中在资源开发和生态保护方面，主要有：1. 库区维护基金。财政部和原电力部 1981 年规定从发电成本中每千瓦时提取 1 厘钱，主要用于水库运行造成的库区移民生产生活的困难补助。2. 库区建设基金。国办发［1986］56 号文件规定，从 1986 年起，从有收益的水库、水电站电费中提取一定比例（由最初的每千瓦时 1 厘钱提高到 5 厘钱），解决扶持移民发展生产的资金问题。2002 年 1 月，《关于加快解决中央直属水库移民遗留问题若干意见》中规定，有关省、自治区、直辖市从本地区销售的全部电量每千瓦时 2 厘钱以内提取该基金。3. 矿产资源补偿费。1993 年，国务院颁布的《矿产资源补偿征收管理规定》明确规定，该项费用按照矿产品销售收入的一定比例计征，根据不同的矿产资源，按其销售收入的 0.5%—4% 征收。中央与省市分成比例为 5∶5，与自治区分成比例为 4∶6.4。森林植被恢复费。2000 年国务院颁布的《中华人民共和国森林法实施条例》中规定，凡勘查、开采矿藏和修建道路、水利、电力、通讯等工程，需要占用或征用林地的，经审核同意的，

---

① 唐建光：《谁应该在怒江开发中获益？谁又有权参与决定怒江的命运?》，中国《新闻周刊》2004 年 5 月 20 日。

预交森林植被恢复费。根据林地的性质，每平方米2—10元不等[①]。我国目前还没有对少数民族传统文化以及文化权益进行补偿的相关规定。

我们认为，在对少数民族权益进行利益补偿时应根据个案的具体情况，综合考虑不同方案的优势，在与当地受影响群体进行充分协商的基础上，进行恰当的制度设计。原因有以下几个方面：（1）我们必须尊重民族自治地方对本地区发展方式的选择权和参与权。少数民族有权有效地参与文化、宗教、社会、经济事务及公共生活。在不与国家法律相违背的情况下，少数民族有权有效参与全国及地区内有关其本身及居住地的决策[②]。这是国际社会的共识，也代表了少数民族权益保护的发展趋势，中国政府非常重视该宣言。毫无疑问，中国的少数民族也不例外，也应享有对自身事务，尤其是本地区发展方式的选择权和参与权。因而，我们只能建议一些可供选择的补偿方案，具体措施应由少数民族自己做出决定。（2）目前的利益补偿主要有股份公司和利益分享两种形式。考虑到中国的实际情况，民族地区的多数群众文化水平比较低，如果全面地采用股份制，他们很难真正地行使他们的股东权。现代社会的股份公司的运作是有相当的风险的，由于自身文化素质的限制，股份制的补偿方式不一定适合中国少数民族的情况。我们认为，采用利益分享的方式可能更合适，在这方面，我们可以参照生物多样性公约的具体制度设计。

生物多样性公约（即CBD）对生物资源提供国设置了很多保护性规定，例如，要求国外的研究机构在获取遗传资源的时候应当事先告知生物资源所属国，并取得其同意，以及生物资源提供国参与

① 葛忠兴：《中国少数民族地区发展报告2004》，第64－66页，北京，民族出版社，2005年版。

② 《在种族或民族、宗教和语言上属于少数群体的人的权益宣言》第2条。

技术研究和开发、利益分配等规定。这些规定对各国的专利法产生了重大影响，尤其是得到发展中国家大力支持。生物多样性公约正式确认了各国对其生物多样性资源拥有各自的主权，要求缔约国采取措施保证资源提供国参与技术利益分享。

利益分享是CBD的核心思想之一，即生物资源的提供者有权从生物资源的获取者处得到适当的经济补偿，分享使用这一生物资源带来的利益。由于生物资源丰富的国家多为南半球的发展中国家，而技术先进、有条件利用生物资源产生巨大收益的国家多为北半球的发达国家，这一思想实质上是南北共同分享利益。TRIPS和UPOV没有提及任何关于利益分享的问题，也没有任何调整权益所有者与资源提供者间关系的条款。长期以来，对少数民族传统文化的采集和利用，譬如收集、整理、改编等，常常被误认为原始创作，而真正的民族民间文化的参与者、传承者却很难从中受益。随着市场经济的发展和国际文化贸易的增长，在对少数民族传统文化的使用中，少数民族传统文化的拥有群体和使用者之间的利益矛盾会越来越突出，迫切需要建立包括知识产权在内的法律保护制度，以鼓励少数民族传统文化的传承和创作，合理开发和利用中国的民族文化资源①。如果将"利益平衡"问题进一步上升到权益人与作为资源提供者的社会公众或群体之间的利益关系，所要解决的就是作为资源提供者的社会公众或群体在利用这些资源完成的知识产权中分享利益的问题，尤其是那些历经代代相传的努力，原生境保护了相关资源的社会群体（少数民族）的利益分享问题②。

因而我们应在前述的《少数民族文化权益保障法》中对这些问

① 吴烈俊：《中国民族民间文学艺术的法律保护》，载《西南民族学院学报》（哲学社会科学版），2003年第3期，第195页。

② 唐广良：《遗传资源、传统知识及民间文学艺术表达国际保护概述》，郑成思编：《知识产权文丛》（第8卷），第52－72页，中国方正出版社，2002年版。

题做出相应规定。对文化资源包括少数民族传统文化进行保护的一个核心问题是开发权问题。开发权应包括在国家对文化资源享有主权的范围之内。因此，对中国范围内的任何文化资源尤其是少数民族文化资源进行开发需经主管部门批准。主管部门对可能引起严重文化贬低或有损中国社会公共利益的项目，应在遵循相关的行政程序法的前提下，在商请有关专家的基础上做出理性决定，不应批准。即使相关国际组织出于公益目的在中国进行少数民族传统文化方面的调查研究时，也应有中国政府文化官员或研究人员的参与，同时应当给予中国政府书面的通知，并应获得同意。

第三节　少数民族文化权益保障制度的完善措施

少数民族文化权益保障是一个让人“深陷其中，难以自拔”的论题，尤其是在现代化进程中又面临着各种特殊的考验，总有一些迫在眉睫又难以很好地做出结论的论题，可能需要几代学人毕生的努力才能实现。尽管如此，我们还是在此对这些问题略加探讨，希望引起大家的关注。

一、《少数民族文化权利保障法》的创制

无论是从加强对中国公民文化权利保障的角度，还是中国政府履行国际人权公约所确定的义务的角度，中国都应该加强对文化权利保障的立法，尤其是少数民族文化权利保障的立法。少数民族文化权利是人权的很重要的一个方面，但我们认为，我们仍然没有必要单独地制定《人权保障法》[①]，这是因为，人权保障法无法与宪法

① 莫纪宏：《国际人权公约与中国》，第338－367页，世界知识出版社，2005年版。

进行协调，该法所保障的权益与宪法权益是一种什么样的关系？公民权益、政治权益与经济、社会和文化权利存在重大的差别，不适合规定在同一部法律中。中国现行法律中有很大一部分已经对国际人权公约中规定的权益进行保护，人权保障法与这些法律之间是一种什么样的关系？因而，中国应该修改一些现有的立法，使其与国际人权公约相符合；对于公约中要求保障的权益，但中国没有相关立法的，应加紧制定这些法律的立法。

文化权利对于保持文化认同是必要的，这些认同通过历史、传统、语言、宗教和社会实践表现出来，并传递给后代。为文化权利立法将有助于保护传统知识、语言、信仰和实践，并限制没有授权的使用或对艺术作品、音乐、舞蹈、宗教雕塑、传统医药等的复制[①]。对于文化权利而言，由于中国已经有一些相关立法，像前述的《文物保护法》及其实施条例、即将制定的《非物质文化遗产保护法》、知识产权方面的相关立法以及《世界版权公约》、《保护表演者、录音制品录制者及广播组织公约》、《禁止和防止非法进口、出口和转让文化财产所有权公约》、《与贸易有关的知识产权协定》等专业性公约中。因而，鉴于目前国际和国内的立法状况，也没有必要重新制定一部《文化权利保障法》。

对于少数民族在文化权利保障方面的特殊问题，由于没有相关立法进行调整，应该及时制定《少数民族文化权利保障法》。该法中应规定这样一些内容：少数民族文化产权的主体、客体和内容；政府在少数民族文化权利保障方面的职责，特别是财政扶持措施；促进少数民族在涉及其文化的决策方面的有效参与；少数民族文化权利保障的救济措施；因经济建设或公共决策影响少数民族文化权利的实现时的利益补偿措施；少数民族文化权利保障方面的国际合作；

---

① Anura Goonasekera，Cees Hamelink& Venkat lyer。cultural rights in a global world。Singapore：Eastern universities press，2003. 160.

等等。

二、少数民族习惯法在其文化权益保障方面的作用

少数民族习惯法是指少数民族在长期的生产与生活过程中逐渐形成的，用来分配他们之间的权益义务，并且依靠少数民族内部特定的权威和组织来保证实施的一套行为规范。这种行为规范是一种地方性知识。少数民族习惯法与国家制定法相对应，它出自各种社会组织、社会权威，是特定社会群体共同意志的体现，以其独特的形式在实际生活中弥补了国家制定法所留下的空白。由于少数民族的文化是少数民族的存在之本，是其社会生活中最重要的组成部分之一，因而，尽管在少数民族习惯法最初形成时很少有甚至并没有明确的权益观念，但事实上，少数民族习惯法中大量存在着关于少数民族文化权益的相关内容。

以前述的赫哲族为例，对于赫哲族人来讲，捕捞大马哈鱼似乎成了这个民族的一个重要象征与使命，在赫哲族人的生活中占有特殊重要的地位。每年的8月、9月份是大马哈鱼上市的时候，要到乌苏里江去打。按照当地的习惯，原则上只允许赫哲族人去捕捞，汉族或其他民族的人可以参与，但必须与赫哲族人合伙进行，当地人称为“引户”的经营方式。这个老规矩不知是何时定下的，但确实成了当地的一个重要的“规矩”，得到了大家的普遍遵守，逐渐成了赫哲族的一个首要的习惯法。同江市的尤市长在向我们介绍1983年的第一次产业结构调整时，觉得很遗憾，当时没有给赫哲族人留有部分土地，把土地都分配给了当地的汉族群众。其实，“只允许赫哲族打鱼”恰恰可能是对他们权益最好的保护。

然而，目前的状况却是，由于松花江水受污染，鱼已经越来越少了，多数赫哲族人已经转向其他产业。一个捕鱼民族无法捕鱼，原因何在？赫哲族的传统文化都寄托在打鱼过程中，无法捕鱼，使有的赫哲族人认为，他们迟早会被“同化”的。这些问题引起了当

地政府的高度重视，2002 年同江市委、市政府出台了《同江市渔业资源保护增殖开发和合理利用的规定》，并制定了《同江市水域滩涂养殖发展规划》，投资兴建了街津口鲟鳇鱼繁育养殖基地。该市主抓农业的副书记、副市长协调林业、水务、畜牧等部门支持水产在该市落实《水域滩涂养殖使用证》的发放制度，多次随渔政船沿江检查。该市政法委，每年都组织边防、外事，配合渔政举行联合执法检查，贯彻落实《两江议定书》国际公约。同时，如前所述，目前国家已经开始对松花江进行全面治理，相信江水会越来越清澈，江鱼也会越来越多，赫哲族人可以继续捕鱼。

三、文化遗产保护应纳入城市规划

《华盛顿宪章》保护规划的目的应旨在确保历史城镇和城区作为一个整体的和谐关系。保护规划应该决定哪些建筑物必须保存，哪些在一定条件下应该保存以及哪些在极其例外的情况下可以拆毁。在进行任何治理之前，应对该地区的现状作出全面的记录。保护规划应得到该历史地区居民的支持。

城市计划工作者的主要工作是：将各种预计作为居住、工作、游息的不同地区，在位置和面积方面，作一个平衡的布置，同时建立一个联系三者的交通网。在建立城市中不同活动空间的关系时，城市计划工作者切不可忘记居住是城市的一个为首的要素。城市单位中所有的各部分都应该能够作有机性的发展，而且在发展的每一个阶段中，都应该保证这种活动间平衡的状态。所以城市在精神和物质两方面都应该保证个人的自由和集体的利益。对于从事城市计划的工作者，人的需要和以人为出发点的价值衡量是一切建设工作成功的关键。

为了能将传统建筑的保护纳入城市规划，必须建立专业的咨询机构。《保护受到公共或私人工程危害的文物建议案》中指出，在队伍建设上，适当的官方机构应承担起保护或抢救受到公共及私人工程危害的文物的责任。同时，设立一个由负责文物保护、公共及私人工程和城市规划等部门代表及研究、教育机构的代表联合组成的协调机构或咨询机构，共同负责城市规划中的文化遗产保护问题。《华盛顿宪章》在作出保护历史城镇和城区规划之前必须进行多学科的研究，保护规划必须反映所有相关因素，包括考古学、历史学、建筑学、技艺学、社会学以及经济学。

《华盛顿宪章》中所提的传统建筑就是我们所说的"文化遗产"，在进行现代城市规划时我们必须考虑到这些文化遗产对城市未来发展的重要性而加强对其的保护措施。例如，北京市在经历了城市建设的曲折发展之后，《北京城市总体规划 2004 年－2020 年》提出旧城整体保护、文物保护单位保护、优秀近现代建筑保护、历史文化保护区的保护、市域历史文化资源保护等 7 大项内容。此次规划提出整体保护的概念，放在市域范围内看旧城，构建完善保护体系，不仅保护旧城，也包括对风景名胜、河湖水系、地下文物埋藏的保护。该规划体现自然与文化的整合保护是新规划对于历史文化名城保护的核心特点，将文化遗产的保护纳入了新版的城市总体发展规划之中。

四、设立重大工程项目的文化影响评估机制

《保护受到公共或私人工程危害的文物建议案》中指出，应在进行有可能危及文物安全的公共或私人工程开工之前，对工程所在地进行全面而充分的勘察，以确定就地保护重要文物所要采取的措施和抢救行动可能需要的工作量。该《建议案》强调对重要文物的保护。中国的《"十一五"文化发展纲要》中也指出，要完善重大建设工程中的文物保护工作，严格项目审批、核准和备案制度。其实，我们要完善的还不仅仅是重大工程项目中的文物保护工作，其对少数民族传统文化所造成的影响更加值得我们关注。

众所周知，建设项目可能对生态和环境产生深远影响，例如，

建工厂可能会排放污染物，矿山开采需要剥离植被等。环境影响评价，是指对规划和建设项目实施后可能造成的环境影响进行分析、预测和评估，提出预防或者减轻不良环境影响的对策和措施，进行跟踪监测的方法与制度。为了在项目建设的同时保护生态和环境，《中华人民共和国环境影响评价法》规定，必须对建设项目进行环境影响评价。国家各级环境保护行政主管部门是具有审批权的执法监管部门。建设单位应依法按国家规定，对建设项目进行环境影响评价，编制环境影响评价文件并报请环境保护行政主管部门审批。

重大工程项目的环境影响评估机制在中国基本建立起来，我们完全可以将这一制度借鉴到文化权利保障领域。由于特定的文化依赖于特定的环境，文化具有不可再生性，因而，一旦因重大工程项目而使文化受到影响，将造成灾难性的后果。倡导建立重大工程项目的文化影响评估机制是非常必要的，其中尤其要侧重对少数民族传统文化影响的评估。重大工程的文化影响评估机制一般是在政策和开发项目实施之前来评估将产生的社会后果，它将对政策制定、项目规划和实施提供富有洞察力的建议。

它是一种基于社会变化的预测的事前评估，个别情况下也可是事后的评估，它是一种更加理性的、系统的、预警性的研究和利益表达。由于文化的保护需要政府更多的积极作为，重大工程项目的文化影响评估机制对于履行中国政府在签署和批准公约时的承诺非常重要。

经济社会文化权利委员会也支持缔约国建立这样的机制，它在其对《公约》第 27 条所做的一般性意见 2 中指出，国际技术援助措施中提请有关机构“在发展项目的每个阶段均应尽力适当考虑到《公约》中包括的权益，例如在初步评估国家的优先需求、确立具体项目、项目设计、项目实施以及最后评估阶段都应如此”。尽管这是针对国际援助措施而言的，但完全适用于一国国内的重大工程项目，以解决各种重大工程项目建设对少数民族文化权利保障所带来的挑战。

五、加强对少数民族文化的物质基础的保护

目前，在科学发展观理论的指引下，我们在强调经济社会发展的同时，已经注意到了“人与自然的和谐”，注意到了加强对生态环境的保护，颁布了各种生态环境保护方面的法律法规，制定了沙漠治理、退耕还林、保护区等各种政策和措施来保护自然生态的基本平衡，是为我国经济又好又快发展而创造一种顺应自然规律的发展空间。在社会环境方面，长期以来，我们却忽略了文化的继承和发展，与经济社会发展相适应的文化环境比较贫弱。

少数民族文化的物质基础是少数民族群众在一个特定社会中的文化实践所依存的山脉、土地、河流等总体地理环境，以及对地理环境独特的适应方式所形成的社会文化环境。人们在该环境中的所有活动都必须既能够承受和适应环境的变化，又能够与环境保持动态的平衡和相对的稳定。通过本书第二、第三、第四章的实证分析，我们不难看出，我们所生活的当今社会是一个整体，文化人类学所强调的“整体论”在少数民族文化权益保护方面有深刻体现。任何文化的产生和发展必然要依存于其赖以生存的物质基础，并与这种物质基础互相影响、互相作用，并随着物质基础的发展变化而发展变化。例如，少数民族文化与其周围环境融为一体，我们在保护少数民族文化时，必须重视对其周围环境的保护。更为重要的是，我们还要加强对少数民族文化的物质基础的保护。也就是说，国家不仅仅要尊重少数民族的高级文化，如教育、艺术等，文化的物质基础即少数民族的物质文化生活方面所赖以生存的物质基础也同样要得到尊重，这才能使他们的文化得到发展，这涉及自然资源的开发，也涉及法律和社会生活的很多方面。

1964 年 5 月，国际文物工作者理事会（ICOM）在威尼斯召开会议通过了《国际古迹保护与修复宪章》，即著名的《威尼斯宪章》。

其第1条规定，历史古迹的概念不仅包括单个建筑物，而且包括能从中找出一种独特的文明、一种有意义的发展或一个历史事件见证的城市或乡村环境。第6条规定，古迹的保护包含着对一定规模环境的保护。凡传统环境存在的地方必须予以保存，绝不允许任何导致改变主体和颜色关系的新建、拆除或改动。可见，国际文物工作者早就认识到文化遗产的原生环境必须与文化遗产一同保护，二者是无法分割的，他们共同见证了文化遗产所在地的历史发展与文化变迁。

在我国，保护少数民族文化遗产的物质基础不仅包括对其原生环境的保护，在我国现有的文化遗产管理体制下，还包括不得擅自改变文化遗产的管理体制。有的地方将文物保护单位等国有文化遗产转让、抵押给企业作为资产经营。文化遗产不是一般的物质财富，是一种文化资源，具有公共性和公益性，而企业投资开发文化遗产的主要目的是追逐利润最大化，往往表现为急功近利，破坏文化遗产的恶性事件发生。例如，东方佛都旅游公司欲在乐山大佛附近违法建设“巴米扬大佛”，这就是企业在单纯追逐经济效益过程中，因为不懂得基本的文化遗产保护规律和常识而导致的可笑结果。

六、促进少数民族传统文化传承的措施

（一）加强对少数民族传统文化的投入

10多年来，对“万里边疆文化长廊建设”，各级政府投入建设的资金已超过40亿元，建设了大量的文化馆、图书馆、乡镇文化中心等文化设施，取得了很好的效果。国务院1996年《关于进一步完善文化经济政策的若干规定》中提出，关于在边境建设费和米努嘴地区发展经费中应有一定比例用于文化事业建设的政策；增加万里边疆文化长廊建设补助经费的政策等。文化部在《关于实施西部大开发战略 加强西部文化建设的意见》和文化部、国家民委联合下发的《关于进一步加强少数民族文化工作的意见》中，要求加强西

部民族地区文化建设，扶持优秀的少数民族文艺。采取切实有效措施，加强西部民族地区的文化工作，推动西部民族地区的文化事业发展。类似“万里边疆文化长廊建设”这样的工程应进一步增加，同时设立专项的传统文化发展基金，专门用于其发展，这既是政府增加对社会公益事业的投入，也是保障少数民族群众参加文化生活权利的必要的物质保障。

此外，国家制定了《十一五文化发展纲要》，也强调促进少数民族文化的发展。从传统的产业扶持角度看，对于经营少数民族传统文化的文化产业在税收和信贷方面也要给予政策扶持，文化服务业的营业税税率为3%，对于民族蜡染、民族工艺美术、民族服饰等行业应制定相应的减免措施；在信贷方面，也要对这些行业的未来发展进行信贷扶持。

（二）加大对少数民族传统文化传承人的扶持力度

由于很多少数民族没有文字，很多各具特色的少数民族传统文化都是口传心授，因而，传承人在这类文化的传承上就显得举足轻重。加强对传承人的保护和扶持就是刻不容缓的事情。日前，文化部已公布了第一批国家级非物质文化遗产项目代表性传承人226名，第二批国家级非物质文化遗产项目代表性传承人推荐名单545名，其中少数民族的非物质文化遗产传承人占了相当大的比重。此外，云南等地还评选了本省的非物质文化遗产项目代表性传承人，其范围要比国家级的要大，评选条件要相对宽松一些。进入非物质文化遗产项目代表性传承人，享受国家或地方的各种优惠扶持措施，如场地、资金、学徒等方面。而且，成为非物质文化遗产项目代表性传承人这一事件本身就是对该项非物质文化遗产的很好的宣传，在当地群众中的示范效应很强。

但是，相对于我国众多的少数民族传统文化而言，这些措施仍需进一步加强。2006年暑期我们在黑龙江省同江市的赫哲族聚居区进行调查的时候就发现，当地有一位老人，她的赫哲族语言是当地讲得最好的，她的鱼皮衣服也是当地做得最好的，她最大的愿望就是办一所学校，义务地教授当地年轻人本民族的语言以及鱼皮衣服的制作工艺。但是，没有场地，这时政府有义务为她提供场地，这是政府履行保护传统文化的职责。

联合国教科文组织在通过《文化多样性宣言》时再次重申：文化应被视为某个社会或某个社会群体特有的精神与物质，智力与情感方面的不同特点之总和；除了文学和艺术外，文化还包括生活方式、共处的方式、价值观体系、传统和信仰。文化是当代就特性、社会凝聚力和以知识为基础的经济发展问题展开的辩论的焦点，确认在相互信任和理解氛围下，尊重文化多样性、宽容、对话及合作是国际和平与安全的最佳保障之一。文化多样性的重点是少数民族文化的保护和发展，这就更凸显了保障少数民族文化权益的重要性，尤其是探索具体的少数民族文化的保护模式。在这方面，宣科、杨丽萍、田丰等都以他们的实际行动在积极地探索，并付出了不懈的努力。我们只是从学人的社会责任感的角度来进行理性的思考，使他们的努力能够可持续地实施并获得全社会的承认。

参考书目

一、著作类

1. ［新］阿努拉·古纳锡克拉、［荷］塞斯·汉弥林克、［英］文卡特·耶尔著，张毓强等译：《全球化背景下的文化权益》，北京，中国传媒大学出版社2006年版。

2. ［挪］A. 艾德、C. 克洛斯、A. 罗萨斯：《经济、社会和文化权利教程（修订第二版）》，中国人权研究会组织翻译，成都，四川出版集团、四川人民出版社2004年版。

3. 蔡永良：《语言·教育·同化：美国印第安语言政策研究》，北京，中国社会科学出版社2003年版。

4. 陈云生：《宪法人类学》，北京，北京大学出版社2005年版。

5. 程燎原、王人博：《权益及其救济》（第2版），山东人民出版社1998年版。

6. 德全英、阿里甫·司马义：《面向多元文化关系的法治理论》，载《法制与社会发展》，2005年第3期。

7. 董云虎：《世界人权公约法总览》，成都，四川人民出版社1991年版。

8. 葛忠兴：《中国少数民族地区发展报告2004》，第64－66页，民族出版社2005年版。

9. 龚向和：《受教育权论》，北京，中国人民公安大学出版社2004年版。

10. 管育鹰：《知识产权视野中的民间文艺保护》，北京，法律出版社，2006 年版。

11. 国家民族委员会文化司、中国社会科学院民族研究所主编：《中国少数民族语言文字使用和发展问题》，北京，中国藏学出版社 1993 年版。

12. 华辛芝、陈东恩：《斯大林与民族问题》，北京，中央民族大学出版社 2002 年版。

13. ［奥］凯尔森：《法与国家的一般理论》，北京，中国大百科全书出版社 1996 年版。

14. ［德］柯武刚、史漫飞著，韩朝华译，：《制度经济学——社会秩序与公共政策》，北京，商务印书馆 2000 年版。

15. 来仪等：《西部少数民族文化资源开发走向市场》，北京，民族出版社 2007 年版。

16. 劳凯声：《教育法论》，江苏，江苏教育出版社 1993 年版。

17. ［英］雷蒙德·弗思著，费孝通译：《人文类型》，北京，华夏出版社 2002 年版。

18. 李伟：《民族旅游地文化变迁与发展研究》，北京，民族出版社 2005 年版。

19. 联合国开发计划署：《2004 年人类发展报告——当今多样化世界中的文化自由》，北京，中国财政经济出版社 2004 年版。

20. 刘晖：《旅游民族学》，北京，民族出版社 2006 年版。

21. 刘银良：《传统知识保护的法律问题研究》，见郑成思编：《知识产权文丛》（第 13 卷），北京，中国方正出版社 2006 年版。

22. 吕忠梅：《沟通与协调之途——论公民环境权的民法保护》，北京，中国人民大学出版社 2005 年版。

23. ［英］洛克著，叶启芳、瞿菊农译：《政府论》（下篇），北京，商务印书馆 2004 年版。

24. 马克思著，中共中央马克思、恩格斯、列宁、斯大林著作编译局译：《资本论》（第一卷），北京，人民出版社 2004 年版。

25. 《马克思恩格斯选集》（第一卷），北京，人民出版社 1972 年版。

26. 《毛泽东著作选读》，北京，人民出版社 1986 年版。

27. 莫纪宏：《国际人权公约与中国》，北京，世界知识出版社 2005 年版。

28. 牟阳春主编：《中国教育年鉴》（2005 年），北京，人民教育出版社。

29. 潘盛之：《旅游民族学》，贵阳，贵州民族出版社 1997 年版。

30. 彭兆荣：《旅游人类学》，北京，民族出版社 2004 年版。

31. 秦惠民：《走入教育法制的深入——论教育权的演变》，北京，中国人民公安大学出版社 1998 年版。

32. 任一飞、周竞红：《中华人民共和国民族关系史研究》，沈阳，辽宁民族出版社 2003 年版。

33. 阮西湖、王丽芝：《加拿大与加拿大人》，北京，中国社会科学出版 1990 年版。

34. ［台］施正锋：《语言文字法典》，台北，前卫出版社 2002 年版。

35. 宋兆麟：《最后的捕猎者》，济南，山东画报出版社 2000 年版。

36. 汪大昌主编：《普通语言学纲要》，北京，北京大学出版社 2004 年版。

37. 王培英：《中国宪法文献通编》，北京，中国民主法制出版社 2004 年版。

38. 王锡宏：《中国少数民族教育本体理论》，北京，民族出版社 1998 年版。

39. 温辉：《受教育权入宪研究》，北京，北京大学出版社 2003 年版。

40. 文化部《非物质文化遗产保护法》立法领导小组办公室编：

《〈非物质文化遗产保护法〉立法参考资料汇编》，未出版。

41. 吴明海主编：《中外民族教育政策史纲》，北京，中央民族大学出版社 2006 年 6 月版。

42. 吴宗金、张晓辉主编：《中国民族法学》（第 2 版），第 346－348 页，北京，法律出版社，2004 年版。

43. 谢彬如等：《文化艺术生态保护与民族地区社会发展》，贵阳，贵州民族出版社 2004 年版。

44. 邢福义主编：《文化语言学》，武汉，武汉教育出版社 1990 年版。

45. 徐万邦、祁庆富主编：《中国少数民族文化通论》，北京，中央民族大学出版社 1996 年版。

46、严永和：《论传统知识的知识产权保护》，北京，法律出版社 2006 年版。

47. 杨侯第主编：《中国少数民族人权述要》，北京，北京大学出版社 1997 年版。

48. 艺衡、任珺、杨立青：《文化权利：回溯与解读》，北京，社会科学文献出版社 2005 年版。

49. 尹德涛：《旅游社会学研究》，天津，南开大学出版社 2006 年版。

50. 张耕：《民间文学艺术的知识产权保护研究》，北京，法律出版社 2007 年版。

51. 张公瑾、丁石庆主编：《文化语言学教程》，北京，教育科学出版社 2004 年版。

52. 张海洋、杨筑慧：《发展的故事——社会实践与人性回归》，北京，中央民族大学出版社 2006 年版。

53. 张千帆：《宪法学》，北京，法律出版社 2004 年版。

54. 张锡盛主编：《市场经济与民族法制——来自中国云南的研究报告》，昆明，云南大学出版社 2004 年版。

55. 中共中央统战部：《民族问题文献汇编》，北京，中共中央党校出版社 1991 年版。

56. 周勇：《少数人权利的法理》，北京，社会科学文献出版社 2002 年版。

57. 朱兴文：《权利冲突论》，北京，中国法制出版社 2004 年版。

58. Chidester, D. Patterns of Power, Religion and Politics in American Culture [M]. New Jersey Prentice - Hall, Inc., 1988. P94

59. Curtis cook, Juan D. Lindau. Aboriginal Rights and Self - Government, McGill - Queen's University Press, 2000. 139.

60. David W. Elliott, Law and aboriginal peoples in Canada (fifth edition), Ontario: Captus press Inc, 2005.

61. Donald J Eckenfelder, Getting the safety culture right, Occupational Hazards; Oct 2003; 65, 10.

62. J. Bruce Nichols. The uneasy Alliance - Religion, Refugee Work, and U. S. Foreign Policy [M]. New York, Oxford Press, 1988. P25

63. Kristin Henrard, Devising an adequate system of minority protection, Kluwer law international, 2000.

64. Nions, Helen, Minority Rights Protection In International Law: The Roma Of Europe/ Helen Nions. Ashgate, 2004.

65. Skrentny, John David, The minority rights revolution / Cambridge, MA: Harvard University Press, 2002.

二、论文类

1. ［新］阿努拉·古纳锡克拉、［荷］塞斯·汉弥林克、［英］文卡特·耶尔著，张毓强等译：《全球化背景下的文化权利》，北京，中国传媒大学出版社 2006 年版。

2. 宝贵贞：《少数民族宗教信仰的特点及需要处理好的几个关

系》，载《中国宗教》2003年第4期。

3. 蔡高强：《论中国对宗教信仰自由的法律保护》，载《湘潭大学社会科学学报》2005年第5期。

4. 曹新明：《非物质文化遗产保护与知识产权的对接点——兼论无形文化标志权》，载吴汉东主编：载《知识产权年刊》（2007年号），北京，北京大学出版社2008年版。

5. 陈立鹏：《美国民族教育立法带给我们的启示》，载《中国民族教育》2003年第1期。

6. 陈立鹏：《新时期中国少数民族教育立法的内容及特点》，载《贵州民族研究》2005年第2期。

7. 陈立鹏：《中国地方少数民族教育立法的内容及特点》，载《黑龙江民族丛刊》2005年第1期。

8. 大卫·C. 霍克斯著，周子平译：《原住民：自治和政府间关系》，何群编：《土著民族与小民族生存发展问题研究》，北京，中央民族大学出版社2006年版。

9. 德全英、阿里甫·司马义：《面向多元文化关系的法治理论》，载《法制与社会发展》2005年第3期，第102页。

10. 董小川：《美国宗教民族主义的历史省察》，载《史学集刊》，2002年第2期。

11. 窦梅、林蕾、田应斌：《论少数民族当事人使用本民族语言进行诉讼之权益的司法保障》，载《中南民族大学学报》（人文社会科学版）第26卷第1期。

12. 高芳：《民族旅游开发中文化商品化与文化真实性关系辨析——以〈云南映象〉为例》，载《保山师专学报》2008年第3期。

13. 郭蓓薇：《民间文学艺术作品法律保护初探》，载《新疆社会科学》1996年第4期。

14. 何光沪：《试论宗教与民族的关系》，载《世界宗教研究》1996年第1期。

15. 何俊芳：《赫哲语的濒危状况及其成因》，载张海洋：《民族研究文集——学科建设与应用研究卷》，第431页，北京，中央民族大学出版社2006年版。

16. 和少英、叶海蓉：《建设民族文化大省：海外模式的启示》，载《思想战线》1999年第1期。

17. 贺德红：《论民族旅游地传统文化的保护》，载《内蒙古农业大学学报》2007年第5期。

18. 洪成文：《英国少数民族教育政策的变化轨迹》，载《中国民族教育》2004年第2期。

19. 加夫里洛夫：《民间文学艺术的法律保护》，载《世界知识产权组织版权月刊》，1984年第20卷，转引自保尔·库鲁克著，许超译：《非洲习惯法和民间文学艺术的保护》，国家版权局网站。

20. 金毅：《少数民族文化旅游资源保护机制构建》，载《文史博览》2006年第6期。

21. 林滨：《试论全球化与文化安全》，载《理论与现代化》，2004年第5期。

22. 林宏宇：《文化安全：国家安全的深层主题》，载《国家安全通讯》1999年第8期。

23. 刘晖：《"摩梭人文化保护区"质疑——论少数民族文化旅游资源的保护与开发》，载《旅游学刊》2001年第5期。

24. 刘江彬、陈俊铭：《原住民族无形文化遗产之法律保护与管理》，载吴汉东主编：《知识产权年刊》（2007年号），第38页，北京，北京大学出版社2008年版。

25. 刘小芳：《党的宗教政策在西藏实践的回顾与思考》，载《西藏民族学院学报》（哲学社会科学版）2003年第2期。

26. 龙文：《社区传统资源财产权利的理论探讨与实践》，载郑成思主编：《知识产权文丛》（第13卷），北京，中国方正出版社2006年版。

27. 马翀炜：《社会发展与民族文化的保护》，载《广西民族研究》2002年第1期。

28. 马晓京：《西部地区民族旅游开发与民族文化保护》，载《旅游学刊》2000年第5期。

29. 马晓京：《民族旅游开发与民族传统文化保护的再认识》，载毛公宁、刘万庆主编：《民族政策研究文丛》（第三辑），北京，民族出版社2004年版。

30. 潘国庆：《解决少数民族党员信仰宗教问题的成功实践》，载《天水行政学院学报》2003年第5期。

31. 潘希武：《巴西种族教育的立法、政策及其启示》，载《中国民族教育》2006年第2期。

32. 屈学武：《简论少数民族的文化权益》，载《理论与改革》1994年第6期。

33. 曲相霏：《自由主义人权主体观批判》，徐显明编：《人权研究》（第4卷），《由〈乌苏里船歌〉纠纷案谈民间文学艺术作品的法律保护》，载《人民法院报》2005年10月11日。

34. 司马义·艾买提：《正确贯彻党的宗教政策努力开拓宗教工作新局面》，载《中国宗教》2002年第2期。

35. 唐广良：《遗传资源、传统知识及民间文学艺术表达国际保护概述》，郑成思编：《知识产权文丛》（第8卷），北京，中国方正出版社2002年版。

36. 唐建光：《谁应该在怒江开发中获益？谁又有权参与决定怒江的命运?》，载《新闻周刊》2004年5月20日。

37. 汪春燕：《宗教问题：民族地区社会稳定的一个重要因素》，载《改革、求实、创新》，第170－179页，西宁，青海人民出版社1998年版。

38. 王国祥：《民族旅游地区保护与开发互动机制探索——云南省丘北县仙人洞彝族文化生态村个案研究》，载《云南社会科学》

2003 年第 2 期。

39. 王鹤云：《民间文学艺术的版权保护制度》，载《中国知识产权报》2001 年 11 月 1 日。

40. 王鹤云：《保护民族民间文化的立法模式思索》，见郑成思编：《知识产权文丛》（第 8 卷），北京，中国方正出版社 2002 年版。

41. 王鹏：《立法为民族民间文化成果保驾护航》，载《2004 年山东省群众文化学会“全省优秀论文评选”一等奖获奖论文集》，2004 年。

42. WIPO，Intellectual Property Needs and Expections of Traditional Knowledge Holders：WIPO Report on Fact – Finding Missions on Intellectual Property and Traditional Knowledge（1998 – 1999），Genera，April 2001，p. 25，转引自刘银良：《传统知识保护的法律问题研究》，见郑成思编：《知识产权文丛》（第 13 卷），北京，中国方正出版社 2006 年版。

43. 吴烈俊：《中国民族民间文学艺术的法律保护》，载《西南民族学院学报》（哲学社会科学版）2003 年第 3 期。

44. 吴其付：《国外民族旅游研究进展》，载《黑龙江民族丛刊》2007 年第 5 期。转引自罗扬：《民族民间文化的处境和决策》，载《文化论坛》2004 年第 4 期。

45. 夏畦：《中国共产党 80 年宗教》，载《中州统战》2002 年第 11 期。

46. 雅努兹·西摩尼迪斯著，黄觉译：《文化权利：一种被忽视的人权》，载《国际社会科学杂志（中文版）》1999 年第 4 期。

47. 闫文虎：《论国外敌对宗教组织对中国安全的影响》，载《世界经济与政治论坛》2002 年第 6 期。

48. 杨克兴、刘兴辉、张文献：《第三次民族宗教问题与国家安全研讨会综述》，载《西安政治学院学报》2003 年第 3 期。

49. 杨新宇：《宗教与少数民族自我发展》，载《内蒙古民族大学学报》（社会科学版）2005 年第 3 期。

50. 杨云鹏、杜建荣：《从丽江区县分设看民族区域自治制度在实施中的几个问题》，载周勇、马丽雅主编：《民族、自治与发展》，北京，法律出版社 2008 年版。

51. 杨祖勋：《共产党员不能信仰宗教》，载《当代贵州》2005 年第 14 期。

52. 叶小文：《社会主义与宗教的历史新篇》，载《中国宗教》2002 年第 1 期。

53. 翟东堂：《略论中国少数民族文化权益的保护》，载《华北水利水电学院学报》2005 年第 4 期。

54. 张革新：《民间文学艺术作品权属问题探析》，载《知识产权》2003 年第 2 期。

55. 张瑾：《民族旅游发展对少数民族妇女影响的人类学探讨》，载《桂林旅游高等专科学校学报》2008 年第 2 期。

56. 张钧：《文化法律保护研究——少数民族地区旅游开发中的文化保护》，载《思想战线》2005 年第 4 期。

57. 张筱强、陈宇飞：《人民的基本文化权益及其保障》，载《中国党政干部论坛》2008 年第 3 期。

58. 杨巧：《论民间文学艺术的法律保护》，载吴汉东主编：《知识产权年刊》(2007 年号)，北京，北京大学出版社 2008 年版。

59. 王鹤云：《非物质文化遗产的特点及其知识产权的界定》，载吴汉东主编：《知识产权年刊》（2007 年号），北京，北京大学出版社 2008 年版。

60. 严永和：《我国〈传统知识保护条例〉学者建议稿草案及说明》，载吴汉东主编：《知识产权年刊》（2007 年号），北京，北京大学出版社 2008 年版。

61. Anura Goonasekera，Cees Hamelink& Venkat lyer。cultural rights in a global world。Singapore：Eastern universities press，2003.

62. 参见《海牙建议书》(The Hague Recommendations Regarding the Education Rights of National Minorities and Explanatory Note, October 1996.)

63. Li – Ann Thio《Managing Babel: The international legal protection of minorities in the twentieth century》, Martinus Nijhoff publishers, 2005.

64. Patrick Vallance , Clinical research: Getting the culture right, The Lancet; Jul 5, 1997; 350, 9070; Academic Research Library/pg. 52.

65. Scott C. Idleman, Multiculturalism and the future of tribal sovereignty, Columbia human rights law review: 35.

后　记

值此书刚刚完稿之际，我们的心情难以用言语来表达。该书是中央民族大学“985工程”二期建设项目“现代化进程中中国少数民族文化权益保障”的最终成果之一，也是2006年度国家民委课题“现代化进程中中国少数民族文化权益保障”的最终成果，它倾注了课题组无尽的热情与心血。在写作过程中，我们以严谨务实的态度和精益求精的作风，采取田野调查与规范实证相结合的方法，从若干个方面详细梳理了现代化进程中少数民族文化权益保障所面临的各种问题，并探讨了可能的解决路径。

本书的写作分工如下：

徐中起：导论、第一章、第九章；

田艳：第二章、第三章、第四章、第八章；

王瑛：第七章、第九章；

傅智文：第六章；

郭友旭：第五章；

全书的篇章结构由徐中起拟定，并负责统稿、修改和定稿。

文化表现形式，包括传统文化表现形式的多样性，是个人和各民族能够表达并同他人分享自己的思想和价值观的重要因素。从法律视角来探讨少数民族的文化权益保障问题，事实上就是用法律手段来保护和促进我国的文化多样性，这是事关中华民族生死存亡的大事。由于该书主题是一个比较复杂而全新的民族法学研究课题，其研究尚不是很深入，加之我们水平有限，本书肯定有许多缺点和不足，我们殷切地期望能够得到各位专家和广大读者的批评指正。

感谢生活，用真诚的画笔谱写人生的真谛！感谢师长，用无私的教诲指引前进的脚步！同时，我们还要特别感谢中央民族大学出版社的黄修义编辑，他为本书的出版和定稿付出了艰苦细致的努力。

著 者
2008 年 11 月 20 日
于中央民族大学家属院寓所